# 传统与现代
## Tradition and transition

### 海外中文文化教学
### Teaching Chinese culture overseas
### 大学篇

刘刚 Gang Liu
汪海霞 Haixia Wang 主编

北京大学出版社
PEKING UNIVERSITY PRESS

图书在版编目（CIP）数据

传统与现代：海外中文文化教学. 大学篇 / 刘刚，汪海霞主编. — 北京：北京大学出版社，2022.10
ISBN 978-7-301-31264-3

Ⅰ. ①传… Ⅱ. ①刘… ②汪… Ⅲ. ①汉语－对外汉语教学－教学研究 Ⅳ. ①H195.3

中国版本图书馆CIP数据核字(2020)第023200号

| | |
|---|---|
| 书　　　名 | 传统与现代：海外中文文化教学（大学篇）<br>CHUANTONG YU XIANDAI: HAIWAI ZHONGWEN WENHUA JIAOXUE（DAXUE PIAN） |
| 著作责任者 | 刘　刚　汪海霞　主编 |
| 策划编辑 | 路冬月 |
| 责任编辑 | 路冬月 |
| 标准书号 | ISBN 978-7-301-31264-3 |
| 出版发行 | 北京大学出版社 |
| 地　　　址 | 北京市海淀区成府路205号　100871 |
| 网　　　址 | http://www.pup.cn　新浪微博：@北京大学出版社 |
| 电子信箱 | zpup@ pup.cn |
| 电　　　话 | 邮购部 010-62752015　发行部 010-62750672<br>编辑部 010-62753374 |
| 印　刷　者 | 北京宏伟双华印刷有限公司 |
| 经　销　者 | 新华书店 |
| | 787毫米×1092毫米　16开本　22.5印张　506千字<br>2022年10月第1版　2022年10月第1次印刷 |
| 定　　　价 | 78.00元 |

未经许可，不得以任何方式复制或抄袭本书之部分或全部内容。
版权所有，侵权必究
举报电话：010-62752024　电子信箱：fd@pup.pku.edu.cn
图书如有印装质量问题，请与出版部联系，电话：010-62756370

# 导 言

  文化教学和第二语言教学的关系，其实直到现在也没有达到水乳交融的程度。有的学者认为，文化教学不是语言教学的任务，语言教师也不具备教授各类文化课题的专业素质，所以文化教学应该交给相应的专家和学者去在语言课堂之外完成；如果语言课里必须要谈文化，也一定要以语言训练为目的，不能让文化"鸠占鹊巢"、替代语言成为课堂教学的中心。

  这种观点的存在有其现实的原因，但是它忽视了语言交流和学习中一个重要的因素，就是"语境"（Context）。离开了语境，语言本身并不具有太大的意义和作用；而语境的构成及其对语义和语用的影响，又在很大程度上受种种文化因素的制约。举个例子，本书编者之一的女儿从小在美国长大，已经习惯了跟人打招呼时直接说"Hello"，她打招呼的对象各个年龄层的人都有，没有人觉得这句问候语有什么不妥；后来有一次，她跟在中国的爷爷奶奶视频，想要问候一下爷爷奶奶却一时想不出合适的问候语，就直接把"Hello"翻译成了中文，说了一句"你好"。说到这里，读者们也许都能感觉到"你好"用在这个语境中的违和感，而这种违和感的产生，其实与中英文两种语言背后的文化差异有着密切关系：在美国文化中，"Hello"是一句几乎可以用于任何语境下的问候语，其本身并不含有对被问候者身份和地位的任何判定；相较而言，"你好"在中国能被使用的语境就要小很多，问候者使用"你好"时，不仅需要考虑到被问候者与自己的关系，还要考虑对方的年龄、身份和社会地位等种种问题。这个例子告诉我们，脱离语境来单纯学习语言是有很大局限性的；而语言学习者对语境的理解和掌握，在很大程度上又取决于他们对产生相应语境的社会文化的认识——一句在初级中文第一课就能学到的问候语，使用起来牵扯到的文化因素尚且如此复杂，就更不用说那些直接与社会文化相关的话题了。

  认识到语境的重要性，我们就会认识到：文化其实在语言教学中不仅必不可少，而且也无处不在，因此将文化教学从语言教学中剥离出去既不合理也不可能。不仅如此，文化教学也不应该只是语言教学的附庸，而是应该跟语言教学有机地融合在一起，做到"你中有我、我中有你"。离开了正确的语言使用，文化内容自然得不到有效的表达；但离开了文化，再正确的语言表达也不会产生真正的意义和作用。一个学生说中文时即使能做到字正腔圆、毫无语法错误，但是如果其言之无物或者用语不当，恐怕也不能算是真正地会说中文。

  也许有人会说，文化固然重要，但语言教师所接受的专业训练是语言教学，在课堂上不教语言而大谈文化，是不是有误人子弟之嫌？要回答这个质疑，我们首先需要重新审视一下"文化"和"文化教学"这两个概念,也就是说:"文化到底是什么?什么样的文化教学方式才是最合理、最有效的?"

## 文化和文化教学

在过去的几十年中,海外学者对二语教学中的"文化"和"文化教学"的认识发生了许多根本性的变化。

早期的二语教学倾向于将"文化"等同于"文化知识"。在这种思想的影响下,文化被当成一个个已经分门别类、总结完毕的知识点,可以通过教师在课堂上的讲解,按部就班地传授给学生;学生在学到这些知识点以后,也会像对待其他知识点一样,将它们分门别类地存储在脑子里,在需要测试的时候,才会将它们从记忆深处调出来。这样"一讲、一记、一考"的过程,很大程度上概括了长期以来二语课堂中的文化教学模式。在这种教学模式的影响下,文化常常是以一种单一、平面和固化的形式呈现给学生的,这种呈现形式又让二语课堂中的文化教学变成了一种非常单向化的"老师教—学生学"的线性行为。

经过教师和学者几十年来反复探讨与尝试,人们逐渐对二语教学中的"文化"和"文化教学"有了更为深入的认识。简单来说,目前很多学者和教师都认为,二语教学中的"文化"不应该只限于那些单一、平面和固化的"文化知识",还应该包括一种以多面、立体和动态形式呈现的"文化进程"。也就是说,学生在二语课堂中所学到或体会到的文化,不应该只是一个个静态孤立的文化知识点,还应该包括这些知识点在人们现实交际活动中的应用和体现、其形成的历史过程、深层社会原因、将来的发展趋向,以及它们所代表的一个时代和一个区域的文化思维模式。在这种思潮的影响下,"文化"在二语教学中开始慢慢地"活"了起来,从一种只由教师单向传播、学生被动接受的"知识",变成了一个需要师生双向甚至多向交流合作才能共同促成的"认知进程"。

因为文化常常不以一种形态出现,具有多重含义,而且会随着时间、地点和参与者的变化而改变,所以没有一个人——无论他的学识多么渊博、受到的训练多么专业——可以有资格被称作是一个"文化专家"。文化本身的丰富性和复杂性,足以让任何一个学者对自己知识和学术水平的浅陋感到汗颜。这在某种程度上也间接回答了上文的质疑:在文化教学这个大课题面前,没有一个人可以妄称自己是受过足够的专业训练的。不过,"不够专业"并不意味着我们就没有资格讨论文化;相反,任何形式、任何层次上的参与和讨论,其实都是在为文化"添砖加瓦",让其含义变得更为丰富和复杂。我们必须看到,二语课堂中的文化教学,其重点并不在于文化知识的传授,而在于这一传授过程中所激发出来的师生之间、学生之间在文化认知层面上的碰撞、交流和协商。这种文化碰撞、交流和协商,会进一步加深学生对第二语言的认识和运用能力,也会随着学生第二语言认知和表达能力的提高变得更为迫切和深刻。从这一点上看,语言教师在文化教学中所起到的作用，反而是得天独厚、无法轻易被其他专业老师所替代的。

不过，上述对"文化"和"文化教学"的新认识，却也让我们对"文化"的定义变得异常困难。这是因为定义的本质是一种限制和界定，而任何一种对文化的限制和界定，都隐含着将文化单一化、平面化和固定化的危险。出于这个考虑，我们在本书中并不打算尝试给"文化"下一个明确的定义——与其貌似肯定地告诉读者"文化是什么"，也许给读者描述一下"二语课堂中的文化教学应该包含什么"会更有意义，也更符合文化多面、多维和多变的特点。

因为本书聚焦的是海外中文文化教学，所以我们对二语课堂文化教学内容的描述，在很大程度上参考了美国外语教学委员会（American Council on the Teaching of Foreign Languages，简称ACTFL）对文化的分类，即将文化分为"文化产物"（Cultural Products）、"文化实践"（Cultural Practices）和"文化视野"（Cultural Perspectives）三大部分。所谓"文化产物"，是指一种文化在长期历史发展过程中所创造出来的种种实体或非实体的文化产品，以中国文化为例，这些文化产品小到我们吃饭时使用的筷子，大到已经荣获世界文化遗产之称的万里长城。"文化实践"是指一个文化群体各种约定俗成的文化活动，以及在这些活动中逐步形成的行为方式和风俗习惯。文化实践往往是通过对文化产物的创造和使用展现出来的。"文化视野"则是思想层面的东西，它是指存在于一个文化群体意识深层、支撑其创造特定文化产物、形成特有文化实践行为的思维模式，是这个文化群体作为一个时空延续的整体认知及解读世界的一种方式。

二语课堂中的文化教学内容虽然多种多样，但大体上都可以归为这三类。因此，这三个类别也成为我们对本书教学案例分类的一个基础。不过这种貌似清晰的分类方式，在我们深入分析每个具体文化教学案例时，马上就显现出了它的局限性。这一点我们会在下文详细讨论。这里需要对读者说明的是：本书为了阅读方便，虽然将书内文章简单归为文化产物、文化实践和文化视野三类，但是就像任何对文化的定义都不能涵盖文化本身的丰富性和复杂性一样，这种分类模式也远不能体现出本书所收集的文化教学案例的丰富性和复杂性。

## 再谈文化教学的分类

将二语课堂中的文化内容截然归为三大类，虽然在理论上说得过去，但在实际教学中却几乎无法实现。任何一堂文化教学课，虽然在选题上会有文化产物、文化实践或文化视野的侧重，但在教学过程中，这三方面几乎都是密不可分的。

以周康老师的《"功夫熊猫"和"花木兰"的美国之旅》为例。这堂课的讨论中心是以"功夫熊猫""花木兰"为代表的电影文化符号，在选题上偏重文化产物，但整个课程里的讨论，涉及好莱坞电影中的中国文化元素、西方流行文化与中国传统文化的相互影响以及中美学生对中国文化符号理解的异同等，实际上已经深入文化实践和文化视野的范畴。同理，吴素美老师讲授中国台湾地区民间布袋戏的《掌中出功名》和金蓓老师讲授中国传统建筑吉祥图案的《蝙蝠代表吸血鬼吗？》，虽然在选题上都属文化产物，但是实际教学过程中，却都是由对文化产物的介绍扩展到了对文化实践的展示（比如中国民间演艺行为及传统），又由对文化实践的展示深入到对文化视野的探讨（比如中国建筑装饰背后的文化寓意）。

  与此相对，一些在本书中被归为文化实践或文化视野类的教学案例，不仅与文化产物有着千丝万缕的联系，而且在教学中也常常是"通过实践谈视野"或者"通过视野看实践"。比如史中琦老师的《无酒不成席》，教学的重点虽然是商务实践中的酒宴行为，但却从"酒"这一具体的文化产品一直谈到了中国延续几千年的酒文化传统。唐晓飞老师的《非诚勿扰》，关注的中心是中国当代社会的婚恋实践，但教学的起点却是一个具体的电视征婚节目——《非诚勿扰》，并由此引导学生思考中国传统文化对当代婚恋观念和行为的影响。刘艳老师的《"月子"坐还是不坐？》，虽然因其选题与讨论的深度和广度被归为文化视野类，但是对养生观念的探讨，其实仍与对具体文化实践的展示和讨论密切相关。

  以上几个实例告诉我们：在二语课堂的文化教学里，对文化产物、文化实践和文化视野的教学是不可能也不应该被分开的。介绍文化产物的最终目的，是为了帮助学生理解其得以产生的思想和文化土壤，即文化视野；而对任何一种文化视野的分析和讨论，都无法脱离具体的文化产物来进行；文化实践则是将文化产物和文化视野连接起来的桥梁，是帮助学习者透过文化产物来探讨文化视野的行为途径。任何一个成功的文化教学案例，都应该是对这三者教学的完美结合。

  不过，虽说文化产物、文化实践和文化视野在教学中密不可分，但在面对不同层次、不同年龄、不同背景的学生群体时，教学侧重点还是不一样的。总的来说，当学生对第二语言/文化的学习和认知能力尚在发展阶段时，文化教学应该更注重通过文化实践，帮助学生了解和认识具体的文化产物；而当学生语言/文化的学习和认知能力都逐渐成熟时，文化教学则应该以具体文化产物为引导，通过对文化实践的展示和讨论，来帮助他们深入理解二者背后的文化视野。这两点我们会在下文中具体讨论。

  另外需要谈一下的是文化课堂使用的授课语言。细心的读者也许已经注意到，本书所收集的文化教学案例，在授课方面有的使用的是全中文，有的是中英文混杂，有的以英文为主、中文为辅。出现这种授课语言上的多样性，首先是由海外文化教学的现实条件决定的。在海外学校里，尤其是中、低年级，囿于学生的中文水平，很多文化教学内容无法直接用中文来教授，必须先通过文化通识课或其他方式，利用学生的一语来让其了解相应的文化内容，再在后续更高年级的课堂中将一语和二语文化教学逐渐衔接起来，实现从一语到二语的转化。除此以外，本书编者特意选择保持文化教学语言的多样化，也有其教学理念上的考量。长期以来，很多海外高校的中文语言教学和文化教学被人为分开，形成中文教师只教语言，文化和文学则由教师用英文（或其他一语）来教的现象。本书编者认为，这种人为的分割无论对学科发展还是对学生学习来说，从长期来看都是一件不利的事情。只有将一语和二语的文化教学有机衔接起来，才能打破人为设置的学科和语言壁垒，鼓励更多学生（包括母语是中文的学生）以更多元的形式参与到文化教学中来，真正实现文化教学的一个重要目标，即跨文化思考和交流。

## 文化的体验与体演

上文提到，在学生刚开始接触第二语言/文化时，文化教学的重点应该放在通过文化实践帮助学生认识和了解具体文化产物上。认识文化产物的方式有多种，但最直接有效的方式莫过于亲身体验——我们跟学生讲一千遍饺子的样子、做法和吃法，都不如让学生自己动手包一个饺子或吃一个饺子来得实在。

本书中很多面对初级中文学习者的文化教学案例，都是建立在这种体验式的教学模式基础上的。比如萧映老师的《趣味中医药，"姜还是老的辣"》，就是通过让学生自己制作姜糖水，来体验新姜和老姜在颜色、味道、水分等方面的不同，进而比较姜在中美食用与药用文化中的差别；刘士娟老师的《Lantern（灯笼）能吃吗？》，通过让学生自己在课后购买食材、制作并品尝汤圆，来加深学生对中国元宵节文化传统的认识；汪海霞老师的《书画之妙，汉字之美》，通过让学生自己用毛笔写字作画，来引入对中国书法绘画中常见文化符号以及中国书画传统的讨论。除此以外，柯灵燕老师谈论中国中秋文化的《婵娟共语，月是中秋的圆》、杨小艳老师探讨中国京剧艺术的《国土之上，国粹之泱》、朱培培老师阐述中国太极文化的《美国人为什么要练太极？》、车春晖老师展示中国烹饪和饮食文化的《赤道上的"中国饭店"》、李文珠老师讨论五子棋与中国哲学文化的《"中国的棋里有整个宇宙！"》，也都是按照这种体验式教学思路设计出来的文化教学案例。这种体验式的教学模式，其基本理念在于鼓励学生将对文化的"认知"建立在"感知"的基础之上，通过对文化产物的接触或对文化实践的参与，来身体力行地体会二者之中所包含的文化内涵，这跟我们传统二语课堂上单靠讲授来传播文化知识的教学模式有着本质的不同。

不过，囿于海外有限的物质和文化资源，这种体验式的文化教学能给学生带来的中国文化体验，无论从广度还是深度上讲都无法与国内同类的文化课相比；而且，由于这种文化体验与学生在海外的生活并没有直接的联系，因此常常很难让他们将这种"体验"变成自身"经验"的一部分。也许意识到了这些局限，有的老师开始独辟蹊径，充分利用学生生活中已有的中国文化资源，并从海外独有的角度来加深学生对中国文化的感知和认识。比如孙鸿运老师的《荫余堂的诉说》，就是通过带领学生参观美国碧波地博物馆里保存200年之久的荫余堂遗址，来让学生体味几个世纪前中国百姓的生活状态，并了解徽派建筑的文化传统；向雪花、孟多思老师的《中国城博物馆"寻宝"》，也是通过带领学生参观芝加哥中国城华裔博物馆中的实物，来让学生深入了解和感受美国华人移民的历史文化及其对美国社会的影响。在这两个文化教学案例里，学生所体验到的其实是中国文化在海外的延伸或变体，其内容虽与我们传统意义上的中国文化不同，不过其独特的选题和视角，却也为我们在海外进行体验式文化教学开启了一个新的维度。

除了让学生对文化产物有初步的感知和认识以外，体验式文化教学还需要创造环境，鼓励学生参与到文化实践中来，通过在尽可能真实的"语境"中相互交流，加深对中国语言和文化的认识。针对这一需求，秦希贞老师的《不做"语言流利的傻瓜"》为我们提供了一个体演式文化教学的范本。在这个教学案例中，秦老师为学生设计了多个充满中国文化元素的交流场景，比如在电梯里碰到老师、在公交车上给老人让座等，让学生自己选择合适的语言和行为方式来进行演练，这一方面让学生练习了说中文，另一方面也让学生对中国尊敬师长、讲究礼仪的文化传统有了切身的体会。同样采取体演教学法设计教学的还有张欣老师的《"耳闻目睹"之体演文化》和柯思慧老师的《"唔该定多谢"？》，前者为学生设计了两个关于房客与房东的场景（一个是中国访问学者与房东；一个是美国访问学者与房东），让学生运用不同的语言和行为方式进行角色扮演，其他学生则需要通过观察来总结两组表演者在用词和行为上的异同之处；后者为学生准备了一系列在中国香港生活的场景图片，让学生根据不同的场景分别选用普通话、广东话或英语进行交流。这两个教学案例的内容虽然不同，但是都是通过在语言课堂上设计具有强烈文化元素的场景，让学生通过互动表演来切身体会、观察、思考不同文化实践活动中的语言使用差异。这里还需要提一下的是赵亮老师的《皇上的一天》。赵老师的课虽然是用英文讲授中国历史文化，但他也采用了体演式的教学法，让学生用情景剧"还原"清朝皇帝较为典型的一天，并在此基础上引导学生对中国历史进行多层次的讨论，这样的设计，不仅把教学融入表演之中，淡化了介绍性的内容，还极大激发了学生学习中国历史文化的兴趣。

无论是体验还是体演，它们都让二语课堂上的文化教学从过去单纯的"认知性"教学变成了"感知和认知"相结合的教学，从而在很大程度上拉近了二语文化与学生实际生活之间的联系。不过这种感知层面的介入，却也让很多老师对于这种体验式的文化教学模式持有保留意见。他们觉得，这种文化教学模式常常停留在实物层面，属于比较浅层次的文化传播，不够"高大上"，也不能充分展示中国文化的广度和深度。对于这个论点，本书编者持不同意见：文化教学固然不能永远停留在对文化产物的体验上，但却几乎毫无例外地需要从体验文化产物开始。这是因为从认知的角度来说，人类对任何新事物的认识都是要从对具体实物的接触开始的。一个从没接触过中国文化产物的大学生，无论其自身的认知与思考能力多么强，他对中国文化认识的深度和广度其实跟一个小学生没有实质的区别；如果我们这时就迫不及待地让他跳过文化产物的体验，直接进入对文化视野的讨论，那么会像让一个从没吃过饺子的人去做一场关于中国饺子文化的报告一样荒谬。诚然，体验式的文化教学也许不能让学生对二语文化做出"阳春白雪"高度的讨论，但却是任何"阳春白雪"式的探讨所能产生的必不可少的基础。我们不仅不能忽视或轻视体验式的文化教学，相反，我们还应该更深入地讨论什么样的文化体验模式才是最有效的，最能激发学生对二语文化的学习兴趣的。

## 导言

### 文化的比较与碰撞

在学生体验过文化产物、对二语文化的学习和认知能力都变得较为成熟时，引导他们对文化实践和文化视野进行分析和讨论就变得越来越重要。在这种分析和讨论的过程中，由于学生文化背景的复杂性，进行文化比较是不可避免的；文化比较常常会引发文化碰撞，如果教师引导得好，这种文化碰撞又会变成跨文化交流的契机。

二语课堂上的文化比较与碰撞，有时在语言学习的初期就会发生。秦轶犟老师的《我为什么要知道你的年龄？》和范小青老师的《中国式谦虚遭遇日耳曼高傲》记录的就是这样两个案例：秦老师的课从中国人喜欢询问别人年龄这一现象入手，引导初学中文的学生比较、讨论中西方对个人隐私的不同理解和态度；范老师的课则通过介绍中国人在交往中的种种礼貌技巧，来启发学生观察、思考中国人和欧洲人在面对称赞时所表现出的不同反应以及这些不同反应背后的不同文化特征。

除此以外，文化比较与碰撞也会出现在二语课堂上的各种文化教学内容之中。张榴琳、俞巧娜老师的《雅士不做匠人》就是从文化艺术的角度，比较了中西方绘画在内容、技巧、精神及哲学文化背景上的不同；金蓓老师的《中国人出门不带钱包？》通过微信在中国的流行，引导学生对比社交媒体软件在影响中美文化和生活方面的异同之处；朱琳老师的《从"吃饭"到"吃亏"》从中国的饮食文化谈起，带领学生讨论"吃"这一文化行为在中美社会中所占的比重及其对中美文化发展的不同作用；秦天玉老师的《中国"小皇帝"遇上华裔"虎妈"》通过比较中国的独生子女问题和美国华裔虎妈问题，启发学生分析并讨论中美两国在子女、家庭和教育模式上的异同；王薇老师的《今天你加班了吗？》则选取了商业的视角，从中西方职场人士对加班的不同态度来看中西方商业文化的冲突和差异。这些文化教学案例的教学内容虽然不同，但都是将文化比较放到了教学中心，通过比较来引发学生不同文化视角和观点的碰撞。值得指出的是，这种文化上的比较和碰撞不仅发生在学生与学生之间，也发生在教师与学生之间，这就让二语课堂的文化教学，从过去单向的"老师教—学生学"，变成了现在双向甚至多向的师生之间的"交流与协商"；由此产生的"文化意义"，也不再像过去一样是教师单方面给出的"标准答案"，而是变成由师生合作协商与讨论之后而形成的一种"共识"。

在这些注重文化比较的教学案例中，视频常常起着不可忽视的作用。文采菊老师的《陆家嘴遇上华尔街》，就是利用一个纪录片视频作为基础，让学生通过讨论、对比和分析陆家嘴和华尔街的异同，加深其对双方背后所代表的金融市场、人才、环境及法规政策的理解；冯莹老师的《穿普拉达的杜拉拉》，则把《杜拉拉升职记》和《穿普拉达的女王》两部电影作为比照对象，引导学生讨论中西方女性在职场面临的种种困难和她们的不同抉择，并尝试分析这些困难和抉择背后的文化因素；许尔茜老师《输赢的分寸》，通过电影《28岁未成年》中的两段视频，来启发学生思考并讨论中美职场中一些行为文化的异同，比如员工与老板打球时可以随便输或赢吗？在输赢上有什么讲究？

同样利用视频进行文化比较的还有何云娟老师的《从〈钢的琴〉谈中美蓝领困境》和黄丽玲老师的《用跨国创意广告打开跨文化交际之窗》,前者利用《钢的琴》这部获奖电影让学生了解中国社会蓝领工人的下岗问题,并由此及彼地引发学生对美国本土的类似社会问题的讨论和反思;后者则通过分析阿迪达斯公司及奔驰公司在中美两国的视频广告,对比"集体主义"与"个人主义"这两种价值观在中美人群行为和心理上的具体表现。一般来说,跨文化比较需要学生首先对两种文化产生较为具体和直观的印象,因此如何选择比较的切入点就变得非常重要。相对于阅读材料,视频的好处是它给学生造成的视觉冲击更大,而且一段故事甚至一个画面里就会有很多文化元素或文化符号可以用作文化对比的素材。不过视频中的文化场景往往转瞬即逝,在课堂上实际操作起来也会受到种种技术上的限制。如何突破这些限制,将视频与文化教学无缝结合起来,再通过巧妙设计的问题将学生对文化实践和视野的讨论层层引向深入,这是上述文化教学案例提供给我们的最值得思考的地方。

## 文化的延续与变迁

文化视野的教学,关注的是文化产物和实践背后所体现出来的文化群体的深层思维模式。这种思维模式往往不是封闭和固定的,而是有着一定的延续性,并会因为内外因素的影响而随时发生改变。

本书收集的文化视野类的教学案例,很多都体现出了文化的这种延续性特点。比如王静老师的《童心》,就是围绕"童心"这个话题,从先秦谈到明代,又通过讨论西方童话故事,来分析"童心"这一概念在中西文化传统中的差异。高畔畔老师的《你的古诗,我的故事》以《月下独酌》和《春望》两首古诗为起点,引导学生对中国古今文人的孤独困境和家国观念进行不同文化和时代背景下的多重解读,又让学生以古诗为基础,通过写故事、讲故事的形式来进行二次创作,进一步理解中国古诗的文化传承。顾铮、刘刚老师的《〈聊斋志异・宦娘〉中跨界的知音情结》通过对《聊斋》中一则鬼故事的细读及对古筝、古琴乐曲的赏析,让学生了解中国古典音乐与文学之间的关系,并从跨文化的角度对友情和爱情这两个跨时代的话题进行了深入探讨。这些谈论古代文学、文化传统的教学案例,几乎都不约而同地采取了"由古及今、借古论今"的手法,将文化延续的一面充分体现出来。与此相应,一些聚焦现代社会的文化教学案例,也都包含着对古代传统的思索。比如孙川梅老师的《"性善—性恶"与"世外桃源"》将电影《天下无贼》与中国春秋战国的"性善—性恶"说和东晋陶渊明的《桃花源记》结合起来,引导学生对人性善恶、佛教因果报应和中国当代人"天下无贼"的理想追求进行深入讨论。王小戎老师的《不曾说出来的故事》,通过让学生观看和分析《钢的琴》和《洗澡》两部电影中的片段,来探讨中国传统文化中的等级意识、社会地位和相处方式如何以"言外之意"的形式,通过电影人物的面部表情、肢体语言、交谈语言表现出来。

除了文化的延续性，文化的可塑性和时代变迁也是文化视野类中很多教学案例的关注点。比如胡静老师的《三个时代的爱情》，就选用了《小城之春》《花样年华》和《一声叹息》这三部分别反映中国不同时期不同地区婚恋观的电影，来展现中国女性在婚姻、恋爱以及贞操等文化观念上的变化。孟多思、向雪花老师的《多维度解读下的中国家庭》则运用四部纪录片和一篇散文，从传统的"四世同堂"一直谈到现今的"原生家庭""丁克一族"和"剩男剩女"现象，进而深入分析了时间、空间和社会文化对中国家庭观念及行为产生的多层次、多维度的影响。

上述文化教学案例，无论是聚焦于文化延续还是文化变迁，都有一个共同特点，就是它们不再将文化当作是一种孤立和固化的知识，而是将它看成是一个建立在多重交流之上的持续发展、不断变化的"进程"。在这个"文化的进程"中，古今不再遥远，因为古代的文化传统会以种种形式融入、体现在现代人的行为模式里，而现代的观念也无时无刻不影响着人们对古文化的思考和解读；中外也不再隔阂，因为从任何文化视野产生的观察、比较、探索和分析，都在合力影响着文化的构建，为其意义的形成、延续和变化贡献着自己的力量。

## 文化课题的多维处理

细心的读者也许会发现，本书中有相当一部分教学案例在选题上是相同或者相似的。比如邓娟老师的《从始至终，"字"有来历》和马玲老师的《汉字的书法路》讲的都是汉字的文化教学，不过邓老师的汉字课更注重对汉字构形结构的分析，同时将汉字与中国哲学文化联系起来，让学生从中国人思维的角度了解汉字的形成与演变；马老师的课则从书法入手，通过让学生写书法来切身体会汉字的基本笔法，感受汉字的笔顺与结构，体验汉字之美。

"春节"是很多老师都喜欢选择的另一个文化课题，不过每位老师讲授春节文化时所采用的教学方式却有其独自的特点。杨洁老师的《吃货练成记》采用体验式教学法，鼓励学生亲自动手包饺子，从实践角度来切身体验中国的饮食文化和春节传统。黄梅老师的《剪出来的春节》通过将春节与剪纸文化及汉字教学结合，别开生面地设计了一堂以迎春为背景的"剪字"文化课，让学生在通过"剪字"复习汉字笔画、了解汉字结构的同时，也加深对中国剪纸历史和春节民俗的认识。戴岚老师的《福"倒"了》则运用体演教学的方式，带领学生利用课堂活动、年夜聚餐和中国历代服饰秀等多种形式，在"吃喝玩乐"中欢度中国春节，让学生在喜庆的气氛里习得语言知识，并亲身感受中国节日的"立体形态"。李可宁老师的《你会"玩"中文吗？》通过让学生分组合作猜谜语和"拼"对联，让他们对谜语和对联中涉及的古汉语特点有了切身体会，同时也对中国人的年俗传统有了更深的了解。

在商务文化方面，汪洋老师的《淘宝与eBay中国市场争夺战》和杨君老师的《肯德基的入乡随俗》谈的都是国外企业在中国本土化的问题。不过汪老师采取了一个更为宏观的视角,通过带领学生分析eBay和淘宝在中国商务市场的竞争,深入探讨国外企业如何进入中国市场、如何有效地实施本土化等大问题;杨老师的课则选取了一个更为"亲民"的角度,通过将肯德基的中国本土化策略跟中国人的饮食文化结合起来,让学生从衣食住行的现实生活角度,去切实体会外国企业在中国本土化的重要性。

上述教学案例为我们展示了不同教师在处理同类文化课题时所采取的不同视角、层次和方式。之所以要将这些同类案例都收集进来,是想提醒读者:任何一个文化课题都有被多重发掘的可能性。本书中所展示的教学案例虽然颇具代表性,但却远远不能涵盖文化教学的所有可能,因此,读者千万不能把眼光停留在本书所谈及的课题或教法上,而是要在本书案例的基础上更进一步,争取将文化教学拓展到更深层次和更多维度。

## 文化教学:理论与实践、展示与思考

本书在编辑的初期,就设立了三个重要编辑原则,即实用化、清晰化和立体化。所谓实用化,是指本书所收集的文章均来自一线课堂,是经历了真实教学检验的实践性案例,每个教学案例充分考虑到不同年级中文学生的学习特点及认知方式,在选题确定、教学设计、活动设计等环节都有很强的针对性。所谓清晰化,是指每篇文章在格式上都会分为导读、教学设计、小贴士、补充教学材料等几大板块,以求尽可能完整地还原相应课程的每个教学环节,并详细解释每个环节之间的关联及其在实现教学目标中的作用;文章中尽量避免套话和过于理论化的语言,而是把重点放在对具体教学步骤的描写和教学中实际使用的问题上,从而最大限度地提高教学方案的清晰度。所谓立体化,是指本书所收集的文章配有教师使用的教案、PPT、课堂讲义、网站网址、视频、音频等教学资源,由作者在书外共享给有教学需要的读者,从而使本书成为一部立体化的资源型作品。**配套教学资源申领,请发送邮件至921083659@qq.com。**

这样的编辑方式,固然给读者的阅读和使用提供了极大方便,但也有其自身的局限:有的读者也许会认为本书只是一个教案汇集,缺乏对中文文化教学理论层面的探讨;也有的读者会觉得本书过于注重对教学过程的展示,而缺乏对教学本体的思考。这两个局限确实是本书在目前的编辑思路和框架下无法克服的。不过,这里编者想要说明的是:任何理论层面的思考,并不一定都要以理论的形式展现出来。教学本身是一个"活"的过程,是一个把多重理论融合在一起、灵活运用的过程;一个成功的教学案例,离不开各种教学和研究理论的支撑,而课堂本身也是各种理论有效性的一个重要检验场所。从这个层面来讲,完成一个教案的设计,本身就是一个将理论实践化的过程;而对教学过程的描述,则是对这些经过实践检验的理论所进行的又一次深度反思。

除去二语教学的理论,还有其他学科的理论成果也都被活用在本书所收集的教学案例中。比如肖峰、聂昆老师的《被拒绝了以后还可以再邀请吗?》就是将语用学和言语

## 导 言

行为理论融进了教学之中，在不空谈理论的前提下，采用实证研究的成果来设计文化教学任务，让学生分别使用中英文拒绝别人的邀请，以此来比较中美文化对拒绝时语用得体性的影响。田野老师的《"锦带功曹"为何褪色？》讲的是中国古代的文人画作，整个课程以哈佛大学艺术史系教授的学术论文为基础，从对具体画作的赏析延伸到对中国古代社会文化、审美情趣及价值观念变迁的讨论。杨蕾老师的《到底谁病了？》将文学中的细读理论融入课堂教学中，通过细致入微的问题设计，引导学生学习讨论鲁迅的《药》及其电影改编，帮助学生了解20世纪初中国社会不同群体的生活和思想状态，以及当时社会变革的复杂性。游自荧老师的《美国大学课堂里的中国神话》以《目连三世宝卷》为基础，将民俗学、历史、宗教、文学、考古、艺术、表演研究、人类学等研究理论综合在一起，带领学生对目连救母这一佛经故事展开深入的、跨文化的讨论。陈利砼老师的《你说的真的是"中文"吗？》将对中国方言的研究成果融入语言文化教学中，让学生在对当代中国的语言/方言分布及使用情况有了基本了解的基础上，鼓励学生联系中国"统一"和"现代化"的文化大课题，去整体理解并反思中国语言/方言的变迁历史。

诚然，本书所收集的教学案例文章，由于其文章类型的限制，不能像学术论文那样充满环环相扣的理论论述，但不能否认的是，有时展示就是一种反思，而教学本身也是一个充满了思考的过程。比如赵冉老师的《中国文化画廊》，其反思的中心就是"如何在学生初学中文、表达能力极为欠缺的情况下，不使用英文来进行一定广度和深度的文化教学"这一颇具挑战性的问题。在这个教学案例中，赵老师分享了她用两年时间实验过的一种"网上文化画廊"的教学法，通过在课堂上用中文对文化图像进行简单问答，提升学生使用中文介绍与讨论中国文化的基本语言技能，培养学生自主和协作学习的能力与习惯，同时鼓励其分享中国文化知识的热情，加深其对中国文化的理解和思考。刘刚老师的《小青蛙与大智慧》则是思考"如何在学生和老师都欠缺相应专业训练的情况下，从非专业的角度将中国古代哲学思想作为讨论中国文化的课题，在高年级语言课上使用"。这里，刘老师以《庄子·秋水》中"井底之蛙"这一寓言故事为起点，结合蔡志忠的漫画《庄子说》，详细展示了如何从一个较为独特的角度，通过精心设计的课前作业、课堂讨论和课上活动，来引导学生对人类语言、视野、生命、知识和思维模式局限性等哲学论题进行层层递进的讨论，在提高学生中文表达能力的同时也加深其对中国传统文化的理解和思考。

以上啰啰唆唆地写了很多，虽然也谈及书中各个文化教学案例的闪光点，但要完全说清楚它们的精彩之处还是远远不够，这一点，只能靠读者通过阅读来自己细细体味了。最后，在这篇冗长的前言结尾，编者还想借机感谢一下几位在幕后为本书做出巨大贡献的人：第一位是北京大学出版社的邓晓霞老师，没有她最初的慧眼和鼎力推荐，这本书也许根本不会面市；第二位是本书的责任编辑，一直以来在幕后进行反复的修改和校对，才让这本书得以以今天的形态呈献给大家；第三位是刘志刚老师，刘老师是我们见过的最为热忱的一名中文教师和中文教学研究者，他虽然并没有参与到本书的具体编辑过程中，但却是本书的"始作俑者"和重要的灵魂人物之一，本书的成形离不开他最初的想法以及长期以来的鼓励。

刘刚（美国卡耐基梅隆大学现代语言系教学副教授）
汪海霞（美国匹兹堡大学东亚研究中心教学主管）

## 参考文献：

Byram, M. & Feng, A. 2004. Culture and language learning: Teaching, research and scholarship. *Language Teaching*, 37 (3), 149-168.

Duranti, A. & Goodwin, C. 1992. *Rethinking context: Language as an interactive phenomenon.* Cambridge: Cambridge University Press.

Finkbeiner, R., Meibauer, J. & Schumacher, P. B. 2012. *What is a context? Linguistic approaches and Challenges.* Amsterdam/Philadelphia: John Benjamins Publishing Company.

Lange, D. L. & Paige, R. M. 2003. *Culture as the core: Perspectives on culture in second language education.* Greenwich, CT: Information Age Publishing.

National Standards in Foreign Language Education Project. 1996. *Standards for Foreign Language Learning: Preparing for the 21st Century (SFFLL).* Lawrence, KS: Allen Press.

National Standards in Foreign Language Education Project. 1999, 2006. *Standards for Foreign Language Learning in the 21st Century (SFFLL).* 2nd & 3rd edns. Lawrence, KS: Allen Press.

Paige, R. M., Jorstad, H., Siaya, L., Klein, F. & Colby, J. 2003. Culture learning in language education: A review of the literature. In D. Lange & R. M. Paige (eds.), *Culture as the core: Integrating culture into the language education.* Greenwich, CT: Information Age Publishing. 173-236.

The National Standards Collaborative Board. 2015. *World-readiness standards for learning languages.* 4th ed. Alexandria, VA: Author.

Yang, X. & Chen, D. 2016. Two barriers to teaching culture in foreign language classroom. *Theory and Practice in Language Studies*, 6(5), 1128-1135.

## 文化视野类

1. "锦带功曹"为何褪色？
   ——中国艺术史的画风与时风　　　　　　　　　田　野 /2

2. 中国"小皇帝"遇上华裔"虎妈"
   ——针对多元文化背景学生的文化教学模式探索　　秦天玉 /12

3. 淘宝与eBay中国市场争夺战
   ——从企业"本土化"案例看中国商业文化　　　　汪　洋 /17

4. 小青蛙与大智慧
   ——从漫画开始的中国古代哲学思想文化课　　　　刘　刚 /26

5. 童心
   ——基于文化主题的对外古汉语教学　　　　　　　王　静 /32

6. 不曾说出来的故事
   ——从电影角色互动看中国人的社会地位和相处方式　　王小戎 /40

7. 《聊斋志异·宦娘》中跨界的知音情结
   ——古典文学与传统音乐在高级汉语文化课上的相遇　　顾　铮　刘　刚 /46

8. "月子"坐还是不坐？
   ——由"坐月子"看中国传统的养生观念　　　　　刘　艳 /53

9. 用跨国创意广告打开跨文化交际之窗
   ——一堂关于"集体主义与个人主义"的高年级跨文化课　　黄丽玲 /59

10. 到底谁病了？
    ——鲁迅名篇《药》的教学　　　　　　　　　　　杨　蕾 /66

11. 美国大学课堂里的神话
    ——通过《目连三世宝卷》看"中国古代社会中的神话、传说和信仰"　　游自荧 /74

12. 从《钢的琴》谈中美蓝领困境
    ——电影课上的文化讨论设计　　　　　　　　　　何云娟 /80

| 13 | 你的古诗，我的故事 |
| --- | --- |
| | ——高级中文课上古诗教学的一次尝试　　　　　　　　高畔畔 /87 |

| 14 | 你说的真的是"中文"吗？ |
| --- | --- |
| | ——记一节探讨中国语言与方言的美国大学通识课　　　陈利砼 /93 |

| 15 | "性善—性恶"与"世外桃源" |
| --- | --- |
| | ——以电影课《天下无贼》探讨中国思想文化命题的教学设计　孙川梅 /100 |

| 16 | 多维度解读下的中国家庭 |
| --- | --- |
| | ——"家庭文化"教学中的新思路　　　　　　　孟多思　向雪花 /106 |

| 17 | 三个时代的爱情 |
| --- | --- |
| | ——电影中的中国女性意识及婚姻文化变迁　　　　　　胡 静 /113 |

## 文化实践类

| 1 | 肯德基的入乡随俗 |
| --- | --- |
| | ——中美饮食文化的跨文化交流和反思　　　　　　　　杨 君 /124 |

| 2 | 剪出来的春节 |
| --- | --- |
| | ——初级课堂的汉字剪纸课　　　　　　　　　　　　　黄 梅 /132 |

| 3 | 被拒绝了以后还可以再邀请吗？ |
| --- | --- |
| | ——一节探讨中美文化差异的语用学课　　　　　肖 峰　聂 昆 /136 |

| 4 | "唔该定多谢"？ |
| --- | --- |
| | ——如何在初级粤语课中融入方言文化教学　　　　　　柯思慧 /142 |

| 5 | 今天你加班了吗？ |
| --- | --- |
| | ——从中西方公司加班文化差异看文化震荡　　　　　　王 薇 /146 |

| 6 | 皇上的一天 |
| --- | --- |
| | ——在情景剧表演中体验中国历史　　　　　　　　　　赵 亮 /153 |

# 目 录

7 **不做"语言流利的傻瓜"**
　　——第一节中文课的行为文化教学示范　　秦希贞　/160

8 **吃货练成记**
　　——春节与饺子文化实践体验课　　杨洁　/168

9 **福"倒"了**
　　——"吃喝玩乐"体演年俗文化　　戴岚　/174

10 **输赢的分寸**
　　——从电影《28岁未成年》窥探中美职场文化　　许尔茜　/180

11 **陆家嘴遇上华尔街**
　　——运用视频进行大学中级商业中文活动课　　文采菊　/185

12 **穿普拉达的杜拉拉**
　　——从两部电影看中西方文化语境下职场女性的价值抉择　　冯莹　/189

13 **"耳闻目睹"之体演文化**
　　——由实例观察入手的中美跨文化教学　　张欣　/194

14 **中国式谦虚遭遇日耳曼高傲**
　　——日常场景中的汉语初学者跨文化教学　　范小青　/201

15 **我为什么要知道你的年龄？**
　　——年龄在中国人际交往中的文化含义及作用　　秦轶翚　/207

16 **从"吃饭"到"吃亏"**
　　——多维度、多媒体考察中国饮食文化　　朱琳　/212

17 **赤道上的"中国饭店"**
　　——中国美食文化走进肯尼亚学生课堂　　车春晖　/216

18 **非诚勿扰**
　　——当代中国社会的电视相亲与婚恋文化　　唐晓飞　/222

19 **无酒不成席**
　　——如何将商务文化与语言训练结合起来　　史中琦　/227

## 文化产物类

1. **书画之妙，汉字之美**
   ——一节面向美国学生的文化体验课 　　　　　　　汪海霞 /234

2. **中国文化画廊**
   ——运用网上画廊形式进行零起点班的文化教学 　　赵　冉　杜乃岩 /240

3. **趣味中医药，"姜还是老的辣"**
   ——大学汉语高级班文化教学 　　　　　　　　　　萧　映 /246

4. **雅士不做匠人**
   ——中国传统绘画的哲学 　　　　　　　　　　　　张榴琳　俞巧娜 /251

5. **"中国的棋里有整个宇宙！"**
   ——文化教学之用五子棋讲阴阳哲学 　　　　　　　李文珠 /258

6. **婵娟共语，月是中秋的圆**
   ——面向汉语初学者的一堂中秋文化体验课 　　　　柯灵燕 /262

7. **国土之上，国粹之泱**
   ——文化教学之京剧 　　　　　　　　　　　　　　杨小艳 /267

8. **美国人为什么要练太极？**
   ——一门少长咸集的中国文化体验课 　　　　　　　朱培培 /271

9. **掌中出功名**
   ——布袋戏的语言及文化教学 　　　　　　　　　　吴素美 /276

10. **从始至终，"字"有来历**
    ——汉字教学的文化内涵 　　　　　　　　　　　　邓　娟 /282

11. **荫余堂的诉说**
    ——中国传统文化的体验之旅 　　　　　　　　　　孙鸿运 /287

12. **"功夫熊猫"和"花木兰"的美国之旅**
    ——文化符号在视频材料中的诠释与深化 　　　　　周　康 /294

13. **中国城博物馆"寻宝"**
    ——一个针对不同教学目的及语言程度的文化项目 　向雪花　孟多思 /301

## 目录

**14** 蝙蝠代表吸血鬼吗?
　　——中国传统建筑中的吉祥图案和寓意　　　　　　　金　蓓　/307

**15** 汉字的书法路
　　——汉字历史与结构的书法文化解读　　　　　　　　马　玲　/314

**16** "Lantern（灯笼）能吃吗？"
　　——有关元宵节的语言与文化教学　　　　　　　　　刘士娟　/319

**17** 中国人出门不带钱包？
　　——微信科技、中国百姓生活与当代社会文化　　　　金　蓓　/325

**18** 你会"玩"中文吗？
　　——一堂关于谜语和对联的文化体验课　　　　　　　李可宁　/330

文 化 视 野 类

1. **Why did the "Turkey" fade in color?**
   ——Painting style and cultural ethos in traditional Chinese art history  Ye Tian  /2

2. **When "little emperors" meet Chinese "tiger moms"**
   ——Teaching students with diverse cultural and linguistic backgrounds  Tianyu Qin  /12

3. **The battle between Taobao and eBay's over the Chinese market**
   ——A lesson on Chinese business culture from eBay's failed localization strategies  Yang Wang  /17

4. **The little frog and the great wisdom**
   ——Early Chinese philosophical thought through comic books  Gang Liu  /26

5. **The innocent heart of a child**
   ——Teaching classical Chinese from a cultural perspective  Jing Wang  /32

6. **The untold stories**
   ——Chinese social status as embodied in the character interactions within Chinese film  Xiaorong Wang  /40

7. **Huanniang and kindred bonds across boundaries**
   ——When classical literature meets traditional music in the advanced Chinese classroom  Zheng Gu, Gang Liu  /46

8. **"Sitting the month", or not?**
   ——A cross-cultural comparison of traditional health beliefs in China and the West  Yan Liu  /53

9. **Cross-cultural communication through creative multinational advertisements**
   ——Content-based instruction of collectivism and individualism  Liling Huang  /59

10. **Who was sick?**
    ——Teaching Lu Xun's "Medicine" and Chinese literature  Lei Yang  /66

| 11 | **Teaching mythology at an American college** | | |
| --- | --- | --- | --- |
| | ——Traditional myth, legend, and belief in ancient society of China through "The Precious Scroll of the Three Lives of Mulian" | Ziying You | /74 |

| 12 | **The dilemma of working class from a global perspective** | | |
| --- | --- | --- | --- |
| | ——"Piano in factory" and the design of a Chinese film/culture class | Yunjuan He | /80 |

| 13 | **Your poem, my story** | | |
| --- | --- | --- | --- |
| | ——A new pedagogical approach to teaching classical Chinese poetry | Panpan Gao | /87 |

| 14 | **Do you really speak "Chinese"?** | | |
| --- | --- | --- | --- |
| | ——A general education class on Chinese languages and dialects | Litong He | /93 |

| 15 | **Human nature and Peach Blossom Spring** | | |
| --- | --- | --- | --- |
| | ——A culture class on traditional Chinese thought in "A World Without Thieves" | Chuanmei Sun | /100 |

| 16 | **A multifaceted exploration of Chinese family** | | |
| --- | --- | --- | --- |
| | ——A new approach to teaching Chinese family culture | Duosi Meng, Xuehua Xiang | /106 |

| 17 | **Love in three eras** | | |
| --- | --- | --- | --- |
| | ——Chinese female consciousness and the transformation of marital culture in film | Jing Hu | /113 |

## 文化实践类

| 1 | **KFC "enters" China** | | |
| --- | --- | --- | --- |
| | ——A reflection on cross-cultural communication and food culture in China and the U.S. | Jun Yang | /124 |

| 2 | **A "paper-cutted" Spring Festival** | | |
| --- | --- | --- | --- |
| | ——Paper cutting and character learning in the elementary Chinese classroom | Mei Huang | /132 |

| 3 | **Can you insist on your invitation after being rejected?** | | |
| --- | --- | --- | --- |
| | ——A pragmatics class on Sino-American cultural differences | Feng Xiao, Kun Nie | /136 |

| 4 | **"Ng goi or Do ze"?** | | |
| --- | --- | --- | --- |
| | ——Integrating dialect and culture in an elementary Cantonese class | Sihui Ke | /142 |

| 5 | **Do you work overtime today?** | | |
| --- | --- | --- | --- |
| | ——Culture shocks and differences between Chinese and Western workplaces | Wei Wang | /146 |

# CONTENTS

**6** **A day of a Chinese emperor**
——Experiencing Chinese history through skit performance  Liang Zhao  /153

**7** **Do not become "a fluent fool"**
——Teaching behavioral culture from the first Chinese language class  Xizhen Qin  /160

**8** **Become a Chinese foodie**
——An experiential class on the Spring Festival and dumpling culture  Jie Yang  /168

**9** **Fill the feast with blessing**
——Language and culture "performed" at Chinese Spring Festival  Lan Dai  /174

**10** **To win or to lose**
——Chinese and American workplace culture as depicted in the movie "Suddenly Seventeen"  Erqian Xu  /180

**11** **When Lujiazui meets Wall Street**
——Using video to teach Intermediate Business Chinese at the college level  Caiju Wen  /185

**12** **"Du Lala" who wears "Prada"**
——Examining struggles and moral choices of young professional women in China and the West via two films  Ying Feng  /189

**13** **Performance watch**
——A cross-cultural examination of Chinese and American behavioral culture  Xin Zhang  /194

**14** **When Chinese modesty encounters German conceit**
——Cross-cultural instruction through daily communication for Chinese beginners  Xiaoqing Fan  /201

**15** **Why do I want to know your age?**
——The cultural meanings and functions of age in Chinese interpersonal communication  Yihui Qin  /207

**16** **From "eating" to "losing"**
——Exploring Chinese food culture from cross-cultural perspectives  Lin Zhu  /212

**17** **The Chinese restaurant on the equator**
——When Chinese food culture enters the Kenyan classroom  Chunhui Che  /216

**18** **You are the one**
——Marriage and relationships in contemporary China as seen through reality television  Xiaofei Tang  /222

3

19　No banquet can do without liquor
　　——Incorporating Chinese business culture into language instruction　　Zhongqi Shi　/227

## 文化产物类

1　The beauty of calligraphy and painting
　　——Experiential learning as part of Chinese culture instruction　　Haixia Wang　/234

2　Chinese "Culture Gallery"
　　——Using online platforms to teach culture in novice-level Chinese classes　　Ran Zhao, Naiyan Du　/240

3　Fun Chinese medicine, "Wisdom comes with age"
　　——Culture instruction of Chinese medicine for advanced level Chinese classes　　Ying Xiao　/246

4　Literati over craftsmen
　　——The philosophy of traditional Chinese painting　　Liulin Zhang, Qiaona Yu　/251

5　"Chinese chess play contains the whole universe!"
　　——The philosophy of Yin and Yang in Chinese FIR (Five-in-a-row)　　Wenzhu Li　/258

6　One World, one Moon
　　——Mid-Autumn Festival and experiential culture learning for novice-level students　　Lingyan Ke　/262

7　Peking Opera: Beyond the land, beyond time
　　——Teaching the culture of Peking Opera　　Xiaoyan Yang　/267

8　Why should Americans learn Taiji?
　　——An experiential culture class for all ages　　Peipei Zhu　/271

9　Glory comes from the hands
　　——Language and culture instruction through Hand Puppetry　　Sumei Wu　/276

10　The origin of the character system
　　——The cultural meaning of the Chinese writing system　　Juan Deng　/282

11　The tale of Yin Yu Tang
　　——A journey through Chinese art, architecture and culture　　Hongyun Sun　/287

# CONTENTS

**12. Kung Fu Panda and Mulan's journey to the U.S.**
——Interpretation and development of cultural symbols in the media  Kang Zhou  /294

**13. "Treasure hunting" in Chinatown's Museum**
——Designing experiential cultural projects for different proficiencies and learning outcomes  Xuehua Xiang, Duosi Meng  /301

**14. Does the bat represent the vampire?**
——Auspicious patterns and cultural meaning in traditional Chinese architecture  Bei Jin  /307

**14. The calligraphy "path" of Chinese characters**
——The history and structure of Chinese characters and their cultural interpretation  Ling Ma  /314

**16. "Lantern Festival, eat lantern?"**
——Teaching Chinese language and culture related to the Lantern Festival  Shijuan Liu  /319

**17. Do the Chinese shop without a wallet?**
——WeChat technology, Chinese life and contemporary culture  Bei Jin  /325

**18. Do you know how to "play" Chinese?**
——An experiential class focused on Chinese riddles and couplets  Kening Li  /330

# 传统与现代:

海外中文文化教学(大学篇)

文化视野类

# "锦带功曹"为何褪色?
## ——中国艺术史的画风与时风

田 野

> **导 读**
>
> 中国文化虽然是高级汉语课程中不可或缺的一部分,但是限于学生的语言水平,大部分课程对中国文化的讲解常以普及常识性的知识为主,内容深度不够。这些课程也常局限在中文教学的领域之内,没有结合最新的学术研究动态。
>
> 哈佛大学五年级中文课程中,我负责教授学术中文。该课程引导学生学习哈佛大学教授用中文撰写的学术文章。本文以该课程的一个教学单元为例,展示中文教师如何带领学生学习语言与内容均较为艰深的学术论文,如何增加学生对中国文化深层次的了解。
>
> 本教学单元话题为中国绘画,课文改编自哈佛大学艺术史系汪悦进教授的论文《"锦带功曹"为何褪色?——王渊〈竹石集禽图〉及元代竹石翎毛画风与时风之关系》。该论文有两个特色:一是对绘画的描绘清楚明了;二是考证翔实,能在有限的篇幅之中旁征博引,从社会变迁、审美趣味、价值观念等角度来分析绘画的笔墨特征、意境以及创作特点,充分论证了画风与时风之间的关系。

## 教学目标

1. 本教学单元所讨论的话题是中国绘画,属于艺术史领域的重点之一,所以教学目标之一是通过学习课文,让学生学习、了解宋元之际的社会演变,以及这段历史对中国绘画(尤其是花鸟画)的具体影响。

2. 通过学习生词、语法结构,让学生学会使用中文学术文章中常见的表达方式,学会如何在细节上对中国绘画进行评价、描述。除课文中出现的常用生词、句型与语法外,学生更要重点体会、学习如何从宏观的历史角度、社会条件对某一种艺术形式的变化进行对比、研究、综述等。

## 课程设置及学生背景

美国哈佛大学五年级学术中文课,一学期共有15个教学单元,每个教学单元改编一篇学术论文。这些学术论文涵盖不同的研究领域,例如中国古代文学、道教思想和中医、宋明理学、中国小说、现代汉诗等,研究极为深刻,代表了世界一流的中国研究学者最重要的研究成果与方向。每个教学单元基本上都分为5天进行,每天1课时,每课时约50分钟,前4天是内容讲解和讨论,第5天是学生报告。

全中文授课，教学材料以中文为主，附有生词、语法的英文翻译。授课重点是课文讲解、内容教学，同时兼顾高级学术中文的语言教学。

学生主要为高级汉语学习者（华裔及非华裔，学习中文四年以上，可以较为流利地用中文成段表达自己的想法），专业不限，本科生、研究生均可选修。

## ◆ 教学工具及材料

### （一）阅读材料：

1. 元朝介绍Yuan Dynasty，网址链接：https://en.wikipedia.org/wiki/Yuan_dynasty，访问日期：2021-8-16。

2. 课文节选自汪悦进《"锦带功曹"为何褪色？——王渊〈竹石集禽图〉及元代竹石翎毛画风与时风之关系》，内容有改动。

### （二）教学材料：

课程PPT。

## ◆ 教学步骤

# 第一课时：课文第一部分

## 一、课前预习：

1. 学生预习有关元朝介绍的英文材料。
2. 学生预习课文第一部分的生词。

> 课前阅读材料为英文，上课前学生只需要花十几分钟阅读即可，目的是让部分不熟悉中国历史的学生对宋元之际的中国社会有所了解。按照哈佛大学中文项目的惯例，学生上课前应该先自学生词，并对课文内容有大致了解。但是因为五年级学术中文课文内容较为艰深，本课程只要求学生掌握生词，不要求学生预习课文。
>
> 小贴士①

## 二、课堂教学步骤：

1. 生词听写。
2. 课堂导入。老师就课前阅读材料、中国画等相关问题向学生提问。如：请简单介绍一下元朝；元朝社会的等级制度的特点是什么；元朝科举制度有哪些特点；你看过中国画吗；什么是花鸟画等。

3. 按照创作年代前后，在PPT上给学生展示课文里提到的六幅画作。第一幅是南宋佚名的《锦鸡竹雀图》，第二幅是南宋佚名的《寒鸦图卷》，第三幅是元朝初期罗稚川的《古木寒鸦图》，第四幅是元朝初期罗稚川的《雪江浦图》，第五幅是元朝中期王渊作于1333年的《古木鸣禽图》，第六幅是元朝中期王渊作于1344年的《竹石集禽图》。然后让学生根据直觉简单评论一下这六幅画在风格上有什么异同。

> 作者汪悦进教授并没有按照创作时间的前后，而是按照自己的行文逻辑来分别描述了这六幅画作，这对学生解读课文内容是很大的挑战。所以在开始上课之前，老师应该开门见山地告诉学生，我们这个教学单元会比较、分析这六幅画的特点，以及社会历史对它们的具体影响。

小贴士②

按照课文内容，这六幅画作的特点以及所反映的社会时代特征如下：

第一幅南宋佚名的《锦鸡竹雀图》：当时社会安定，绘画中的"野逸徒具形式，更多是虚设荒野萧瑟而营造富贵安逸，以野逸竹石衬托富贵禽鸟"。

第二幅南宋佚名的《寒鸦图卷》：反映了"宋元接续的具体信息"，"画卷寒林重压，古木森森，四十九只寒鸦于林间栖息。枝头因略敷白粉，使得本已萧瑟的寒林更具冰雪透彻的凉意"，"科举兴废年间的元初文人显然从宋代的《寒鸦图》中看到了他们自身时代的悲哀愁思"。

第三幅元朝初期罗稚川的《古木寒鸦图》："元儒士们既然从宋《寒鸦图》中看出他们自身时代的惆怅，元代的寒鸦图自然也就应运而生。罗稚川的画便属其一。与宋画不同的是罗画以寒鸦为次，文禽为主……罗的创新在于将珍禽锦雉引入寒林中去……珍禽本富贵；锦雉本寓示锦绣前程，然而罗稚川却意味深长地将它们置于寒林。"

第四幅元朝初期罗稚川的《雪江浦图》："与宋代的《寒鸦图》相比，罗稚川的画多了一层意趣。如《雪江浦图》不仅有寒鸦，而且还有一对珍禽……本属富贵安逸的珍禽，这里尽管居高枝，但孤苦零零，似乎已岌岌可危……罗画盛行时，正值科举废兴前后。多年以科举进入仕途的文人在科举废置年代不免如群鸟惶惶然，充满无处栖身的漂泊动荡感……罗稚川的锦雉寒鸦图之类画作，便是这一社会心理的写照。"

第五幅元朝中期王渊作于1333年的《古木鸣禽图》："时风所致，王渊早年画也是在秋景山水之中点缀寒鸟。其旨趣意图与罗稚川寒林翎毛有相似之处……不难想象王渊的这类古木秋景图所营造的画面与罗稚川画所表现的萧索惨淡的景色有共同之处。"

第六幅元朝中期王渊作于1344年的《竹石集禽图》："既然如此，王渊的画为何在至正年间又以全新面目出现呢？因为时风变化了……自1315年恢复科举后，随着文化环境的不断改善，时风有所改变。这种气象惨淡的怨艾风格被当道的士大夫斥为'末世之音'……朝廷儒臣……倡导平和雅正的'盛世之音'以示国运之盛……置花鸟于纯净单一的氛围，工笔细致，凸现其富贵之态……科举复兴后，崇尚雅正是与复古趣味紧紧相连的……怎样才能在花竹翎毛图内传达雅正古意呢？不妨简单回顾王渊所经历的元代翎毛图的由着色到墨色的变化过程。"

4. 待学生讨论完对这六幅画的初步认识之后，开始进入具体的课文讲解。PPT上展示根据课文第一部分设计的5个导读问题：

① 哪种艺术形式记录了发生在元代中后期的"视觉革命"？
② 《竹石集禽图》画的是哪种动物？
③ 角雉（吐绶鸡、珍珠鸡）的特点是什么？
④ 为什么画家喜欢画它们？
⑤ 《竹石集禽图》中出现的"矛盾"是什么？

参考答案：

① 花鸟卷轴。

② 角雉（其实就是火鸡）。

③ 吐绶鸡展示的绶被视为金碧晃曜，红艳若锦。

④ 吐绶鸡寓意锦绣前程。

⑤ 既然是精工细写，强调锦绣富贵，当以五彩为之，但画家在此却以通篇墨色一以贯之。

5. 语言教学。重点如下：褪色；变迁；轰轰烈烈；深入人心；雅俗共赏；面貌一新；坦然；虽然……，但是……；不为所动；见于；受到青睐；不外乎；谐音；蹊跷；以……居多；取决于；源远流长；沦为；营造。

6. 下课后，学生完成第一节课后作业。

（1）请介绍一下你了解的中国画（西洋画）。

（2）请熟读课文中对《竹石集禽图》的描述，再用自己的话进行复述。

（3）角雉（吐绶鸡、珍珠鸡）可以与"寿"谐音来表达吉祥的意义，根据你了解的中国文化，请再举几个相似的例子。

## 第二课时：课文第二部分

一、课前预习：

学生预习课文第二部分的生词。

二、课堂教学步骤：

1. 生词听写。

2. 课堂导入。根据上一节课的导读问题向学生提问，带领学生简单重温上一节课的内容。第一部分的内容可以简单总结为：从宋朝到元朝，中国社会发生了很大的变化，这个变化也反映在花鸟画的风格上。吐绶鸡很漂亮，寓意锦绣前程，应该是彩色的，但是元朝画家画的吐绶鸡是墨色的。这就造成了一个矛盾，而我们这篇课文就是来探讨产生这个矛盾的原因。

> 本课程的教学内容非常专业，每次新课开始前，老师最好带领学生重温一下前一节课或者前几节课学过的内容。虽然学生中文水平都很高，但是老师最好还是深入浅出地总结一下课文的内容。

小贴士③

3. 按照课文中出现的先后顺序，在PPT上展示课文第二部分所要讲解的六幅画作。第一幅是北宋李成的《寒林平远图》，第二幅是南宋佚名的《寒鸦图卷》，第三幅是南宋佚名的《翠竹翎毛图轴》，第四幅是元朝初期罗稚川的《古木寒鸦图》，第五幅是罗稚川的《古木寒鸦图》（局部），第六幅是南宋佚名的《寒鸦图卷》（题跋局部）。① 然后让学生简单评论一下这六幅画在风格上有什么异同。

4. 看完这六幅图后，开始进入具体的课文讲解。PPT上展示根据课文第二部分设计的5个导读问题：

① 北宋的寒林图与南宋的有何不同？
② 两宋画家对珍禽锦雉的标准画法是什么？
③ 元朝的罗稚川是如何描绘珍禽锦雉的？
④ 元朝初期的文人儒士怎么看南宋的《寒鸦图卷》？
⑤ 元代文人儒士的态度和罗稚川的《古木寒鸦图》有什么关系？

参考答案：

① 北宋的寒林图与禽鸟关联不大；到南宋，寒林开始与寒鸦相关联。

② 两宋以来的常规构图是将锦雉置于坡石之上、荆棘树丛中，以示荒野幽逸之趣。

③ 罗稚川的创新在于将珍禽锦雉引入寒林中去，《古木寒鸦图》置锦雉于寒林荒坡之上，而且一改历代雄雌为伴的情景，竟将二雄雉并行，可见其用意不在佳侣共度荒寒之类，而更有流离失所的意绪。

④ 他们都从画中看出人情世态，尤其是群鸦的"饥东哀鸣之态"。

⑤ 元儒士们从宋寒鸦图中看到了他们身处时代的惆怅，于是元代的寒鸦图自然也就应运而生。罗稚川的画便属其一。

5. 语言教学。重点如下：凄凉；初涉；画坛；一派……景象；置于；创新；滥觞；

---

① 其中第一幅和第三幅并没有出现在课文原文中，是个人补充的内容。

意味深长；用意；流离失所；不禁；正值；触景生情；忧国忧民；提议；归宿；向往；应运而生；以……为代表。

6. 下课后，学生完成第二节课后作业。

（1）请自行搜集资料，给你的老师、同学介绍一下元朝汉族文人的基本生存状态。

（2）请自行搜集资料，给你的老师、同学介绍一下科举考试对古代中国读书人的重要性。

> 大家可以看到第二课时（以及后面的第三课时和第四课时）的教学步骤同第一课时高度相似。在课文内容难度极高的情况下，这样的固定安排会让学生熟悉课堂教学的每一个步骤，提高教学效率。
>
> 小贴士4

## 第三课时：课文第三部分

### 一、课前预习：

学生预习课文第三部分的生词。

### 二、课堂教学步骤：

1. 生词听写。

2. 课堂导入。根据前两节课的导读问题向学生提问，带领学生简单重温前面的内容。第一部分的内容可以简单总结为：从宋朝到元朝，中国社会发生了很大的变化，花鸟画的风格也有了变化。第二部分的内容可以简单总结为：这部分课文介绍了宋朝和元朝初期花鸟画的不同风格。宋朝寒林图里的鸟应该是寒鸦，而不是珍禽。元朝初期的文人儒士看见宋朝的寒鸦图联想到自身的困境，这也影响了元朝寒鸦图的创作。

3. 在PPT上给学生展示课文第三部分所要讲解的三幅画作。第一幅是南宋佚名的《寒鸦图卷》，第二幅是元朝初期罗稚川的《雪江浦图》，第三幅是元朝中期王渊作于1333年的《古木鸣禽图》。让学生简单评论一下他们觉得这三幅画在风格上有什么异同。

4. 看完这三幅图后，开始进入具体的课文讲解。PPT上展示根据课文第三部分设计的4个导读问题：

①以罗稚川的画作为代表的元朝寒鸦图与宋朝寒鸦图相比，有什么不同？

②课文中"罗稚川的锦雉寒鸦图之类画作，便是这一社会心理的写照"，"这一社会心理"指的是什么？

③ 王渊早年的画作的特点是什么？

④ 王渊的画为何在至正年间又以全新面目出现呢？

参考答案：

① 元朝的寒鸦图开始出现珍禽，而罗画更是以寒鸦为次，珍禽为主。

② "这一社会心理"指的是元朝文人在科举兴废前后的流离失所和不安全感。

③ 受到当时社会风潮的影响，王渊早年的画作也是在秋气萧瑟衰败、枯荣交替的景色中引入禽鸟，与罗稚川的《古木寒鸦图》有精神共通之处。

④ 因为时代风潮变化了，科举恢复已久，新一代踌躇满志的儒臣力图改变这种愁云惨淡的"末世之音"。

5. 语言教学。重点如下：岌岌可危；盛行；形同虚设；得意；司空见惯；脍炙人口；异曲同工；……以降；索性；意图；囿于；到位；风气；抒发；扭转；踌躇满志。

6. 下课后，学生完成第三节课后作业。

（1）请背诵马致远的《天净沙·秋思》。

（2）请你用自己国家的例子来解释何为"末世之音"，例如美国的电影工业在经济发展低迷时代的主题。

## 第四课时：课文第四部分

一、课前预习：

学生预习课文第四部分的生词。

二、课堂教学步骤：

1. 生词听写。

2. 课堂导入。根据前几节课的导读问题向学生提问，带领学生简单重温前三节课的内容。前三节课的内容可以进一步简单总结为：从宋朝到元朝，中国社会发生了很大的变化，花鸟画的风格也有了变化。宋朝的寒林图里的鸟是寒鸦，而不是珍禽。元朝初期的寒鸦图引入了珍禽，反映了当时知识分子的心态变化。

3. 在PPT上给学生展示课文第四部分所要讲解的三幅画作。第一幅是元朝初期罗稚川的《雪江浦图》，第二幅是元朝中期王渊作于1333年的《古木鸣禽图》，第三幅则是元朝中期王渊作于1344年的《竹石集禽图》。让学生根据前三节课已经学到的知识来简单评论一下他们觉得这三幅画在风格上有什么异同。

> 其实这三幅画已经在前面的教学中反复出现过若干次了。和语言教学一样，为了加深学生的印象，文化教学中的内容也要重视复现率，尤其是中国艺术史这样比较偏僻的话题。
>
> 小贴士⑤

4. 看完这三幅图后，开始进入具体的课文讲解。PPT上展示根据课文第四部分设计的5个导读问题：

① 恢复科举后，元朝中后期的朝廷儒臣倡导什么样的艺术风格？
② 这个变化对花鸟画有什么影响？
③ 何为"盛世之音"和"衰世之音"？
④ 王渊在至正年间的墨禽图《竹石集禽图》有哪些特点？
⑤ 为什么王渊画的是墨禽墨花而不是着色的竹石花鸟？

参考答案：

① 他们倡导平和雅正的"盛世之音"，来显示国运之盛。
② 元朝中后期的花鸟画一反北宋中期以来野逸翎毛画的"荆榛林棘荒野幽寻之趣"，置花鸟于纯净单一的氛围，工笔细致，凸现其富贵之态。
③ 盛世之音是"收敛平缓""祥瑞富贵""皇家典雅"，而衰世之音是萧瑟、孤寂、荒凉。
④《竹石集禽图》是富贵画风在元代的延续；对文禽锦雉进行近景描绘、工笔细写，一派富贵升平之象；与罗稚川为代表的元初锦雉寒鸦图不同，罗画非常凄寒，置文禽雉鸟于枯木寒汀中，锦雉几被四周荒寒山水所掩没，而王渊《竹石集禽图》中的锦雉则处于桃竹映掩下，端居于瑞石之上，安详自在，从容不迫。
⑤ 元朝中期科举复兴后，崇尚雅与复古趣味紧紧相连，王渊《竹石集禽图》用墨色来传达雅正古意。

5. 语言教学。重点如下：利诱；倡导；一反；语境；典范；延续；突变；不惜；可谓；安详；呼应；活跃；从容不迫；喧闹；工整；以……见长；崇尚；回顾。

6. 下课后，学生完成第四节课后作业，并准备第五节课的口头报告。

（1）请你用自己国家的例子来解释何为"盛世之音"，例如美国的电影工业在经济高速发展时代的主题。

（2）对你来说，元朝初期的花禽图和元朝中后期的花禽图你更欣赏哪一个？为什么？

（3）你个人的审美趣味是否因为年龄、阅历的增长而发生过变化？请举例说明。

## 第五课时：学生报告

准备口头报告。根据选修本课程的学生人数，老师要求每个学生在一个学期内要做两次报告。每次报告有4个学生，每人12分钟（8分钟报告，4分钟回答听众问题）。话题要和每个教学单元所学习的中国研究领域相关，例如中国古代文学、道家思想和中医、中国小说、艺术品收藏等。学生根据兴趣提前报名。报告的要求很简单，只有三个——"能听懂、有意思、有意义"。由听报告的学生按照这三个标准用下面的表格来打分。分值分三等，好为3分，中为2分，差为1分，满分为9分。报告结束后，由老师进行点评并给出自己的分数。

| 报告人姓名 | 听得懂 | 有意思 | 有意义 | 总分 |
| --- | --- | --- | --- | --- |
|  |  |  |  |  |
|  |  |  |  |  |
|  |  |  |  |  |

### ◆ 教学反思

本文展示了如何在中文语言项目中直接使用大学教授的学术论文来进行深层次的中国文化教学。据我所知，哈佛大学五年级中文课的这一个安排在北美范围内应该是首创的。这样的教学模式，当然还有很多不完美的地方需要进一步改善，我觉得值得反思的地方主要有以下两个：

第一，课文难度还是过高，这对学生当然是一个挑战，对授课老师来说亦是如此。我们很多优秀的中文老师自身的人文素质已经很高，但是在阅读、理解并讲授由世界一流学者所撰写的涵盖不同领域的中文学术论文时，仍然会遇到很多困难。如果老师自己无法掌握相关的内容，教学效果自然会大打折扣。

第二，在语言教学和文化教学上很难掌握平衡点，老师始终要牢记这是一个以中国文化为切入点的语言课，一定要避免把这个课上成老师"满堂灌""一言堂"的文化知识讲座。老师不但要能用简单明了的语言让学生了解相关内容，而且要能保证学生了解、熟悉并学会使用同学术中文相关的高级词汇、语法、句型、语段等。

 **作者简介**

田野，美国加州大学河滨分校教育学博士，中国北京语言大学汉语言文字学硕士、对外汉语学士。美国宾夕法尼亚大学东亚语言与文明系中文项目主任。曾任教于哈佛大学、巴克内尔大学、明德大学暑期中文项目、明德大学蒙特雷国际研究学院暑期中文项目。主要研究兴趣是通过社会学的理论框架来审视中文教学的历史、现状以及意识形态，其他研究兴趣还包括对外汉语教学法、语体教学、机器翻译等。曾在中外期刊发表多篇文章，并参与编写多部语言类教材。

# 中国"小皇帝"遇上华裔"虎妈"
## ——针对多元文化背景学生的文化教学模式探索

秦天玉

> **导读**
>
> 美国大学的中国文化课往往针对学习中文的美国大学生开设,旨在帮助他们在学习语言的同时加强对中国文化的了解。近年来,许多美国大学的中国文化课课堂上逐渐出现了中国留学生的身影。与以往安静的中国留学生有所不同,新一代赴美求学的大学生在美国课堂上更有表达自己看法和观点的意愿。总体来说,多元化的学生背景使文化讨论课的教学更具挑战性,但如果老师能对学生不同的语言文化背景加以利用,也能拓展跨文化讨论的广度与深度。本文基于美国某大学中国文化课中关于独生子女政策及华裔"虎妈"问题的教学单元,探讨如何根据学生的多样文化背景设计课程内容,进而提升教学效果。

### ◆ 教学目标

1. 通过阅读材料,探讨独生子女政策对中国家庭与社会的深远影响。
2. 通过观看电影片段并结合阅读材料,讨论中美家庭教育理念的差异。
3. 通过课堂讨论,训练学生的语言表达能力和关于中西方家庭教育模式的跨文化理解能力。

### ◆ 课程设置及学生背景

本课是中国语言与文化入门课程(Introduction to Chinese Language and Culture)的一个教学单元,主题是"社会化与教育"(Socialization and School),以英文授课,时长80分钟。本课主要讨论以下两个方面:(1)基于Vanessa Fong书中部分章节内容,探讨中国独生子女的成长教育;(2)基于近几年在美国颇具争议的华裔"虎妈"Amy Chua的案例以及电影《喜福会》片段,探讨中美教育理念传统与现代的异同。

这门课学生背景迥异。从中文水平来看,部分学生是中文为母语的中国留学生,部分是中文课的学生,也有没有任何中文基础的学生。从家庭背景来看,有的学生来自传统美国家庭,有的来自美国华裔家庭,有的来自中国,也有的来自其他国家,如印度、韩国、墨西哥等。

## 教学工具及材料

### （一）阅读材料：

1. Fong, Vanessa L. 2004. "Spoiled": First world youth in the third world. In *Only hope: Coming of age under China's one-child policy*. Stanford: Stanford University Press. 154-177.

2. Amy Chua. 2011. Why Chinese mothers are superior? 网址链接：http://www.psychology.sunysb.edu/hwaters-/psy327/articles/Chinese%20mothers.pdf. 访问日期：2021-8-16.

### （二）视频材料：

电影《喜福会》（王颖导演，1993年）片段。

## 教学步骤

### 一、课前预习：

1. 学生阅读以上两篇阅读材料。
2. 提交阅读心得（英文500词左右），并根据文章提出1—2个讨论的问题。

> 由于学生组成的复杂性，请学生提前提交阅读心得，可以帮助老师有针对性地准备课堂讨论内容。阅读心得包括学生对阅读内容的思考以及对不理解地方的提问。
> 
> 小贴士①

### 二、课堂教学步骤：

#### （一）课前报告：

两个学生一组，分别负责一篇文章：

（1）对文章内容进行总结，提出自己阅读之后的思考。

（2）针对文章提出1—2个问题，并带领其他同学进行讨论。

> 这是一个热身活动，老师可以观察一下学生对相关话题的兴趣点，也可以了解学生对阅读内容的理解程度，并以此对课堂的时间分配、内容安排等进行适当调整。
> 
> 小贴士②

#### （二）课堂讨论：

学生先自由分组讨论，然后一起分享观点。讨论问题如下：

① Vanessa Fong 的文章侧重描述独生子女的社会心理层面。文中提到人们对独生子女有一些刻板印象，比如难以合作、胆小懦弱、缺乏礼貌等。请你分析一下这些刻板印象的由来以及独生子女的这些"特点"与其家庭教育的关系。

② Amy Chua 认为中国父母的教育模式比西方的更先进，你同意吗？为什么？

③ Amy Chua 的文章对比了中美教育的差异，一个普遍达成的共识是中国父母比西方父母更注重孩子的成绩。为什么今天很多跨国公司的首席执行官都是出自西方教育呢？

④ 你觉得你父母对你的教育怎么样？你希望他们更严格还是更宽松？

⑤ 现今有很多关于中西方教育差异的讨论，那么中国的家长与美国华裔的家长相比，教育方式有什么相同或不同呢？

> 讨论的问题由老师在课前设置好。具体问题的设置基于以下两个方面：一是老师对教学重点的筛选；二是学生课前提交的阅读心得。比如，多个学生在阅读心得中表示同意问题③中的观点，即中国父母比西方父母更注重孩子的成绩，老师通过问题③来引导学生对比中西方教育理念的差异及可能带来的结果。又如，讨论问题④和⑤时，老师应引导学生反思家庭教育背景对其观点的影响，鼓励学生有理有据地发表个人观点，避免只评判对错。

小贴士③

### （三）观看并讨论电影《喜福会》片段：

播放的电影片段（07：45—13：11）是关于中国妈妈逼迫在美国出生长大的女儿弹钢琴、女儿反叛以及母女矛盾由此升级的内容。

观看电影片段之后的引导性问题：

① 你觉得片段中妈妈的行为反映了中国家长哪些教育理念？

② 电影片段中的母女矛盾是如何体现中美文化冲突的？

### （四）分组活动：

老师把全班分成4—5个组，每个组里的人员组成类似：学中文的美国学生、华裔学生、中国留学生以及来自其他文化背景的学生。学生被要求从各自的文化背景出发探讨老师提出的问题。讨论中有一个学生做记录，并负责整理出一个口头报告，形成一个有思辨性的结论。

引导性问题如下：

两篇文章都谈到的一个问题是父母与子女的关系：很多西方父母认为是他们决定了孩子的出生，所以他们应该对孩子负责，而很多中国父母觉得他们给了孩子生命，因此孩子"亏欠"父母。这些观念从某种程度上对中西方父母的教育理念产生了影响。电影中的中国母亲觉得女儿有义务为了自己的"面子"练钢琴、为家庭争光。你怎么看父母与子女的关系？你更同意哪种看法？你觉得不同社会伦理下，父母与子女的关系是如何影响父母的教育方式的？

讨论中提醒学生从各自的文化背景出发，分配有针对性的讨论任务：

● 美国学生：谈一谈你如何看待父母和子女的关系。如果父母对你的成绩要求严苛，你会做何反应？

● 华裔学生和中国留学生：谈一谈自己眼中的中美教育模式差异，以及这些差异对自己的影响。

● 来自其他国家的学生：课堂讨论的文章及观看的电影片段哪些部分能够引起你的共鸣？哪些部分让你觉得匪夷所思？哪些部分与你的文化相似或不同？

> 对这两篇文章的讨论涵盖了本课的主要知识点，随后的电影片段提供了一个关于中国家庭教育的典型例子，这些都为后面的跨文化讨论提供了基础，避免学生泛泛而谈。本课以"社会化与教育"为主题，谈到中国的计划生育政策以及该政策下父母对子女的教育方式，再加入《喜福会》里有时间跨度的故事，把中国教育理念与其背后的社会伦理联系起来，最后通过分组讨论，实现了主题的层层推进。
>
> 小贴士④

◆ **教学反思**

1. 关于"虎妈"的案例，不同背景的学生有全然不同的解读。一些华裔背景的学生提出"虎妈"过于严格的教育模式让很多美国人对华裔家庭的教育理念产生了误解甚至偏见，而一些中国留学生和韩国学生则积极支持"虎妈"的理念。从本课教学设计的几个环节来看，学生明显对这一话题很感兴趣，课堂讨论非常热烈。

2. "社会化与教育"是一个非常宽泛的主题，授课内容的选择至关重要。无论从什么角度出发，首先要避免泛泛谈论如"中国教育的特点"这样宏观的问题。这里老师需要选取有代表性且能让学生有共鸣的教学资料，才能让他们讨论更具针对性。本课所选的文章距离大学生的生活并不遥远，不同背景的学生都能有所思考。比如外国学生可以在此前对中国独生子女政策泛泛了解的基础之上，形成对这一政策及其影响更具深度的认识；而对于中国留学生来说，可以通过阅读并联系自身实际思考该政策对自己和家人的影响，在讨论中为美国学生呈现国家政策对个人影响的实际案例。

## 作者简介

秦天玉，美国卡耐基梅隆大学二语习得专业博士。北佐治亚大学现代语言和古典语系助理教授。2012年起先后在伊利诺伊大学厄本那香槟分校、卡耐基梅隆大学、印第安纳大学、北佐治亚大学任教，教授初、中、高年级汉语语言课程及中国文化课程。研究方向为社会文化理论、动态评估、语用学等。

# 淘宝与eBay中国市场争夺战
## ——从企业"本土化"案例看中国商业文化

汪 洋

> **导 读**
>
> 面对竞争日益激烈的中国市场,跨国公司如何满足中国消费者的差异性需求,最大限度地实现本土化,一直是商业中文课程的重点与热点话题。通过对跨国企业"本土化"具体范例的分析,在语言学习之余,学生可以对中国市场的商业模式和消费文化有更具象的认识,从而加深对中国社会与文化的了解。
>
> 本文介绍我们如何采用商学院"案例教学法"的原则与技巧,利用中英文阅读材料和一部纪录片,从不同的角度建立对"本土化"这一话题的多层次学习框架。同时,这一单元的教学也是语言学习与内容学习有机结合的一次尝试。

### ◆ 教学目标

1. 通过学习不同形式的材料和课堂讨论,扩大与商业策略、电子商务有关的词汇量,并运用专业术语参与有关"本土化"的口头或书面讨论,提升学生综合语言能力。

2. 通过对eBay在华的本土化失败案例的分析,了解中国市场和消费者的独特性,探讨商业策略在全球的普遍性与在华的特殊性两者之间的辩证关系,培养学生整合信息能力和批判思维能力。

### ◆ 课程设置及学生背景

为了满足高年级中文学生的需求,布朗大学在常规四年中文课程之上开设了一系列带有专题研究性质的"内容语言衔接课"(Content Language Bridging Courses),相当于五年级中文课。商业中文课是其中的一门,每周3课时,每周二、四上课。课程话题上学期以"商业"为主,下学期以"经济"为主。商业板块的教学内容很大一部分是中外企业的案例研究,学习材料主要改编自商业刊物、工商管理专业教材以及相关网站文章。课堂教学及讨论语言均为中文,阅读材料和视频材料以中文为主,配有少量英文的。

选修这门课的学生按学习中文的经历可以分为三种:美国华裔学生、美国非华裔学生和来自华语地区(如新加坡、马来西亚等)的留学生。这些学生尽管学习中文的背景不同,但口语水平大致在美国外语教学委员会(ACTFL)口语水平测试(OPI, Oral

Proficiency Interview）的高级—中（advanced-mid）和高级—高（advanced-high）之间。此外，选课学生大多有在中国留学的经历，因此对中国文化和中国当代社会有比较直接的了解。

## ◆ 教学工具及材料

（一）阅读材料：

1."Taobao vs. eBay China"，斯坦福商学院2012年英文案例材料。

2.课文《淘宝与eBay之争》，根据"Taobao vs. eBay China"和多篇中文网络文章改编。

（二）视频材料：

纪录片 *Crocodile in the Yangtze*（《扬子江大鳄》）（波特·埃里斯曼导演，2012年）。

## ◆ 教学步骤

### 第一课时

一、课前预习：

1. 浏览淘宝网站，阅读百度百科上的"淘宝"词条。

> 要求学生浏览淘宝网站，是因为很多学生虽然听说过马云和阿里巴巴，但是对淘宝并不了解。通过浏览网页，学生不但可以学到一些基本的电子商务词汇，还可以比较淘宝网页和eBay在风格上的异同。对于这一点的讨论，可为后面的课文学习做铺垫。要求学生阅读百度百科上的"淘宝"词条，是为了锻炼他们检索查阅中文信息的能力。学生不必精读词条内容，不懂的生词做到理解意思即可。
>
> 小贴士①

2. 仔细阅读课文《淘宝与eBay之争》第1—6段，预习生词。

> 课文第一部分（第1—6段）是预习的重点。学生需自学生词，带着问题读课文，上课的时候老师会通过问问题的方式检查学生是否读懂了课文。
>
> 小贴士②

3. 阅读英文案例材料"Taobao vs. eBay China"第1页—第9页第2段。

受时间和学生语言水平限制，从内容上看，中文阅读材料的分析很难做到全面与深入，因此老师选用了斯坦福商学院的原版案例作为补充泛读材料。本课课文主要是根据英文材料改写的，所以在内容上有一定的重叠。通过阅读英文材料，学生对一些重点内容和专业术语会有更深的印象。学生读完英文材料后，需要用中文回答问题。

小贴士③

4. 准备问题：

① 结合英文案例材料，用中文回答问题：

B2B、B2C、C2C 是什么意思？

美国有哪些成功的C2C网站？这些网站的盈利模式是什么？

在收费问题上，C2C网站和B2C、B2B网站面临的情况一样不一样？如果你认为C2C网站应该收费，网站应该注意哪些问题？应该采取哪些手段避免客户流失？如果你认为C2C网站不应该收费，网站的运营资金从哪里来？有没有其他的盈利模式？

2002年中国C2C市场环境怎么样？有哪些有利条件和不利条件？（至少各说两点）

2002年左右，eBay在全球的发展怎么样？他们为什么要进军中国？他们进军中国的方式是什么？

为什么案例材料中强调eBay在华的人事安排？你预测一下eBay进军中国市场可能会遇到什么样的挑战？

② 结合课文，用中文回答问题：

易趣网创始人的背景是什么？你觉得课文为什么强调这一点？

淘宝是一个什么样的网站，请对自己在淘宝网站上的浏览体验做一个简单总结。

请你描述一下，马云是怎么召集到淘宝的核心员工的？他为什么要采取这样的方式？

商战初期，淘宝和eBay在战略上最大的不同是对收费的看法。你更认同谁的看法？请用数据或具体例子详细阐述你的观点。（你可以上网查找资料，请准备至少两分钟的发言）

因为课上要对"免费vs.收费"这一话题进行辩论，为了不提前泄露"谜底"，第一次课前学生只看到课文前6段和英文材料前9页（第9页只到第2段），中文阅读量并不大。

小贴士④

## 二、课堂教学步骤：

### （一）随堂小考：

10个生词的中译英和1个问答题。

课文一般分两次讲完，所以一个单元有两次随堂小考。之所以选择中译英，而不是英译中，是因为汉字教学已经不是这个阶段的重点。此外，高年级学生时间有限，课文生词量也较大，相比之下，课文阅读理解和课堂讨论的准备工作才是预习的重点。问答题主要来自课文内容，检验学生对文章大意和作者立场的把握，不考具体细节。

小贴士⑤

**（二）导入话题：**

　　① 老师引用纪录片 *Crocodile in the Yangtze* 中马云说过的一段话，请学生现场翻译成中文，并解释他这么说是什么意思。

　　"eBay is a shark in the ocean, we are crocodile in the Yangtze River. If we fight in the ocean, we will lose. But if we fight in the river, we will win."

　　② 你用过eBay这个网站吗？这是一个什么样的网站？
　　③ 请你根据自己的浏览体验，介绍一下淘宝这个网站。
　　④ 你觉得淘宝和eBay这两个网站的网页有哪些不同？

　　马云的这段话表述非常形象生动，也不难翻译。从这段话的翻译可以非常顺利地导出"本土化"这个话题，并活跃课堂气氛。后面几个问题都是课前思考题，学生上课应该有备而来。课前老师准备好关键词，如"C2C、网购、零售、平台、用户、电子商务、市场份额、利润、交易额"等，学生发言时引导他们使用这些专业术语。

小贴士⑥

**（三）进入正题：**

　　① 2002年这个阶段，中国C2C市场发展前景如何？有哪些有利条件和不利条件？
　　② eBay进军中国采取了什么策略？在商业理念上，易趣网和eBay有哪些共同之处？
　　③ 你觉得课文为什么要强调易趣网创始人的背景？
　　④ 请你描述一下，马云是怎么召集到淘宝的核心员工的？你觉得他为什么要这样做？

　　课文中马云招人场景的描写非常生动，故弄玄虚的做法读起来引人入胜，让学生简单复述不但可以活跃气氛，也能锻炼成段表达能力。

小贴士⑦

　　⑤ 课文中为什么用"不是你死就是我活"这句话来形容淘宝与eBay之间的关系？为了阻止淘宝壮大，eBay采取了什么方法？在美国，eBay有没有"不是你死就是我活"的竞争对手？

⑥ 这一时期，eBay有哪些优势？根据英文案例材料，eBay在中国用人方面有哪些安排？你觉得这样做的优缺点是什么？

⑦ 在商业战略上，eBay和淘宝最大的区别是什么？eBay坚持收费的理由是什么？你更认同谁的观点？如果马云和邵亦波来向你征求意见，你会给出怎样的答案？

> 这组问题是这节课的重要内容。因为学生这时候还没有读到课文和案例的后半部分，所以这道题没有统一答案。有的学生上网调研，找到大致相同的论据，也有的学生根据自己在北美的生活体验和分析认为eBay的做法是对的。这种在看法上的争论正是案例教学法的特点：重点不是对错，而是对案例的分析思路。只要言之有据，言之有理，就是好答案。老师这个时候的角色不是裁判，而是在学生"词穷"或犯语法错误的时候提供支持，并适当引导讨论，让辩论更激烈。
>
> 小贴士⑧

## 第二课时

### 一、课前预习：

1. 仔细阅读课文《淘宝与eBay之争》第7段至完，预习生词。

2. 阅读英文案例材料"Taobao vs. eBay China"第9页第3段至完。

3. 这部分课文用了很多四字结构的词语，语言也很生动，请你选出3个四字词语和一段精彩的文字（可以是一句话也可以是几句话），在课上跟其他同学分享。

> 这门课阅读文章的生词量都很大，每次新课的生词大致在70—100个，让学生全部记住生词是不现实的。预习的时候要求学生自己选择喜欢的生词和语段有重点地学习，不但可以调动学生的自主性，而且可以培养他们对好词好句的敏感度，而不是被动学习。
>
> 小贴士⑨

4. 准备问题：

① 2002年到2003年那段时间，马云对是否收费这个问题有什么看法？

② 除了"免费"这个举措，淘宝打败eBay的另外两个法宝是什么？

③ 梅格·惠特曼（Meg Whitman）是怎么看待eBay在中国的失败的？你同意她的看法吗？

④ 请你根据课文和案例资料，从本土化的角度，总结一下eBay犯下了哪些错误？（请准备至少两分钟的发言）

### 二、课堂教学步骤：

（一）随堂小考：

10个生词的中译英和1个问答题。

**（二）导入话题：**

谈一谈eBay收购易趣网后在收费这个问题上的立场。

**（三）进入正题：**

① 马云对收费的看法是什么？他的理由是什么？当时舆论界有哪些反应？事实证明，谁更了解中国国情？（关键词：情有独钟、一片哗然、不二法则、漫天要价、盈利模式、亏损、烧钱、国情、现金储备、深谙、市场份额、注册用户、大举超过）

② 到2006年，eBay和淘宝的市场份额怎么样？

③ 在美国，你有没有用过付费的网站？（大部分学生都用过，这时老师可以继续追问：如果Facebook收费，你会不会继续使用？什么网站让你心甘情愿地交会员费，什么网站是你不想付费的？）

> 这类问题是由课文和学生回答衍生出的讨论，比如什么性质的网站应采取收费模式、消费者的态度等，这些都是涉及电子商务运营模式的核心问题。老师应注意不要在内容上评判学生对错，重在让学生有条理地论述，并使用相关词汇。
> 
> 小贴士10

④ 淘宝打败eBay的第二个举措是什么？你能不能说说淘宝推出支付宝以前，市场大环境为什么不利于C2C的发展？请具体描述一下支付宝的操作流程是什么？你有没有PayPal的账号？PayPal和支付宝有什么区别？

> 描述支付宝操作流程是典型的口语水平测试（OPI）优级水平的任务，即描述"不熟悉的语言情况"（linguistically unfamiliar situation）。这样的描述难度大，学生平时很少有机会练到，上课时老师要多加指导。
> 
> 小贴士11

⑤ 淘宝打败eBay的第三个举措是什么？你能不能具体解释一下淘宝的星、钻、皇冠台阶式的评价体系？跟亚马逊的评价体系有什么不同？你更喜欢哪种？你觉得为什么中国人更喜欢淘宝而美国人更喜欢亚马逊？

> 这个比较亚马逊和淘宝评价体系异同的问题可以带出非常有意思的讨论，部分了解中国国情的学生提到中国人特别喜欢把考试分成很多等级，然后享受"进阶"的压力与快乐。
> 
> 小贴士12

⑥ 文章用了哪些词语描述淘宝的胜利和eBay的失败？（关键词：回合、不敌、惨败、教训、功败垂成、东山再起、"蚂蚁雄兵"、精准把握、审时度势）

⑦ 你认为eBay进军中国失败的原因有哪些？如果时光可以倒流，你觉得哪些错误是可以避免的？

## 第三课时

### 一、课前预习：

1. 观看纪录片 Crocodile in the Yangtze，思考以下问题：

① 这部电影哪个情节给你留下最深的印象？请具体描述一下。

② 看了这部电影以后，你觉得马云是一个什么样的人？在他身上可以看出哪些领导才能？举例说明。

③ 你觉得马云的口才怎么样？他的演讲有什么特点？请举例说明。

④ 你觉得拍摄这部电影的美国人是带着什么样的眼光看待马云的？换句话说，他对马云的评价是什么？

2. 2—3个同学组成一组上网调研，找一个外国品牌在中国"本土化"成功或失败的案例，准备小组口头报告：

（1）企业在中国"本土化"包含很多方面，报告中只需举一两个具体的例子即可。

（2）报告结构请参考课文和案例材料，至少包括企业介绍、行业发展背景、具体的本土化策略（1—2个）及其效果、你的评价四部分。

（3）每组报告时间共10分钟，7—8分钟PPT报告时间，2—3分钟回答听众问题。

### 二、课堂教学步骤：

（一）导入话题：

你觉得 Crocodile in the Yangtze 这部纪录片拍得怎么样？

（二）进入正题讨论：

1. 电影部分：

① 这部电影哪个情节给你留下了最深的印象？请具体描述一下。

② 看这部电影以前，你对马云的了解是什么？看了电影以后呢？你觉得马云是一个什么样的人？马云不帅，没钱，没关系，没有留学经历，没有技术背景，你觉得他为什么会成功？换句话说，你觉得在他身上可以看出哪些领导才能？请举例说明。

③ 中国人讲究"天时地利人和",看了电影以后,你觉得"天时""地利""人和"哪个因素最关键?

④ 你觉得拍摄这部电影的美国人是带着什么样的眼光看待马云的?换句话说,他对马云的评价是什么?

> 学生看了电影以后对马云的判断力、管理风格和口才有很多看法与疑问,比如有的学生会发现马云经常组织员工搞联欢等集体活动,这与美国企业很不一样。老师要抓住此时的机会展开对比讨论。在讨论马云的领导才能时,学生词汇量有限,老师要提前准备好备用词汇,如"口才、敏锐的观察力、思维能力、创新、冒险、敬业、执着、待人宽容"等。
>
> 小贴士⑬

⑤ 拍摄这部电影的美国人是阿里巴巴的前副总裁,他在阿里巴巴的经历给你什么启发?

> 这个问题虽然跟"本土化"没有关系,但通过这个问题可以引出外国人在华文化适应的讨论。电影导演作为一个地道的美国人刚到阿里巴巴工作之初,遇到很多不适应的地方,他最后跟同事相处得很好,是因为他保持开放的胸襟看待文化差异,而不是单纯用美国的标准判断对错,这对学中文的学生非常有启发。
>
> 小贴士⑭

2. 口头报告:跨国公司"本土化"成功/失败案例。

> 口头报告部分一定要留给学生充分的时间,包括最后问答环节。口头报告的评分标准可以考虑以下六部分:内容(30分)、结构(15分)、逻辑性(15分)、语言应用(20分)、PPT制作(5分)、口头表达(15分)。
>
> 小贴士⑮

### 🔷 教学反思

1. 这个单元的教学材料包括中文阅读材料、英文阅读材料和一部纪录片。事实证明,英文阅读材料是课文非常好的补充,不但内容上有重叠,方便自主学习,也能在深度和广度上帮助学生加深理解。阅读材料客观、理性、专业的语言和写作风格,有助于学生从宏观的角度学习相关知识,提高阐述问题、分析问题的语言能力。与此类文本材料不同,这部纪录片作为另一种叙事艺术,从拍摄者个人的角度讲述了eBay和淘宝的商战和其中人的故事。纪录片注重叙事性的特点更容易调动学生情感,帮助学生结合自身的经历从感性的角度思考问题。有机结合这两种材料,在内容上可以使学生对话题的理解更有深度;在语言上可以促进不同形式的输入与输出。

2. 如何做好内容学习和语言学习的平衡，一直是高年级中文教学的重点与难点，这涉及材料选择、课堂讲解、讨论操练等多方面的配合。老师可以尝试把一部分语言学习的主动权交给学生，比如让学生挑选重点生词、语法，我个人认为课堂上应以内容讲解和讨论为主，语言操练为辅。为了更有效地扩大学生生词量，老师应课前按主题或课文内容做好词库，以便于课上引导学生使用。

3. 这一单元采用了案例教学法的一些做法。真正的案例教学法其实是将现实中的问题带到课堂，以案例为中心，课前进行策划与准备，课上通过师生共同讨论分析，寻求问题的解决办法，从而达到提高学生分析问题和解决问题的能力的目标。案例教学法运用在外语教学中的好处是可以激发学生学习兴趣，带动有意义的讨论，但找到适合学生水平的真实案例并不容易，因此在选材上对老师的挑战很大。不过，在一学期教学中也不必每个单元都采用案例教学法。老师在编写案例或组织教学材料的时候，应注意选择学生比较熟悉的领域。此外，编写案例的时候，文章前半部分只提出问题，没有结论，后半部分"真相大白"，这样才能便于课堂讨论。讨论案例前，老师需给学生留出充分的时间调研、分析；课上讨论时，学生不但要表达自己的观点，还需要聆听不同意见，愿意与他人沟通，这样才能做到真正意义上的"同侪学习"。

在这部纪录片里，马云学英文的经历和美国导演讲述他如何跟中国人打成一片的经历是导入外语学习策略和跨文化交流策略不可多得的好机会，虽然有点偏离"本土化"的主题，但花一些时间与学生交流一下看法是值得的。

## 作者简介

汪洋，美国俄亥俄州立大学中文教学法硕士，中国北京语言大学对外汉语学士。布朗大学东亚系高级讲师，新英格兰地区中文教师协会理事会成员，美国外语教学委员会外语口语水平测试考官。自2005年起，在布朗大学东亚系任教至今，教授初、中、高级华裔与非华裔汉语课程，并开设媒体中文和商务中文高年级专题课。曾发表过多篇文章，合编教材包括 *Basic Spoken Chinese: Practice Essentials, Intermediate Spoken Chinese: Practice Essentials, China In Depth: An Integrated Course for Advanced Chinese*（《焦点中国：高级汉语综合教程》）。研究领域包括对外汉语课程设计、跨文化研究、教师培训和高级中文水平测试与评估。

# 小青蛙与大智慧
——从漫画开始的中国古代哲学思想文化课

刘　刚

> **导　读**
>
> 　　在海外讲授中国文化时，古代哲学思想是一个很多老师都饶有兴趣但又颇感头疼的课题。这是因为古代哲学思想博大精深，代表着中国几千年文明发展的智慧结晶，是一个可以用来展示中国文化成就及特色的绝佳渠道；但与此同时，古代哲学思想又与古代社会发展有着千丝万缕的联系，一旦讲起来往往牵一发而动全身，如果不能让学生了解哲学思想所产生的社会文化背景，他们也不可能对那些思想本身进行深刻的探讨。更为重要的是，中国古代哲学思想，无论在其关注的问题还是发展的道路上，都采取了一套与西方哲学几乎完全不同的模式，这就使得任何对中国古代哲学思想的讨论，最后都有可能变成一次对中西方哲学甚至中西方文明的比较，从而极大地考验着讲授者自身的知识储备和跨文化交际能力。
>
> 　　那么，没有经过系统哲学专业训练的中文老师，到底能不能从非专业的角度，将中国古代哲学思想作为讲授中国文化的课题在语言课上使用呢？本文以《庄子·秋水》中"井底之蛙"这一寓言故事为例，结合蔡志忠的著名漫画作品《庄子说——自然的箫声》，展示如何从一个较为独特的角度，通过精心设计的教学步骤，引导学生对中国古代哲学里的特定论题进行层层递进的讨论，在提高学生中文表达能力的同时，也加深其对中国传统文化的理解和思考。

## 教学目标

　　1. 通过课外阅读和课堂报告，让学生对庄子思想及其产生的社会文化背景有初步了解。

　　2. 结合蔡志忠漫画，通过对《庄子·秋水》中"井底之蛙"故事的介绍和讨论，提高学生用中文进行成段描述和表达抽象观点的能力。

　　3. 结合《庄子》中的其他寓言故事，通过层层递进的问题，逐步引导学生对"井底之蛙"所体现的多重哲学命题进行较为深入的讨论和反思。

## 课程设置及学生背景

　　本课是美国大学四年级一门中国传统文化专题课中的一个教学单元，授课时长为80分钟。授课中心是内容教学及文化讨论，兼顾中文语言教学。

　　学生主要为高级汉语学习者，包括华裔及非华裔，学习中文四年以上，可以较为流利地用中文成段表述自己的想法。授课语言以中文为主，阅读和教学材料中英文混杂。

## 教学工具及材料

### （一）阅读材料：

1. 蔡志忠漫画《庄子说——自然的箫声》中英文节选。节选部分包含多个寓言故事，如《巨大的怪鸟》《寒蝉和灵龟》《海鸟不爱音乐》《子非鱼安知鱼之乐》《井底之蛙》《西施是美女吗》《王倪知道不知道》等。中英文所节选的章节和故事完全对应。

2. Lai, K. 2008. *An introduction to Chinese philosophy.* Cambridge: Cambridge University Press. 142-172.

### （二）教学材料：

课程PPT。

## 教学步骤

一、课前预习（通过论坛讨论的形式提交）：

1. 阅读 *An introduction to Chinese philosophy* 节选部分，用中文写一篇200字左右的阅读摘要或读后感。同时选择一组学生准备课堂报告。

> 本书出版于2008年，在介绍中国古代哲学的英文学术著作里相对较新，书中融合了很多前代学者的研究成果，虽然内容稍显单薄，有些论述有值得商榷之处，但是对于初次接触中国古代哲学的学生来说，是一本很好的入门著作。这里节选的章节，非常清晰地介绍并分析了庄子的哲学思想。
>
> 之所以要求学生在课前阅读并写出阅读摘要和反思，是为了确保学生对庄子思想及其社会文化背景有一个初步了解，以便在课上展开深入讨论。

小贴士①

2. 阅读蔡志忠漫画《庄子说——自然的箫声》中文节选部分，学习、总结生词和新语法。遇到实在难懂的地方，可以参考英文节选。

3. 将《庄子说——自然的箫声》中文节选部分的漫画故事分配给不同的学生，要求学生用中文写一个200字左右的简介，简要描述故事内容。

> 要求学生自己总结生词和新语法，主要是为了提高学生的中文自学能力。在高级汉语阶段，自学是学生提高自身语言水平的一个重要技能，而漫画语言相对简单，不至于给学生的自学过程增加过多压力。
>
> 要求学生用中文写故事简介，一方面可以检测学生是否读过并理解了阅读材料的内容，另一方面也可以提高学生运用中文进行成段描述的能力，为学生在课堂上进行成段的口语表述做好准备。

小贴士②

## 二、课堂教学步骤：

### （一）课堂报告和热身讨论：

**1. 课堂报告：**

选择一组学生，参考 *An introduction to Chinese philosophy* 的节选部分及其他资料，用中文简单介绍庄子的生平、思想及其社会文化背景。

> 课堂报告是要检查学生通过阅读 Karyn Lai 的文章，对庄子的思想和社会背景了解了多少。Karyn Lai 的文章是英文的，但课堂上要求学生用中文作报告，是为了让学生在语言的转换中体会中英文两种语言的异同和联系。

小贴士③

**2. 漫画故事介绍和初步讨论：**

根据课前的安排，让学生凭借《庄子说——自然的箫声》漫画里的语言和图画提示，用中文介绍一下分配到的故事，并在老师引导下进行简单的讨论。讨论问题包括：

① 你觉得《巨大的怪鸟》这个故事想说明什么？
② 你觉得庄子和惠子谁说得对？为什么？
③ 你觉得我们知不知道鱼的快乐？为什么？
④ 海鸟为什么不愿意听人的音乐？这个故事想说什么？
⑤ 西施是中国古代的大美女，你觉得她应该长什么样？
⑥ 寒蝉和灵龟谁知道得更多？为什么？
⑦ 为什么王倪说他的知道也是不知道？不知道也是知道？

> 漫画故事的介绍，主要是为了训练学生成段表述的能力，这是高级汉语学习的一项重要技能。在讨论方面，因为这部分的讨论主要是为了热身，所以不需要过于深入，学生可以各抒己见，不必在乎对错。
>
> 在讨论问题的设计上，有的问题属于描述性问题，这是要训练学生在没有准备的情况下，运用中文进行成段描述的能力；有的问题属于观点性问题，这是为了初步训练学生运用中文进行抽象问题表述的能力。

小贴士④

## （二）围绕"井底之蛙"故事的引导性深入讨论：

1. 播放"井底之蛙"的动画视频，找一两个学生把故事复述一遍。

2. 引导性讨论问题一：为什么青蛙不相信海龟说的关于东海的话？

这个问题需要一系列后续问题来将学生的讨论逐步向更深层次引导，后续问题的具体内容，需要老师根据课上学生讨论的实际情况随机应变地提出，不过总的引导方向是要让学生认识到：（1）青蛙所在的井限制了它的视野，因此也就限制了它的知识和它对这个世界的认知能力；（2）一个人的知识系统和对世界的认知能力，常常会被他的视野限制。

3. 引导性讨论问题二：如果青蛙有机会跳出井外，看到更多的东西，它会不会相信海龟关于东海的话？

大部分学生不会意识到这个问题的真正目的是什么。这个时候老师需要提出另一个后续问题：青蛙一般能活多少年？乌龟一般能活多少年？提出这个问题（及其他后续问题），是为了让学生认识到：（1）因为青蛙的寿命与乌龟相比，差距巨大，所以即使它能从井里跳出来，它也永远不可能完全看到或理解乌龟所看到或理解的东西；（2）人的知识系统和认知能力，不仅受视野的限制，也被其经历所限制。这种限制跟视野的限制不一样，它体现的是人类生命本身的局限性，很大程度上是人类自身无法控制或改变的。

> 因为这里进行的引导性讨论是为了帮助学生深入理解庄子思想，所以老师必须要事先仔细考虑课堂讨论可能产生的种种走向，不能被学生的讨论带偏，而是要对自己的讨论引导方向有自始至终的清晰意识，通过后续问题的提出引导讨论的走向。
>
> 另外，后续问题一定不能提得过于深奥复杂，而是要尽量家常化。问题的简单不代表思想的简单，一些精心设计的简单问题，反而更能引发学生的深入思考。
>
> 小贴士 5

## （三）围绕"井底之蛙"故事的哲学层面的讨论：

1. 重新播放《井底之蛙》动画视频，提示学生注意动画最后叙述者的总结，即"井拘束了蛙，知识也拘束了人。知识使你伟大，知识也使你渺小，所以要超越知识"。

2. 提出问题：为什么说"知识拘束了人"？让学生自由发表意见。

3. 引导学生重新讨论《子非鱼安知鱼之乐》的故事。这里给学生布置的任务是，让学生用惠子的逻辑方式，将庄子和惠子这一场关于人能不能知道鱼是否快乐的辩论继续下去。

> 这个辩论大部分学生是无法继续下去的。很多学生会认为是他们的中文不够好，但是我会告诉学生，其实很多母语是中文的人也是无法把这个辩论继续下去的。然后我会问学生，为什么这个辩论继续不下去？
>
> 小贴士⑥

4. 上述课堂活动的目的，是为了引导学生认识到：（1）惠子的逻辑本身，已经将他和庄子的辩论引入了一个死循环；（2）这种死循环的出现，在某种程度上代表了人类知识结构和思维模式已经到达了一个极限；（3）如果我们想知道"人能不能知道鱼是否快乐"这一问题的答案，也许先要跳出我们已有的知识结构和思维模式，进行"知识和逻辑"之外的思考；也就是说，我们必须要意识到人类知识本身的局限。

5. 引入"大智若愚"这一哲学命题，提出问题：什么是"大智若愚"？一个人的知识很多，一定代表他知道的很多吗？一个人说自己什么都不知道，一定代表他无知吗？知识和智慧的关系是什么？通过类似后续问题，引导学生讨论庄子哲学中"知"和"无知"的关系。

（四）总结：

1. 在对"井底之蛙"深入讨论的基础上，带领学生回顾在课程开始时简要讨论过的其他寓言故事，引导学生发掘那些故事跟《井底之蛙》故事背后所体现出的庄子哲学思想的关系。

2. 播放《巨大的怪鸟》视频，重新询问学生这个故事的含义。

> 这节课选取的《庄子》中的寓言故事，其实都是在谈人类语言、知识和认知能力的局限性，学生在经过上述多层引导性讨论之后，应该都能认识到这些故事之间的联系。
>
> 重新讨论《巨大的怪鸟》这个故事的含义，主要是为了检测学生能否通过以上的课堂讨论，体会出庄子哲学中"逍遥游"的思想与人类知识局限性之间的关系。
>
> 小贴士⑦

◆ **教学反思**

1. 在高年级中文课堂上讨论中国古代哲学思想，首先要找到比较合适的阅读材料。这里选择蔡志忠的漫画作为课前阅读材料，一是考虑到学生的中文水平还不足以读懂《庄子》原文；二是漫画本身故事性强、风趣幽默的特点，可以极大地激发学生的阅读兴趣；三是因为蔡志忠的漫画在思想上比较忠于原著，即使作者偶有发挥，也往往是神来之笔，颇能启人深思。

2. 课堂上的讨论设计要目的清晰。有的讨论是为了提高学生成段表述或描述的能力，有的讨论是为了训练学生用中文表达抽象思维的能力。这两种语言训练的层次和目的都不一样。老师在设计讨论问题时，不仅要把这两种训练都包含进去，还要注意这两种训练的交替和分配方式。比如，成段表述的训练相对简单，可以让中文水平较低的学生来完成；而抽象思维表达的训练对学生的中文水平要求很高，一般不适于放在课程的最开始进行，也不适于让中文水平较低的学生来单独完成。

3. 深入讨论部分的后续问题，虽然主要靠老师根据课堂实际情况来即兴设计、提问，但这并不意味着老师在这部分可以完全自由发挥。相反，老师对这一部分的讨论走向一定要有自始至终的清晰认识和严格掌控，这样才能实现这一部分讨论的文化教学目的。这就需要老师在课前对这一部分的讨论进行仔细思考，尽可能全面地考虑到讨论中可能出现的问题和情况，并事先想好应对的措施。

4. 在讨论问题的设计上，要注意简单化和家常化，尽量避免设计过深过大的问题，而是以闲聊的方式，尽可能吸引全班的学生加入讨论，然后再通过层层递进的问题设计，一步步将讨论深化。

## 作者简介

刘刚，美国密歇根大学亚洲语言文化博士，加拿大西安大略大学比较文学硕士，北京语言大学古典文学硕士。美国卡耐基梅隆大学现代语言系教学副教授、中文项目负责人，《汉语学习与教学研究》副主编，西宾州中文教师协会董事会成员。自2010年起，在卡耐基梅隆大学现代语言系任教至今，曾开设多门初、中、高级汉语语言课程，以及面向高级汉语学习者的中文文化课程，内容涉及中国传统哲学、古典文学与古典诗歌、鬼故事与鬼文化、中国现代社会热点、中国纪录片等。研究兴趣包括中国古典诗歌和古典文学、中国笔记小说、对外汉语语言与文化教学理论。著有童书系列《洛洛汀神游上古》（新星出版社，2021年）。合编/著有《北美故事：美国一线汉语教学案例与反思》《跨文化交际案例：汉语教师海外工作实训教程》《生存攻略案例：汉语教师海外生活实训教程》等书（北京大学出版社，2021年）。

# 童 心
## ——基于文化主题的对外古汉语教学

王 静

### ≫ 导 读

相对于最近20年现代汉语课在北美甚至世界范围内的蓬勃发展，对外古汉语课的境况颇令人忧心，不仅选课人数少，能够每学期开出常规古汉语课的大学也为数不多。根据我对11所美国大学对外汉语课的调查研究，华裔学生和以中文为母语的学生在选课人数中占了很大的比例，出于学术研究的目的而选学古汉语的情况少之又少；绝大多数学生选课是为了了解中国古代的思想和文化，以及提高自己的现代汉语水平。目前古汉语课的教学法跟20年前相比，并没有实质性的发展与变化，仍旧是以翻译和语法结构的讲解为主；教学材料的选择和编写也因循了由古及今的文选方式。如何对教学法和教材进行改进，吸引更多学生选课，改变对外古汉语课沉寂不振的现状，是值得我们认真思考的。本文以普林斯顿大学古汉语课一个教学单元为例，尝试以文化主题为线索的教学模式。围绕"童心"这个话题，把中国古代文本，古代语言和文化概念的现代应用，以及与西方文化的比较结合起来，让学生从各个角度和层面了解"童心"在不同时代和不同文化语境中的含义，并在练习与讨论中了解古今语言的变迁，同时提高学生高级汉语的口语表达和书面写作的能力。

### ● 教学目标

本课的教学目标分为语言和文化两个方面：

1. 在语言方面，通过对重点句型和词汇的讲解和操练，让学生掌握古汉语中几个重点句型的用法，以及重要的古今同义、古今异义的词语。通过把古汉语课文翻译成现代汉语，以及用现代汉语对相关内容和话题进行讨论，提高学生使用现代汉语进行复杂的成段表达的能力。通过课后的独立研究和写作，提高学生正式语体写作的能力。

2. 在文化方面，了解"童心"这一文化概念的历时发展，讨论什么是"人生之至乐"、为什么童心很珍贵以及失去童心的影响等。通过学生报告，让学生自主研究西方思想对"童心"的看法，并与中国古代思想进行比较。通过阅读西方童话故事中对"童心"的描写，分析"童心"在西方和中国文化传统中的异同。由此实现对"童心"这一话题的多层次多角度的深入理解。

### ● 课程设置及学生背景

本单元是普林斯顿大学古汉语课关于"中国古代哲学对人性的看法"这一话题下的

一个教学单元,分3个课时(150分钟)完成。授课重点为"童心"理论的古今发展以及中西比较,兼顾语言教学。

学生构成:

1. 非华裔高级汉语学习者,没有中文背景,学习中文三年以上,可以较为流利地使用中文进行成段表达。

2. 华裔高级汉语学习者,有普通话或方言背景,学习中文两年以上,有较强的口语表达和读写能力。

授课语言以中文为主,教学中提供课文的中文原文及英文翻译。在讨论部分,关于西方文学、哲学的补充材料以英文呈现。

### ◆ 教学工具及材料

**(一)阅读材料:**

1. "专气致柔,能婴儿乎?"(《道德经》第十章)
2. 孟子曰:"大人者,不失其赤子之心者也。"(《孟子·离娄章句下》)
3. 袁宏道《叙陈正甫〈会心集〉》节选。
4. 李贽《童心说》节选。
5. 《安徒生童话》"The Snow Queen"节选,英文材料。

**(二)教学材料:**

课程PPT。

### ◆ 教学步骤

#### 第一课时

一、课前预习:

1. 阅读老子、孟子、袁宏道三个文本的原文、词汇注释及英文翻译。
2. 用中文回答老师提出的思考问题:

① "专气致柔"是什么意思?

② 孟子认为什么样的人是"大人"?现代汉语中"大人"的意思是什么?

③ 袁宏道认为人生的乐趣主要是从哪里来的?他怎么理解孟子和老子的话?

预习作业主要是为了让学生在上课前阅读文本，熟悉文本的内容和词汇，大致了解作者的主要思想，以确保课堂内容顺利进行，提高教学效率。老师提出的思考问题供学生准备课文之用，可以在课前让学生在课程网页的讨论栏上写下自己的回答，达到督促和检测学生预习的目的。

小贴士①

## 二、课堂教学步骤：

### （一）大声朗读课文。

### （二）把古文逐句翻译成现代汉语。

　　朗读课文在古汉语课中是一个必不可少的环节，除了让学生熟悉课文内容以外，更重要的是让学生熟悉古汉语的节奏和语感。

　　把古汉语翻译成现代汉语有两个目的：一是检查学生确实理解了每一句的大意，为随后的讨论做好准备；二是给学生提供用现代汉语表达和练习的机会。在学生翻译的过程中，老师应该提醒学生注意常用词语的古今异同，纠正现代汉语表述中的错误。

小贴士②

### （三）词汇、语法练习：

1. 《道德经》："专气致柔，能婴儿乎？"

   古今异义：大人

   固定短语：赤子之心

   判断句：……者，……也。

2. 《孟子》："大人者，不失其赤子之心者也。"

   古今同义：婴儿（名词用作动词）

   疑问句：能VP乎？

3. 《叙陈正甫〈会心集〉》节选：

   古今同义：趣；自然；学问

　　句型的讲解和练习是古汉语课的传统教学方式，也是很受学生欢迎的方式。老师除了说明句型的用法外，可以从古代文献中选取文字简单、意思晓畅的例句，也可用操练的方式让学生造句，当然这些句子老师得提前精心准备，保证学生能做出来。例如，问："何为大学？"黄宗羲有言："学校，所以养士也。"学生说出来的可能是："学校者，国家培养人才之地也。"等等，可以跟中国古人对学校的看法进行比较。20世纪30年代末赵元任先生在夏威夷大学尝试把古汉语作为活的语言来教，在课堂上用古汉语与学生进行问答。学生在古汉语课的问卷调查中表示这种形式"很有意思"。

小贴士③

（四）课堂讨论：

① 老子和孟子为什么这么重视儿童？这跟他们的哲学观点有什么联系？
② 儿童的乐趣是什么？跟成年人有什么不同？
③ 你觉得什么是"人生之至乐"？

> 教学中如果所选文本是像本课中《道德经》《孟子》节选的单句，或者是像袁宏道文章中节选的小段落，那么教学任务可以按顺序完成：朗读→翻译→词汇、语法练习→讨论。如果所选文本是如下文第二课时那样较长的篇章，建议第2至4项穿插进行，也就是在翻译一句或几句之后，随即进行词汇、语法练习，然后根据内容进行讨论。
>
> 小贴士④

## 第二课时

一、课前预习：

1. 阅读李贽《童心说》节选的原文、词汇注释及英文翻译。
2. 用中文回答老师提出的思考问题：

① 文章中出现了哪些跟"童心"意思相近的词？（真心、本心、心之初、初心）
② 人们为什么会失去童心？

二、课堂教学步骤：

（一）大声朗读课文。

（二）回答跟课文内容相关的问题：

① 在作者看来，童心为什么这么珍贵？
② 人们为什么会失去童心？
③ 失去童心的结果是什么？

> 第二课时没有选择像第一课时所使用的逐句翻译法，而是通过问答的方式引导学生熟悉课文内容，主要原因是文章内容较长，如果按照传统的翻译、解释、练习的步骤推进，课堂就会陷入枯燥的古汉语语言讲解模式，背离了我们以文化思想为主、以语言为辅的教学设计。以上提出的问题都是以热身为目的的开放性问题，只是为了调动学生表达与参与课堂活动的积极性，老师不必纠结于答案是否全面、准确。
>
> 小贴士⑤

（三）选择重点句子，翻译成现代汉语。

## （四）分组任务：

把学生分成两大组，根据课文内容，分别完成下面的两个表格。每个大组内，可以让学生独立完成，也可以两个学生为一小组协作完成。任务完成后，请每组的学生代表向大家说明表格的内容。

表格一：人们为什么会失去童心？

|   | 生活的阶段 | 失去童心的原因 |
|---|---|---|
| 1 | 出生 |  |
| 2 | 渐渐长大 |  |
| 3 | 后来 |  |

表格二：失去童心对人生的影响。

|   | 方面 | 失去童心的影响 |
|---|---|---|
| 1 |  | 言不由衷 |
| 2 | 参与政治 |  |
| 3 |  | 词不达意 |

> 这个练习以另一种形式让学生进一步了解课文内容，并给学生提供一个相互学习和交流的机会。同时学习两个常用成语"言不由衷"和"词不达意"，让学生在理解上下文的基础上用现代汉语说明这两个词的意思。
>
> 小贴士⑥

## （五）背诵：

第四个任务中所涉及的课文内容，学生在完成表格之后，已经相当熟悉了。此时把原文以填空的形式给出，带领学生当堂背诵。

> 背诵大概是古汉语课不同于现代汉语课对学生提出的一个独特的要求。由于古汉语的能产性比较低，学生很难在口语或书面表达中直接使用古汉语；古汉语大多是以固定形式的成语、俗语等存在于现代汉语中，或者以原文引用的方式使用。即使汉语为母语的学生在学习古汉语时，背诵也是必不可少的。相比于直接背诵，填空式的背诵减少了学生的心理压力，可以当堂进行，学生大都愿意积极参与。如果时间允许，可以多次反复进行，提供的信息逐次减少一些，让学生填充的空白越来越多，直至最后完全背出。
>
> 小贴士⑦

## 第三课时

### 一、课前准备：

1. 背诵《孟子》"赤子之心"一句。
2. 从下面的题目中选择一个，写一篇600—800字的报告。
   （1）怎么才能保持童心？
   （2）比较中国和西方哲学家对童心的看法。

### 二、课堂教学步骤：

**（一）检查背诵。**

> 我们一般要求学生一个星期背诵3—5个经典短句，并鼓励他们在自己的文章中使用。
>
> 小贴士⑧

**（二）口头报告：**

每人5分钟的口头报告，并准备一个与报告内容相关的问题，在报告结束后跟大家讨论。

> 文章是老师提前修改过的，因此学生在报告时，老师不必花大量时间纠正语言错误。高年级的报告不再要求学生把文章完全背下来，而更侧重于表达的自然和与听众的讨论互动。学生的报告中提到了西方的哲学家如洛克、罗素对儿童的看法，老师可以预先做些功课，上课时引导学生把西方哲学家的观点跟中国古代哲学家进行比较和讨论。如果学生的报告中没有提到，老师可以准备一些简短的英文材料，上课时让学生阅读后用中文做总结，然后随堂讨论。
>
> 小贴士⑨

**（三）讨论：西方文学中的"童心"**

阅读英文材料：《安徒生童话》"The Snow Queen"节选。讨论问题：

① 这个童话故事对儿童和童心的看法是什么？
② 这个故事跟我们学过的中国古代哲学对童心的看法有什么不同？
③ 你还读过哪些关于童心的故事？

> 本单元教学所使用的文本主要是哲学材料。在第三课时引入童话故事，旨在给学生提供一个不同的角度，观察文学作品是如何处理"童心"这一话题的。本课所选英文材料很短，学生一分钟内就能看完。这种随堂使用的材料，无论是中文还是英文，不宜过长。与"童心"相关的文学作品很多，选择大众化的、美国学生熟悉的材料，比如《皇帝的新装》结尾部分等，容易吸引学生参与讨论。
>
> 小贴士⑩

### 教学反思

1. 本单元教学设计的主要目标是突破传统的对外古汉语课以语法解释和翻译为主的教学模式，而以文化主题为线索，关注学生对内容的理解和讨论。在教学中有选择地介绍重点句型和词汇，视语言为内容的载体，使语言教学服务于文化教学。

2. 围绕"童心"这一主题，从多层面选择材料。核心文本展示"童心"这一概念的历时发展；补充材料涉及哲学和文学两种体裁对同一文化概念的不同呈现方式；学生报告引入了与西方哲学观点的比较。老师也可以选择新闻报道的文章或视频，让学生切身体会到古汉语在现代汉语中仍然被积极使用，增加课堂内容的多样性。

3. 本课以中文授课，学生不分文化背景混编，学过三年以上的大学中文课或具有同等语言能力，这保证了以现代汉语作为沟通和讨论的媒介进行深层文化教学成功的可能。在教学法方面，从第一课时到第三课时，传统的语法讲解和翻译所占的比重越来越小，学生讨论和发表意见的自由空间越来越大。选择这种教学策略的目的有二，一是把古汉语课从单纯的语言课变成以文化为主的高级汉语课；二是通过各种途径努力在古汉语和现代汉语之间建立联系，这种联系体现在语言和思想两个方面，创造不同形式的口头和书面的练习机会，满足学生通过学习古汉语提高现代汉语水平的需求。是否记住一个生词的意思或明白一个古汉语句型的用法并不是这门课唯一的教学目标，我们希望学生通过阅读古代典籍，了解那些对中国文化传统和民族心理的形成有重大影响的、与当代中国仍有千丝万缕联系的古代思想，在与自身的文化传统和当下的社会现象进行比较的过程中，培养学生的跨文化意识和文化反思的能力。

### 作者简介

王静，美国威斯康星大学麦迪逊分校东亚研究学博士。普林斯顿大学东亚系高级讲师、中文项目副主任，美国中文教师学会理事。从事对外汉语教学工作十余年，曾任教于卡耐基梅隆大学、北卡罗来纳州立大学。近年来致力于中、高年级对外汉语课的文化教学，通过现当代文学作品、古代文献、电影、纪录片等多种材料，提高学生的语言能力，培养他们的跨文化意识。研究兴趣包括中国古代文言小说、对外汉语教学史、对外汉语语言与文化教学理论。合著/编有《中文起步：现代汉语初级读本》（普林斯顿大学出版社，2014年）、《宋代传奇导读》（新加坡世界出版社，2017年）及《影像中国：现代汉语中高级电影读本》（香港大学出版社，2020年）。

# 不曾说出来的故事
## ——从电影角色互动看中国人的社会地位和相处方式

王小戎

> **导读**
>
> 电影课在对外汉语教学中一直是非常热门的话题。电影,是一个语言和文化的天然载体。通过看电影和讨论电影,可以加强学生对中国文化的理解。在文化教学中,文化视野类的内容较难介绍,因为对语境和情境的设置要求比较高。在真实的中国社会里,每个人都扮演着不同的社会角色,社会地位也不尽相同。这些不同的角色之间是如何相处的?怎么通过台词的"言外之意"和非言辞的交际手段来帮助学生看出中国文化的"门道"?

## ◆ 教学目标

1. 通过对《钢的琴》中父亲和老师交流的电影片段的观看和分析,让学生从面部表情、身体语言、交流语言三个方面对在中国的老师和家长的关系有一定的了解。

2. 通过对《洗澡》中父子相处的两个电影片段的观看和分析,让学生从面部表情、身体语言、交流语言三个方面深入理解这对父子关系从对立到缓和的变化。

3. 将中国文化中不同人物之间的相处方式、交流方式与美国文化进行对比,进一步加强对中西方文化共同点和差异点的理解。

## ◆ 课程设置及学生背景

本课是专为大学三、四年级设计的一门中文电影课,一个学期共使用了五部中文电影。本文将讨论的电影片段来自《钢的琴》和《洗澡》,在教学实践中只是课堂的一部分,并不是整节课。

学生学过两年及以上中文,不过中文水平跨度较大,因此课上、课下都需要进行分组合作学习。个别学生有中国留学经验,大多数学生的文化学习处在"文化产物"和"文化实践"阶段,比如中美节日的差异、待人接物直接和委婉的差异,并不了解文化实践差异背后的深层原因。

授课语言:中文。

## 不曾说出来的故事
——从电影角色互动看中国人的社会地位和相处方式

### ◆ 课堂教学材料

视频材料：

1. 电影《钢的琴》（张猛导演，2010年）片段。
2. 电影《洗澡》（张杨导演，1999年）片段。

### ◆ 教学步骤

一、课前预习：

1. 观看老师布置的电影片段，了解电影大意。
2. 挑选自己要学习的生词，与组员合作完成本组的生词表。挑选生词的标准和要求如下：

（1）有助于完成课堂最后的电影小结；

（2）有助于完成课上及课后的话题讨论；

（3）生词表包括：生词、拼音、英文解释、近义词或者反义词（选做）及例句。

> 由于学生群体的复杂性，电影课作为中高级的阶段选修课常常众口难调，因此，把学习的主动性交给学生，让他们决定要学习的生词，不失为一个好办法。
>
> 小贴士 1

二、《钢的琴》电影片段课堂教学步骤：

《钢的琴》电影片段（05：30—06：00）：女儿钢琴课下课时，父亲借着交学费的机会送给老师护肤品。

（一）播放第一遍，请学生着重看双方的面部表情：

1. 介绍面部表情相关生词：严肃、不苟言笑、笑容可掬等。

2. 问题引导：

① 为什么他们会有这样的表情？什么时候表情发生了改变？

② 不同的面部表情表达了什么样的情绪？

③ 为什么父亲和钢琴老师会有这样的情绪？

> 所谓"察言观色"，即从人物的面部表情判断人物的心情、态度甚至社会地位等。观看影片中人物互动细节的时候，首先看到的就是表情，在此需要向学生介绍相关的表情生词，例如"严肃、不苟言笑、笑容可掬"等，还需要引导学生思考为什么人物会有这样的表情，最后可以总结不同的面部表情表达了人物什么样的情绪。
>
> 小贴士 2

### （二）播放第二遍，请学生着重看双方的身体语言：

1. 介绍身体姿势的相关生词：站姿、坐姿、身体前倾等。
2. 问题引导：
   ① 父亲给钱的手势和钢琴老师接过钱的手势分别是怎样的？
   ② 父亲送礼物的手势和钢琴老师接过礼物的手势分别是怎样的？
   ③ 不同的身体姿势和手势表达了什么样的情绪和社会地位？

### （三）播放第三遍，请学生着重听双方的交流语言：

① 父亲如何表达对钢琴老师的感谢？（提示词：添麻烦）
② 父亲如何送给钢琴老师礼物？
③ 钢琴老师一开始是如何拒绝的？
④ 父亲是如何拍老师马屁的？（提示词：保养呵护、年轻貌美）

> 本环节从面部表情、身体语言和交流语言三个方面进行分析。电影片段在课堂上先后播放了三遍，每遍的重点不同。在进行讨论前，老师有必要补充介绍相关生词。在讨论时，层层推进，先分析产生了哪些非言辞交际，进而讨论表达了什么样的情绪，反映了什么样的社会地位。

<small>小贴士③</small>

### （四）讨论：家长与老师的关系

① 在美国，家长与老师的社会地位和关系是什么样的？
② 在中国和美国，家长与老师的关系有哪些异同？
③ 产生不同的原因是什么？

> 分析完电影中中国人的社会地位和相处方式，下一步就是进行跨文化比较。既然看到了在中国的家长与老师的互动方式，那么在美国呢？请学生描述一下，进而比较同一种关系在两种文化里的异同，最后讨论产生这样不同的原因，可以引导学生讨论儒家思想对中国文化的影响，以及教师在美国的社会地位等。

<small>小贴士④</small>

## 三、《洗澡》电影片段一课堂教学步骤：

《洗澡》电影片段一（27：30—29：00）：二明走丢后，父亲和大明出门寻找。父亲异常气愤，大明心中愧疚。两人一前一后走着，父亲忍不住把心里对大明的不满说了出来。

# 不曾说出来的故事
——从电影角色互动看中国人的社会地位和相处方式

（一）播放第一遍，请学生着重看双方的面部表情：

1. 介绍面部表情的相关生词：气愤、失望、欲言又止、惭愧等。
2. 问题引导：

为什么父子会有这样的面部表情？

> 这个片段中父子的冲突达到了顶峰，首先看到的就是父亲气愤和失望的面庞，大明欲言又止却又惭愧的表情。与此相关的生词有必要先介绍给学生，再引导学生说出面部表情背后的故事，为什么气愤？为什么失望？为什么欲言又止？又为什么惭愧？通过这一系列问题，不但复习了电影片段的剧情，而且加强了前因后果的故事线的叙述能力。

小贴士 5

（二）播放第二遍，请学生着重看双方的身体语言：

1. 介绍身体姿势的相关生词：距离远近、前后跟随。
2. 问题引导：

① 父亲和大明之间的距离说明了什么情绪？

② 父亲停下来的时候，大明的反应说明了什么情绪？

> 父子之间微妙的距离，是父子地位的不同，也是亲情的隔阂。走在路上时，父亲走在前面，儿子亦步亦趋，永远落后几步，是对父亲的尊重还是惧怕？父亲停下脚步的时候，儿子没有赶上，反而是站定保持距离，为什么会有这样的反应？种种表现，都抹去了之前温情脉脉的假象，而把父子之间的矛盾暴露无遗。这么有趣的细节，如果我们只处理电影的台词而忽略掉，真是太可惜了。

小贴士 6

（三）播放第三遍，请学生着重听双方的交流语言：

① 父亲是如何表达他的气愤的？（提示词：用不着、居然、到底）

② 父亲是如何表达对大明的失望的？（提示词：既然……就……、心里头根本）

③ 大明是如何表达他的惭愧的？（提示词：跟您一块儿去找、回来看您）

④ 父亲和大明之间的矛盾是什么？（提示词：看不起、知足、干大事、挣大钱、丢了儿子）

> 处理人物之间交流的台词，是电影课最常见的一种授课方式。然而，人物为什么这么说？表达了什么样的情绪？这些需要深层的推敲。确定了人物的情绪之后，比如气愤、失望、惭愧，人物是如何通过语言表达这样的情绪的？老师可以引导学生进行具体分析。

小贴士 7

### 四、《洗澡》电影片段二课堂教学步骤：

《洗澡》电影片段二（32：20—34：55）：暴风雨来临，老澡堂子屋顶漏雨，父亲冒着风雨爬上屋顶修理，大明闻声也赶来帮忙。风雨过后，父子和解，吐露真情。

#### （一）播放第一遍，请学生着重看双方的面部表情：
1. 介绍面部表情的相关生词：对视、微笑等。
2. 问题引导：

为什么父子会有这样的表情？

#### （二）播放第二遍，请学生着重看双方的身体语言：
1. 介绍身体姿势的相关生词：并肩坐着、挨着、扶着等。
2. 问题引导：

① 父亲和大明之间的距离说明了什么情绪和关系？
② 父亲站起来的时候，大明和父亲的姿势说明了什么？
③ 父亲为什么愣了一下？

#### （三）播放第三遍，请学生着重听双方的交流语言：
① 父亲是如何表达对澡堂子和老家的感情的？（提示词：房子和人一样、一辈子）
② 父亲是如何表达对大明的关心的？（提示词：回头冻着了）
③ 大明是如何表达对父亲的关心的？（提示词：您慢点儿）

> 第二个片段的处理方式与第一个片段相同，通过面部表情、身体语言和交流语言三个层次步步推进，引导学生分析人物关系的变化。从上一个片段紧绷的面部表情，到这一个片段中相视而笑；从吵架时保持距离，到肩并肩坐在屋顶谈心；甚至最后互相表达发自内心的关心，都说明了父子关系的变化。

小贴士8

#### （四）讨论：父子关系
① 大明和父亲的关系一开始怎么样？
② 后来发生了什么样的变化？
③ 为什么会有这样的变化？
④ 在美国文化里，父子关系是什么样的？
⑤ 美国的父子关系和中国的有什么异同？为什么会有这样的不同？

> 这个讨论是一个总结活动，首先将两个片段里的人物互动的变化进行梳理，融合了叙述和比较两种功能。然后引导学生思考为什么会出现这样的变化，大明的什么行为和言语让父亲对他另眼相看。最后请学生谈谈美国的父子关系。同样的人物关系，在不同的两种文化里有什么异同？如有不同，是什么原因造成的？后续的讨论问题可以根据学生水平有选择地进行拓展。
>
> 小贴士⑨

## 教学反思

1. 提高语言水平和传递文化知识是中文教学两个重要的教学目标，而传递文化知识在以往的电影课上，比较限于文化产物的类比，缺少思考行为背后的原因。很多学外语的学生外语说得很流利，但总是缺少一些"察言观色"的能力。如何在我们的教学中培养这种非言辞交际能力，是非常值得探讨的。

2. 电影中的交流互动片段是非常合适的非言辞交际训练的素材。通过观看电影人物之间的互动和交流，学生首先可以进行简单的模仿；然后可以分析人物之间的社会关系和地位差距，深入了解这些行为背后的原因；最后可以和自己的母语文化进行对比，达到举一反三、触类旁通的学习效果。

## 作者简介

> 王小戎，美国威斯康星大学密尔沃基分校教育学博士，中国华东师范大学对外汉语硕士、学士。美国芝加哥大学东亚系助理教学教授。自2009年起，先后在弗吉尼亚大学、威斯康星大学密尔沃基分校和芝加哥大学任教，曾开设多门初、中、高级汉语语言课程，以及面向高级汉语学习者的中国文化课程，内容涉及中文电影、中华饮食文化、商务中文等。研究兴趣包括对外汉语语言与文化教学理论与实践、海外留学项目、语言教学法等。

# 《聊斋志异·宦娘》中跨界的知音情结
## ——古典文学与传统音乐在高级汉语文化课上的相遇

顾　铮　刘　刚[①]

> **导读**
>
> 对于高级汉语文化课的学生来说，要读懂以文言写就的古典文学名著已经不容易了，再要深入理解文学作品中所体现出的中国传统音乐的美感与内涵更是难上加难。现有的文化教学资料往往将中国古典文学与音乐作为不同的话题分开讨论，忽略了中国文化中不同艺术形式的彼此融合和映照。本文以一节美国大学高年级汉语文化课为例，选取了《聊斋志异》中的《宦娘》一篇作为切入点，通过精心选择和设计的教学方案，引导学生进行跨文化、跨学科讨论，扩展学生的文化视野。

## 教学目标

1. 通过对《聊斋志异》中《宦娘》这个故事的阅读和讨论，让学生了解这个文言故事的内容，初步理解故事中所表达的情感。

2. 通过对古琴、古筝乐曲的欣赏，让学生建立起对中国古典乐器、对中国古典音乐与传统文学相互辉映情况的基本了解。

3. 通过问题引导学生对"知音"这个话题进行跨文化讨论，并联系自身感受，对文学作品中表现的感情产生共鸣。

## 课程设置及学生背景

这节课是美国大学五年级的中国文化专题课"聊斋"中的一个单元，授课时间是90分钟。教学目的兼顾了语言和内容的教学，教学方式主要是跨文化讨论。

学生构成：

1. 高级汉语学习者，包括华裔和非华裔，学习中文四年以上，能够基本看懂文言材料，并能用汉语比较完整、流利地表述自己的想法。

2. 汉语为母语的中国留学生。

授课语言：中文。

---

[①] 这节课是顾铮老师在卡耐基梅隆大学上过的一节示范课，刘刚老师作为指导老师在课程设计和实际教学中全程给予了建议和指导。

## 教学工具及材料

**（一）阅读材料：**

《宦娘》原文及译文，网址链接：https://baike.baidu.com/item/宦娘/82531，访问日期：2021-11-12。

**（二）视频材料：**

1. 古琴曲：《高山流水》（管平湖先生演奏版），网址链接：https://www.youtube.com/watch?v=Ninn-CfAMy8，访问日期：2021-11-12。

2. 古筝曲：《高山流水》（项斯华先生独奏版），网址链接：https://www.youtube.com/watch?v=WbCjceRPXyw，访问日期：2021-11-12。

**（三）教学材料：**

课程PPT。

## 教学步骤

**一、背景介绍：**

《宦娘》中有以下几个主要人物（按照出场顺序）：

1. 温如春：酷爱弹琴的世家公子，在旅途中遇到擅弹古琴的道人并得到其指点，此后刻苦钻研成为古琴高手。

2. 道人：琴技高绝的世外高人，路遇温如春并给予指点引导，使他成为"在人间没有对手"的古琴高手。

3. 宦娘：热爱琴筝的女鬼，擅长古筝而不擅古琴，被温如春的琴技打动却苦于人鬼殊途，在知道温如春爱慕葛良工后，使用了一些手段，成全了温如春和葛良工。

4. 葛良工：退休部郎的女儿，美貌无双，听了温如春的弹奏而对其倾心，但遭到父亲的反对。后来在宦娘的帮助下，和温如春走到了一起。

**二、课前预习（通过论坛讨论的方式提交作业）：**

1. 阅读《宦娘》并用自己的第二语言（汉语母语者用英语，其他学生用汉语）写一篇200字左右的读后感。

2. 用自己的第二语言简要回答老师提出的讨论问题：

在我们读过的《聊斋》故事中出现了几种不同类型的男性？为什么要突出他们的差

别？这和《宦娘》中写出的几种不同的情感有什么关系？

> 要求学生完成预习作业主要是为了保证学生在上课前阅读了教学内容，并进行了一定程度的研究和思考。要求用不同语言写作主要是为了培养不同语言背景学生的写作能力。
>
> 小贴士①

## 三、课堂教学步骤：

### （一）热身问题：

① 我们读过的《聊斋》故事中，出现了几种不同的男人？

> 我选择了在论坛中已经提过的问题来引入这节课的讨论，主要是希望学生们因为已经思考过这个问题，能更加自信地参与讨论，提供更多的输出。这样他们不至于在课堂一开始就被完全不熟悉的问题难倒。所谓"热身"，就是讨论一些学生比较熟悉的、有话可说的内容，来帮助学生建立开口的自信和兴趣。
>
> 小贴士②

② 你比较喜欢和哪一种人交朋友？为什么？

> 我把话题引到学生身上，是希望通过这种日常、简单的话题，在课堂上建立轻松、热烈的讨论氛围；通过问题将本节课的主题和学生的日常生活联系起来，避免在文化课上常常会出现的一种情况，那就是文化内容和学生生活相去甚远，学生很难找到共鸣，也因此降低了学习的好奇心和兴趣。
>
> 小贴士③

### （二）深入讨论：

1. 一弹琴：高山流水觅知音（亦师亦友）

（1）讨论问题：

① 温如春有什么特长？道人呢？

② 他和道人谁弹琴弹得更好？你是怎么知道的？

③ 你觉得他和道人是什么关系？

> 前两个问题和故事内容相关，一是为了确保学生理解了故事的大意；二是可以快速测验学生是否遇到了难解的词句，以便加强语言方面的教学。最后一个开放性问题不但可以考验学生的表达能力，也可以作为老师进行下一步教学的切入点。学生往往会因为背景、个性、信仰等各个方面的不同而给出许多不同的回答，老师可以根据这些回答进一步提出问题，增加学生们讨论的深度。
>
> 小贴士④

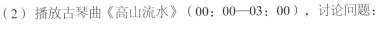

（2）播放古琴曲《高山流水》（00：00—03：00），讨论问题：

这段音乐是讲什么的？你是怎么知道的？

（3）从演奏手法和音乐风格上，讲解古琴成为"知音"代表乐器的原因。

> 选择听前三分钟，既有时间的考虑，同时也是因为《高山流水》的这段开头使用了古琴演奏的典型指法。听完学生的听后感，我向他们展示了这段音乐的指法和所形成的音色特点，并解释了在中国古典音乐和文学中，这些特点如何引起了古琴和"知音"之间的联想。这样的展示避免了冗长的讲解，可以比较直观地让学生"知其所以然"。
>
> <small>小贴士⑤</small>

（4）讨论问题：

在你们国家，有什么代表友情的乐器吗？你知道哪些有趣的故事？

> 不同文化之间的比较和讨论，一方面可以满足高级汉语课进行跨文化比较教学的需要，另一方面可以体现出老师对不同文化的包容性，在课堂上营造出一种海纳百川的学习氛围。
>
> <small>小贴士⑥</small>

2. 二弹琴：当"知音"出现在异性之间（友达以上）

讨论问题：

① 和之前读过的《聊斋》故事比较，《宦娘》中出现了一种新的男性形象，是什么？为什么蒲松龄要突出温如春的"才子"属性？

②《宦娘》中的女鬼宦娘和我们读过的其他故事里的女鬼有什么异同？蒲松龄为什么要这么写？这和我们提到的"知音"有什么关系？

③ 如果宦娘也是温如春的知音，对温如春而言，她和之前的道人有什么不同？你觉得异性之间的"知音"情结和柏拉图之恋有什么异同？

> 通过引入"知音"情结和柏拉图之恋，学生不但可以对中美社会中的不同感情类型进行跨文化比较，也可以对《宦娘》和之前读过的《聊斋》中的其他人鬼情进行对比，从而加深对这部文学作品的理解。
>
> <small>小贴士⑦</small>

3. 三弹琴：弦凝指咽，别有情深（成为恋人）

（1）展示两张影视人物的图片，讨论问题：

你觉得两位女性中，哪位是宦娘，哪位是葛良工？你是怎么判断出来的？

> 这里我给学生展示了影视剧《聊斋奇女子》中宦娘和葛良工的照片，让学生猜测并陈述理由（宦娘和葛良工的服装、气质、表情都截然不同）。这个设计主要是出于以下考虑：1. 给学生用已经学过的语言和文化知识进行成段论述的机会；2. 鼓励学生通过比较和论述来归纳东西方典型女鬼形象的异同。
>
> 小贴士⑧

（2）展示《惜余春》并讨论：

① 从这首词里看，你觉得宦娘对温如春的感情是什么样的？你怎么知道的？

② 如果是你喜欢一个人，你会怎么表达？

（3）播放古筝曲《高山流水》（00：00—02：46）。

（4）讨论问题：

这段音乐又是讲什么的？你是怎么知道的？

（5）从历史渊源、音色、演奏手法上讲解古琴和古筝的关系，以及古筝如何在古典文学中成为爱情的意象。

> 古琴只有七弦，通过左手挑、拨配合右手揉、吟，音色低沉典雅，气韵悠长缓慢，需要在极安静的环境中专注欣赏才能通晓其中韵味，刘勰在《文心雕龙》中言，古琴"音实难知"，因此对古琴的"知音"在文学作品中往往是心灵契合的表现。二十一弦的古筝拥有更宽广的音域，音色华丽音量宏大，女生演奏较多，因此在古诗词中就常常被用来描绘佳人，诠释爱恋的心情，比如"弦凝指咽声停处，别有深情一万重"（白居易《夜筝》）；"欲得周郎顾，时时误拂弦"（李端《听筝》）。
>
> 小贴士⑨

（6）讨论话题：

① 如果要用一种乐器来表白，你会选择哪一种？

② 如果你不能和自己喜欢的人在一起，你会把他/她介绍给别的更好的人吗？

> 对于文化产品的介绍能引起学生的兴趣，但由此引发的跨文化思考更能吸引学生的参与，加深学生的理解。因此这里在简短地介绍中国古典乐器与文学之间的联系之后，通过讨论问题将乐器与感情的关系从文学作品中引回到学生身上，再用最后一个问题进一步增加学生的代入感，以激发学生的深入讨论。
>
> 小贴士⑩

## （三）总结：跨越边界的感情

讨论问题：

① 葛良工和宦娘，谁和温如春更相配？为什么？

② 人和鬼是《聊斋》中的边界，在我们的生活中，你觉得还有哪些跨越边界的感情？对待他们，有哪些不同的态度？你更赞同哪一种？

《聊斋志异·宦娘》中跨界的知音情结
——古典文学与传统音乐在高级汉语文化课上的相遇

高级语言文化课的目的之一就是在语言与文化的学习中，拓展学生的文化视野，引导学生从更包容的角度理解不同的文化。这里所说的"不同的文化"，并不局限于不同国家的文化，也可以延伸到某一个大的群体文化中的不同亚文化。以上两个问题的提出正是为了实现这一教学目的。

<small>小贴士 II</small>

◆ **教学反思**

1. 从文化产物到文化视野：和侧重于体会和感受中国"文化产品"和"文化实践"的初级汉语文化课不同，在高级汉语文化课堂上，学生们需要同时学习学术语言和不同文化要素，特别需要对"文化观念"[①]进行反思。因此在设计课程时，高级汉语文化课的老师不但要考虑语言与内容的结合，让学生通过对文化话题的讨论来达到使用汉语交流和表达思想的目的，更要在课堂上创造机会让学生探讨文化现象背后所包含的文化内涵，完成教学重心从文化产物向文化视野的过渡。

2. 文化相关和文化比较：提到文化教学，老师们往往第一反应是要教授纯粹的中国文化，这样的想法在课堂上就体现为老师单方面进行文化讲座。这样的教学方式不但会限制学生在课堂上的目标语的使用，也容易拉远中国文化与学生之间的距离。因此，老师可以在课堂上引入更多和学生自身的背景、知识、成长环境等相关的问题。这样可以避免割裂汉语文化课堂和学生生活，创造更多机会让学生通过反思和比较来深入理解中国文化。

3. 通过开放性、生活性的话题创造轻松的课堂氛围：作为最重要的协调工具之一（mediational tool），老师提出的问题对活跃课堂氛围、提高学生的学习动力和参与程度有重要影响。因此，除了要和课程内容相关，课堂讨论最好能从和学生日常生活相关的话题开始，吸引学生积极参与讨论，创造和谐轻松的课堂氛围。

4. 耳闻不如目见的专业文化知识：在语言文化课堂活动设计中，采用多少需要讲解的专业知识一直困扰着不少老师，而本文中针对中国古典乐器的介绍提供了一种新的思路，就是老师可以充分运用自己的专业知识以"展示"的形式介绍中国文化。在本节课中，基于对民乐的了解，我能够通过对古琴和古筝指法的直观展示将学生听到的乐音和其中表达的不同感情联系起来，激发了学生的兴趣从而吸引了学生主动提问，并通过后续问题一步步深化了我们的讨论。

---

[①] "文化产品""文化实践"和"文化观念"，来自Moran, P. R.（2009）《文化教学：实践的观念》（*Teaching Culture: Perspectives in Practice*）一书中的"文化五要素"，其余两大要素为"文化群体"和"文化个体"。

##  作者简介

　　顾铮，美国密歇根州立大学教育学博士，卡耐基梅隆大学应用二语习得硕士，中国上海外国语大学语言学及应用语言学硕士。美国埃默里大学牛津学院访问助理教授，负责中文项目课程设置，教授初、中级华裔及非华裔中文课程。研究兴趣为第二语言教学法、华裔学生的学术语言学习、汉语国际教师培训。有多年在中、美大学教授中文课及第二语言习得概论课的经验，有多年培训汉语国际教育硕士及汉语国际教师的经验，热爱中国古典音乐和绘画。

　　刘刚，美国密歇根大学亚洲语言文化博士，加拿大西安大略大学比较文学硕士，北京语言大学古典文学硕士。美国卡耐基梅隆大学现代语言系教学副教授、中文项目负责人，《汉语学习与教学研究》副主编，西宾州中文教师协会董事会成员。自2010年起，在卡耐基梅隆大学现代语言系任教至今，曾开设多门初、中、高级汉语语言课程，以及面向高级汉语学习者的中文文化课程，内容涉及中国传统哲学、古典文学与古典诗歌、鬼故事与鬼文化、中国现代社会热点、中国纪录片等。研究兴趣包括中国古典诗歌和古典文学、中国笔记小说、对外汉语语言与文化教学理论。著有童书系列《洛洛汀神游上古》（新星出版社，2021年）。合编/著有《北美故事：美国一线汉语教学案例与反思》《跨文化交际案例：汉语教师海外工作实训教程》《生存攻略案例：汉语教师海外生活实训教程》等书（北京大学出版社，2021年）。

# "月子"坐还是不坐？
## ——由"坐月子"看中国传统的养生观念

刘 艳

> **导读**
>
> 来自不同文化的人对健康以及如何保持健康有不同的看法和做法。中国传统的养生观念基于中医理论，内涵丰富，博大精深，从古至今一直影响着中国人的生活。本文以一节美国大学面向高级汉语学习者所开设的"全球健康专项中文课"为例，以《华裔妈妈讲述自己在美国"坐月子"经历》这篇文章为切入点，通过对该课课前预习、课堂讨论和课后活动的详细展示，探讨如何引导学生了解中国传统的养生观念，进而让他们对本土文化如何影响人们的健康理念和行为有比较深刻的认识，为以后的跨文化工作或交际做好心理和文化上的准备。

## ◆ 教学目标

1. 通过阅读和讨论《华裔妈妈讲述自己在美国"坐月子"经历》引入中医思想，让学生对中国的传统养生观念有一个初步了解。

2. 通过深层讨论和案例分析引导学生理解不同文化对人们健康理念和行为的影响。讨论的主要问题包括：中国人与其他国家的人在日常生活中有哪些不同的医疗保健做法？是什么因素导致了这些做法的不同？应该如何看待和处理因文化不同而产生的行为差异，甚至是误解和冲突？

3. 通过交际任务来加强学生对讨论主题的认识和跨文化交际的能力。

## ◆ 课程设置及学生背景

本课是美国大学面向高年级的中文学生所开设的"全球健康专项中文课"中的第二个教学单元。时长为75分钟，以内容教学和跨文化讨论为主，配合一定的中文语言教学。

授课语言和课堂讨论语言均为中文，阅读和视频等教学材料中英文混杂，一般以中文为主。

学生为华裔和非华裔高级汉语学习者。他们都对全球健康的话题感兴趣，其中大部分学生毕业以后想从事医学或与全球健康相关的工作或研究。这些学生在大学至少完成了三年的中文课程，可以较为流利地用中文成段地表达自己的想法。

此单元安排在介绍课程和基本全球健康概念（第一个教学单元）之后。这样做的主要目的是让学生在学习和探讨具体健康问题之前，首先了解中国的传统养生观念和做法以及它们与其他国家（特别是美国）的不同，让学生深刻意识到不同文化对于人们健康理念和行为的影响，从而在以后的学习中有意识地去分析同一个健康问题在不同文化中的差异，并能解释差异背后的文化原因。

## ◆ 教学工具及材料

### （一）阅读材料：

1. 杨芯（2017）《华裔妈妈讲述自己在美国"坐月子"经历》，网址链接：http://news.sina.com.cn/o/2017-01-09/doc-ifxzkfuk3100591.shtml，访问日期：2021-8-16。

2. 中医介绍Traditional Chinese medicine，网址链接：https://en.wikipedia.org/wiki/Traditional_Chinese_medicine，访问日期：2021-8-16。

### （二）视频材料：

电影《刮痧》（郑晓龙导演，2001年）片段。

## ◆ 教学步骤

### 一、课前预习：

1. 阅读上述两篇文章，并准备在课堂上跟大家分享文章的主要内容。如果第一篇文章没有读懂，可以再读一遍英文原稿"I tried the Chinese practice of 'sitting the month' after childbirth"①。

2. 针对这两篇文章的话题和内容，用中文提出1—2个讨论问题。

> 上述这两个预习作业主要是为了确保学生在上课以前阅读并思考了课堂要讨论的文章。要求学生先看中文版的文章是希望学生练习用中文阅读真实的语料，但毕竟这不是一门传统的中文语言课，让学生了解内容最重要。此外，这个班学生的中文水平参差不齐，有些学生从小就开始学中文，但有些学生只学过三年的中文语言课程，所以建议学生如果没读懂，可以去读一遍英文原稿，这样可以避免由于语言水平不足而对内容产生误解。
>
> 小贴士①

---

① 网址链接：https://www.washingtonpost.com/national/health-science/i-tried-the-chinese-practice-of-sitting-the-month-after-childbirth/2017/01/06/54517ee0-ad0b-11e6-a31b-4b6397e625d0_story.html，访问日期：2021-8-16。

# "月子"坐还是不坐？
## ——由"坐月子"看中国传统的养生观念

3. 思考并回答老师提出的讨论问题：

① 什么是坐月子？为什么中国产妇生完孩子以后要坐月子？作者觉得自己坐月子的经历怎么样？为什么？你觉得坐月子的做法有道理吗？为什么？

② 美国产妇生完孩子以后有坐月子或类似的习俗吗？为什么？你知道还有哪些国家或者文化里有类似的习俗？是什么样的习俗？他们为什么会有这样的习俗？

③ 中医认为什么对健康很重要？哪些原因会让人生病？中医有哪些主要的治疗方法？你试过吗？如果有机会，你愿意不愿意尝试中医的治疗方法？为什么？

④ 你们国家的人觉得什么对健康很重要？哪些原因会让人生病？有哪些主要的治疗方法？

> 这些讨论问题先从阅读的文章问起，然后延伸到学生的想法和经历，再扩展到美国或其他国家的情况。这样可以让学生在理解阅读材料的基础上，思考自己以及自己的母语文化对这一问题的看法，从而让学生注意到文化对健康理念的看法和做法的不同影响，为课堂上更深层次的讨论做好准备。
>
> 小贴士 2

## 二、课堂教学步骤：

### （一）热身活动：

1. 两三个学生一组进行下面的活动：

（1）中文介绍《华裔妈妈讲述自己在美国"坐月子"经历》的主要内容。

（2）学生讨论对老师提出的第一个和第三个问题的看法。

> 由于课堂时间有限，所以将分组讨论与文章主要内容有关且没有什么争议的问题。如果产生新问题，再全班一起讨论，这样做是为了让所有的学生能够了解不同的看法和争议，同时也可以将讨论内容进一步深化。
>
> 小贴士 3

2. 全班一起讨论对第二个和第四个问题的看法。

### （二）深入讨论：

① 如何用中医的思想来解释中国人坐月子？

② 除了坐月子，在日常生活中，你认为中国与美国或者你们国家还有哪些不同的养生做法？请举例说明。

③ 你认为造成这些不同做法的原因是什么？

设置第一个问题，一方面是为了让学生对"坐月子"这种做法背后的原因或养生理念进行思考；另一方面是为了让学生练习如何将中医思想应用到分析中国特有的养生保健行为上，并练习用中文来表达基本的中医理念。第二个和第三个问题是开放式的，目的是激发学生进行更深层次的思考和讨论。这两个问题从"坐月子"这一学生在日常生活中较少有机会了解的行为扩展到其他健康行为，从中国扩展到美国和其他国家，并鼓励学生进行文化对比和分析，从而使学生能够更全面和深入地理解本土文化对人们健康理念与行为的影响。

小贴士④

## （三）案例分析：

1. 播放《刮痧》中大同夫妇被医院指控虐待孩子的片段（15：33—18：58）。

2. 课堂讨论问题：

① 为什么医院会指控大同夫妇虐待孩子？

② 你觉得这个孩子身上的伤痕可能是怎么来的？

　　这部电影的故事是一个很好的中美文化冲突的案例。这段视频展现了冲突是因何而来的，可以激发学生讨论和思考的兴趣。所讨论的问题可以让学生自然而然地把自己对这件事的第一感觉说出来，为后面的讨论做铺垫。

小贴士⑤

3. 播放《刮痧》中丹尼斯给玩具猴刮痧的片段（06：38—06：59），揭晓孩子身上的伤痕是怎么来的。

4. 课堂讨论问题：

现在你知道了真相，如果你是大同或大同的太太，你会怎么做？

　　这个问题引导学生在了解冲突原因以后思考如何解决这个冲突。将自己设想成电影里的人物，目的是将学生带入真实的情景中，并站在中国人的立场上来想办法解决这个冲突。

小贴士⑥

5. 播放《刮痧》中大同夫妇及他们的律师与法官、原告律师举行第一次听证会的片段（23：56—29：24）。

6. 课堂讨论问题：

① 大同的做法跟你一样吗？为什么法官和在场的美国人无法相信大同的话？这样会有什么样的后果？

② 你会建议大同或大同的律师怎么做？

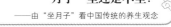

> 通过这一段视频，学生可以继续认识到因文化差异所产生的交流和思维上的问题。这里的讨论问题又让学生切换到美国人的立场上来看待这个问题。了解两方的立场，可以帮助学生找到问题的症结所在。

7. 播放《刮痧》中大同夫妇的律师到中医诊所的片段（1∶19∶02—1∶20∶44）。
8. 课堂讨论问题：
① 这个故事想告诉我们什么？
② 对于需要与来自中国或其他国家的人打交道的专业人士或决策者（如医生、社工、咨询师或公共卫生政策制定者），你会给予他们什么建议？

> 通过最后这段视频，学生们可以看到影片中大同的律师亲自尝试了中医的刮痧，才真正了解了这是一种中医疗法而不是虐待，从而真正消除了误解。最后这两个问题引导学生对电影故事进行反思，思考在跨文化背景下如何消除因文化不同而产生的误解和冲突。特别是针对这个学生群体（他们中很多人以后会从事跟健康医疗有关的工作），最后这个问题有重要的现实意义。

（四）课后跨文化交际活动：

课下采访一两位中文母语者，问问他们发现美国人或其他国家的人有哪些生活/健康习惯或者做法跟中国人是不一样的，他们是怎么理解这些不同的。他们在生活中是否经历过因生活/健康习惯或者做法跟别人不一样而产生误解或者冲突，如果有，请他们说说是怎么回事；如果没有，如果他们以后遇到这样的情况会怎样做以及这样做的原因。也请你跟他们说说你会怎样做以及这样做的原因。

> 设计这个课外活动最主要的目的是让学生有机会跟中文母语者进行真实的跨文化交际，并且了解中国人对我们课上所讨论的这些问题的看法。这样既可以通过给学生提供不同角度的观点来加深他们对中国中医文化的理解，又可以让他们再次认识到本土文化对人们健康理念和行为的重要影响。最后也请学生跟受访者说说自己的想法，这样做是让学生练习如何与不同文化的人通过平等交流而达成求同存异的目标。

◆ **教学反思**

1. 目前关于全球健康这个主题的专项汉语课还在摸索阶段，有很多问题值得继续实践和探讨。比如，如何在有限的课时内让学生既可以掌握内容知识，又可以有足够的机会练习用中文讨论涉及专业知识的话题。另外，学生的构成（华裔与非华裔学习者混杂）也对这门课程提出了一些挑战，因为华裔学生和非华裔学生无论是在语言水平上还是对中国文化的了解上都存在着一定的差异。虽然这样能够让学生互相学习，但如何平衡这两组学生的学习需要还需要继续探讨。

2. 案例分析这个环节对这节课和整个课程来说都很重要。通过提供中国文化中的一个与所讨论话题有关的具体案例，鼓励学生先用所学到的知识来分析这个案例，再与别国文化进行对比和换位思考，最后能够提出合理的建议来解决在跨文化情境中遇到的误解和冲突。这样就可以实现课程的终极目标：学生学会全面地看待文化的不同并能理智地应对因此而产生的问题。当然，这个案例可以通过多种形式来呈现，可以是一首歌曲、一则新闻或故事，也可以是一个电影、一段网络视频等。

3. 在课堂讨论问题的设计上，需要注意由易入难，由学习材料扩展到日常生活中的观察和经历，再到假设性的问题，这样一步一步由浅入深地引导学生进行思考和讨论。此外，我们也要清楚每个问题或教学步骤都是为了实现该课的教学目标服务的，前面的讨论问题或教学步骤是为后面的问题或者教学步骤做铺垫和准备，而后面的讨论问题或教学步骤也应该起到对前面的问题或教学进行深化和升华的作用。

## 作者简介

刘艳，美国卡耐基梅隆大学第二语言习得博士，中国北京外国语大学应用语言学硕士。美国杜克大学亚洲及中东研究系教学助理教授、中文项目副主任。自2013年起，在杜克大学、杜克大学在华留学项目中教授中、高年级中文课程，以及多门高年级中文跨学科课程，内容涉及中英文翻译、中美关系、全球健康及环境科学。近年来，一直致力于将社区学习/服务学习、视觉艺术、游戏等创新元素结合到教学中，并于2020年春季荣获杜克大学的"贝茜·奥尔登杰出服务学习奖"。研究兴趣包括第二语言教学、华裔中文教学、跨文化交际、对外汉语教学法以及跨学科课程设置等。

# 用跨国创意广告打开跨文化交际之窗
## ——一堂关于"集体主义与个人主义"的高年级跨文化课

黄丽玲

> **导 读**
>
> 集体主义与个人主义作为中西方的核心价值观,是理解不同文化差异的关键所在。分析两者的差异,有利于汉语非母语的学习者提高跨文化交际能力。视频广告时代性强,蕴含丰富的信息(如广告语、人物关系、对白、情节、价值观等),长短适宜,是文化传播的载体,也为学习者们提供了从"集体主义与个人主义"这一角度进行跨文化及语言学习的有效渠道。本案例源于我们在美国大学跨文化汉语交际课程上的教学实践,将跨国公司在中美两国的广告作为真实语料引入课堂,引导学生了解集体主义和个人主义价值观影响下人们的行为与心理特点。在帮助学生拓展文化视野的同时,为了提升学生的汉语口语水平,我们依据美国外语教学委员会(ACTFL)口语能力测试(OPI)大纲,设计了适合高级汉语学习者水平的问题,有目的性地训练他们使用汉语展开描述、比较并提出观点的能力。

### ◆ 教学目标

1. 通过跨文化交际案例分析,初步了解集体主义与个人主义的差异。
2. 通过分析阿迪达斯公司、奔驰公司在中美两国的视频广告,对比集体主义与个人主义价值观在中美人民的行为心理上的具体表现。

### ◆ 课程设置及学生背景

**课程设置**:本课是美国大学高年级汉语跨文化交际课程中的一个教学单元。单元教学时长120分钟,教学内容依次为:

第一课时:讨论预习材料里的跨文化交际案例,对比集体主义与个人主义的特点。

第二课时:通过广告看中美两国在集体主义与个人主义方面的差异。

限于篇幅,本文仅呈现第二课时的教学流程。

学生包括汉语为母语的中国学生和汉语非母语的学生。汉语非母语者的汉语水平为高级,学习中文至少四年,多数有在中国留学的经历,能比较自如地使用中文成段表达看法。

中文授课,教学材料中英文混杂。

## ◆ 教学工具及材料

### （一）阅读材料：

1. 中文阅读文段，选自《个人主义与集体主义》，作者哈利·C. 泰安迪斯（Harry C. Triandis），译者周宛青，中国台湾：好优文化，2016年。

2. Quizlet在线生词表，网址链接：http://quizlet.com/4cje25，访问日期：2020-12-10。

### （二）视频材料：

1. 讲座 *Ten minutes with Geert Hofstede on idividualism versus collectivism*，网址链接：https://www.youtube.com/watch?v=zQj1VPNPHlI&t=635s，访问日期：2021-7-11。

> 泰安迪斯和霍夫斯塔德是世界公认的研究跨文化交际学的里程碑式的人物。中文文段摘自泰安迪斯经典之作《个人主义与集体主义》，该文段通过生活中的例子，深入浅出地诠释了"个人主义"和"集体主义"这两个概念，介绍了不同文化影响下不同行为的表现，有助于高年级汉语学习者进行汉语阅读训练及文化学习。而视频讲座则是霍夫斯塔德对个人主义与集体主义的解读，可以加深学生对个人主义与集体主义的理解。

小贴士①

2. 阿迪达斯北京奥运会广告 *Together*，网址链接：https://www.youtube.com/watch?v=unx89KkWAes，访问日期：2021-7-11。

3. 阿迪达斯美国足球广告 *I'm here to create*，网址链接：https://www.youtube.com/watch?v=Dgg8E1nOwf4，访问日期：2021-7-11。

4. 奔驰汽车中国广告《成就人生主角》，网址链接：https://www.youtube.com/watch?v=fjBxAuxY-U4，访问日期：2021-7-11。

5. 奔驰汽车美国广告《跟死神说"Sorry"》，网址链接：https://www.youtube.com/watch?v=-fAGGlVhRUk，访问日期：2021-7-11。

### （三）教学材料：

课程PPT。

## ◆ 教学步骤

### 一、课前预习：

（一）学习文化内容预习材料，回答讨论问题：

1. 文段中提到了十个不同的跨文化案例，联系你的经历，谈谈你的理解。

## 用跨国创意广告打开跨文化交际之窗
——一堂关于"集体主义与个人主义"的高年级跨文化课

2. 以下列举的特点中,哪些是集体主义的特点?哪些是个人主义的特点?除了这些特点以外,你还有什么补充?

① 独立自我

② 强调从"我们"的角度考虑问题

③ 集体的荣誉和利益比个人的利益更重要

④ 隐私很重要

⑤ 人与人之间互相依赖,共同遵守社会规范

⑥ 维持和谐,避免直接冲突

⑦ 鼓励直言不讳

⑧ 注重面子,过失会导致自己和集体丢面子

3. 介绍一位你们国家的英雄,可以是生活中或影视作品中的英雄。说说他们为什么被你们称为英雄,是由于个人成就还是对集体的贡献?

> 第一个问题的目的是检查学生是否理解了文章和视频的大意,后两个问题则是为了帮助学生区分个人主义和集体主义的不同点,同时为课堂讨论做好内容上的准备。
>
> 小贴士②

(二)在Quizlet上学习重要词汇。

> 这个语言预习作业是专门为非母语学生设计的。学生利用Quizlet在线软件多样化的学习模式(如卡片模式、拼读模式、游戏模式),自主学习重点词汇的书写、发音和释义。该作业一方面帮助非母语的学生扫清语言障碍,为课堂讨论做好词汇上的准备,另一方面培养学生自学汉语的能力,成为终身学习者。
>
> 小贴士③

二、课堂教学步骤:

(一)热身讨论,引入主题:

三人一组,介绍你们国家的一位英雄,说说为什么被称为英雄,是因为个人成就还是对集体的贡献?

> 首先,热身问题的设计应该结合学生的文化背景,提出能够引起学生共鸣的问题,来激发他们参与讨论的热情。我们班上的美国学生有比较浓厚的个人英雄主义情怀,对"英雄"这个话题很感兴趣,而中国学生谈起中国的民族英雄也充满了自豪感。其次,从具体的英雄人物谈到英雄成长的文化背景,引

出主题"集体主义与个人主义",这样的导入比较自然。最后,该热身环节从学生熟悉的内容出发,以小组交流讨论的形式,在营造轻松气氛的同时,达到了训练学生使用汉语描述人物和陈述故事的目的。

小贴士④

(二)第一组跨国视频广告案例分析:从英雄广告看中美集体主义与个人主义的差异

1. 播放阿迪达斯北京奥运会广告 *Together*。
2. 课堂讨论问题:

① 女排运动员们为什么感到压力很大?

② 作为中国人心目中的奥运英雄人物,他们有什么品质?

> 广告内容:阿迪达斯的这个广告中,女排运动员冯坤谈到他们不辜负国家和人民对他们的期待,化压力为动力,在2004年奥运会上夺冠的经过。广告还传递了运动员们在广大国民的支持下,团结一致,奋勇拼搏,为国家争光的信息。
>
> 作用:对这个广告的分析,可以让学生看到女排英雄们的集体荣誉感和团结合作的精神,同时了解到集体主义文化的重要特点:个人重视集体利益,人与人之间相互依赖。

小贴士⑤

3. 播放阿迪达斯美国足球广告 *I'm here to create*。
4. 课堂讨论问题:

① 保罗·博格巴(Paul Pogba)有什么样的性格特点?

② 哪些细节(如打扮、行为等)体现了他的性格特点?描述一下这些细节。

③ 他和别人的关系怎么样?他是怎么成长为大家崇拜的足球明星的?

④ 对比女排英雄,他更注重个人目标还是集体目标?为什么?

> 广告内容:阿迪达斯针对美国市场的这个广告,讲述了保罗从一个调皮捣蛋的小孩儿成长为世界足球巨星的故事。广告中的保罗常常到处闯祸,热爱足球,却不被人看好,可是个性独立、自我的保罗不理会别人的看法,追随自己的内心,努力奋斗,最终让众人为之欢呼。
>
> 作用:这个广告细节丰富,既能训练学生用中文进行场景描述,又可以帮助学生从保罗的行为、打扮及人物经历了解到个人主义文化的特点:独立自我,个性张扬,向往自由,视实现自我价值为最终目标。

小贴士⑥

5. 老师总结点拨:

汉语词典里"英雄"被定义为"本领高强,勇武过人的人;不怕困难,不顾自己,为人民利益而英勇斗争，令人钦佩的人"。英语词典里"英雄"指的是"A man who is a defender or protector with great bravery and obligations"（一个拥有勇敢与责任的捍卫者或保护者）。在美国这样的个人主义国家，人们崇拜那些按自己的意愿和理想，勇敢努力，最终取得个人成就的人物，而在中国这样的集体主义国家，英雄往往把集体利益看得比个人利益还要重要，也十分重视和集体中的成员的关系。

（三）第二组跨国视频广告案例分析：从奢侈品广告看中美集体主义与个人主义的差异

1. 播放奔驰中国市场广告《成就人生主角》。
2. 课堂讨论问题：
① 爸爸以为开奔驰车的人是女儿的男朋友时，高兴地说："她知道找个成功的……备受同龄人尊敬的，一个未来的领导者。"在爸爸看来，奔驰车象征着什么？
② 你觉得他看重的是车子的性能还是其他东西？
③ 爸爸的行为反映了集体主义社会里奢侈品消费者的什么心理特点？

广告内容：这个广告讲的是女儿初次带男朋友见家长的故事。父亲站在饭店窗前等待女儿和她男朋友时，看到一辆朝饭店方向驶来的奔驰轿车，以为里面坐的就是他女儿和男朋友，满心欢喜地说："女儿知道找个成功的……备受同龄人尊敬的，一个未来的领导者。"刚说完，奔驰轿车里走出来一对陌生的年轻男女。父亲正纳闷儿的时候，女儿带着男朋友出现了。知道女儿男朋友并不是名车的主人后，父亲满脸都是难以掩饰的尴尬和遗憾。

作用：这个广告训练学生表达观点的能力。前两个讨论问题引导学生思考父亲的言语行为及其心理特点。这位父亲代表了许多中国奢侈品消费者，他们认为拥有奔驰高档汽车是成功的标志，是身份地位的象征。以奢侈品来显示身份、提高声誉，是他们购买奢侈品的目的之一。而第三个问题则进一步启发学生思考广告里反映的集体主义文化影响下，中国奢侈品消费者爱面子、重视声誉的特点。

小贴士 7

3. 播放奔驰美国市场广告《和死神说"Sorry"》。
4. 课堂讨论问题：
① 复述故事。
② 男主角最终为什么打败了死神？
③ 对比奔驰中国市场广告，这个广告是根据美国消费者什么样的心理设计的？

广告内容：一个普通男子独自驾车在林间行驶，冷不防遇到一个手持镰刀的死神。死神对那位男子说："Sorry！"男子突然发现自己的奔驰车就要撞到路中央的大吊车，幸亏奔驰E级的制动系统敏捷，

> 瞬间自动刹车,男子才免于车祸。死里逃生之后,男子回了死神一句:"Sorry!"死神老人家白跑一趟,无比失望。
>
> 作用:这个广告让学生看到了一个凡人与死神较量的个人英雄主义的故事。同时,通过和奔驰中国市场广告所宣扬的"奔驰象征着成功与地位"的理念对比,这个广告侧重宣传奔驰的制动系统。学生通过广告可以理解个人主义社会的消费者注重商品自身价值的特点。

小贴士⑧

5. 老师总结点拨:

在中国这样的集体主义社会,人们和集体中的成员关系紧密,往往注重别人对自己的看法。奢侈品消费可以向别人证明他们的经济实力,为他们赢得声誉和地位,所以他们常常会为了面子而购买奢侈品。在美国这样的个人主义国家,人们更注重商品给个人带来的价值和精神享受。

◆ **教学反思**

1. 跨文化汉语交际课程的教法不同于纯粹的汉语语言课程,老师应兼顾跨文化主题学习和语言学习。

2. 设计跨文化汉语交际课程的教学活动时,老师应区分"基于技能的语言学习任务"和"基于内容的语言学习任务"。"看广告,回答听力理解问题"是"基于技能的语言学习任务",而"看广告,讨论广告主题"是"基于内容的语言学习任务"。本课的活动本着实现语言和文化教学并进的目的,设计了"基于内容的语言学习任务"。

3. "授人以鱼不如授人以渔",高年级文化教学应该培养学生的终身学习能力。特别是在数字化如此发达的今天,汉语学习者随时都能在网络上找到汉语和文化学习资源,这是对课堂教学的有效补充。因此应重视预习环节,教给学生自学的方法。本课的课前预习环节既为学生提供了跨文化学者的著作、网络视频讲座,又要求他们利用在线平台自学重点词汇,目的就是教会学生如何学。当学生有了良好的学习策略意识后,会成为更加主动的学习者。

4. 教学应以学生为中心,从教学目标设置到材料选择,从教学活动设计到教师课堂语言,都需要了解学生的水平和需要。比如在教学活动设计方面,我们依据美国外语教学委员会对高级语言学习者口语能力的要求,设置了不同类型的口语表达任务,如复述内容、描述人物特点、比较广告主题、表达观点等。再如,班上学生主要来自中美两国,因此讨论的侧重点在于中美差异。假如学生来自世界各地,那么教学活动可以加入调查采访活动，通过采访来自不同文化背景的学生，了解他们国家的价值观。

5. 选取阿迪达斯和奔驰这两个跨国公司的获奖广告进行教学的原因是，这两家公司的广告策略本土化，正确解读了中美人民的社会心理，是了解中美文化差异的一扇窗户。同时，视频广告语言生动，渲染性强，反映出了不同的文化价值观，是极佳的对外汉语视听材料。

## 作者简介

黄丽玲，美国纽约州立大学布法罗分校博士、卡耐基梅隆大学第二语言习得硕士，中国中山大学对外汉语学士。美国波士顿大学世界语言文学系高级讲师，美国外语教学委员会口语水平测试考官。曾在卡耐基梅隆大学、匹兹堡大学、波士顿大学的中文项目任教，开设过初、中、高年级汉语语言课程及多门中国文化课程。擅长科技辅助汉语教学，获得过校内多项科技教学研究资金支持，开发过波士顿大学初级汉语网络课程、对外汉语语用公开在线课程。荣获由美国外语教学委员会远程教育组织和CALICO（世界电脑辅助语言教学协会）共同颁发的高等教育网络教学奖（2020年），美国Blackboard杰出网络课程范例奖（2018年），美国外语教学委员会颁发的圣智学习对外汉语教学创新奖一等奖（2017年）。曾在学术期刊、专著中发表过多篇文章，多次在国际中文研讨会上发表报告。

# 到底谁病了？
## ——鲁迅名篇《药》的教学

杨 蕾

### 导 读

在汉语教学中，随着学生水平的提高，教学的重点逐渐从语言转移到历史和文化。经典文学作品除兼具可读性、艺术性以外，由于其承载着时代背景和社会思考，是高级汉语重要的教学材料。学生通过学习名家作品可以了解中国历史变革，对比不同时期的社会面貌，从而加深对中国近代百年发展的认识。鲁迅的短篇小说《药》是20世纪文学史上的名篇，1981年被制作成同名电影，深刻地反映了20世纪初中国社会的复杂性和不同群体间的隔阂。本文以美国大学三年级中文课《药》的教学为例，展示并讨论在高级汉语文化课中如何在控制教学难度的同时，深化学生对中国历史和文学的理解。

### ◆ 教学目标

1. 了解20世纪早期中国代表作家鲁迅的生平与主要作品。

2. 通过对《药》的学习和讨论，使学生初步了解20世纪初中国社会不同群体的生活和思想状态。

3. 以华小栓的病为切入点，围绕"药"在文中的含义，引导学生思考、讨论社会变革的复杂性。

### ◆ 课程设置及学生背景

本课是卡尔顿大学三年级高级汉语言文学课中的一个教学单元，授课时长为3课时（约200分钟）。授课重点是内容教学和讨论，兼顾语言教学。

学生构成：

1. 高级汉语学习者（华裔及非华裔，学习中文三年以上，具有成段表达能力）。

2. 汉语为母语的中国留学生。

授课语言以中文为主，阅读与教学材料中英文均有。

## 教学工具及材料

### （一）阅读材料：

1. 关于鲁迅的英文介绍

Pong, David. 2009. *Encyclopedia of modern China.* Detroit, MI: Charles Scribner's Sons / A part of Gale, Cengage Learning, v. 2. 531-534.

2. 《药》英文翻译

Lu Hsun. 2003. *Selected Stories of Lu Hsun.* New York: W. W. Norton & Company. 46-55.

3. 《呐喊》自序英文翻译

Lu Hsun. 2003. *Selected Stories of Lu Hsun.* New York: W. W. Norton & Company. 20-25.

4. 关于孙中山的英文介绍

Pong, David. 2009. *Encyclopedia of modern China.* Detroit, MI: Charles Scribner's Sons / A part of Gale, Cengage Learning, v. 3. 510-514.

### （二）视频材料：

电影《药》（吕绍连导演，1981年）片段。

### （三）教学材料：

课程PPT。

## 教学步骤

### 一、课前预习（通过谷歌文件分享的形式提交作业）：

1. 阅读鲁迅的英文介绍和《呐喊》自序的英文翻译，用中文做一个鲁迅生平时间表。

2. 阅读《药》的英文翻译，写一篇200字左右的英文摘要，并用中英文各提一个与内容或情节有关的问题。

3. 阅读《药》这篇课文，标注2—3个你认为重要的词汇，加上拼音、词性和英文意思。

第1个作业极其重要，原因有二：第一，鲁迅幼年的家庭环境对其职业选择产生过重要影响；第二，其留学经历在20世纪早期作家中很有代表性。这个作业是为了使学生在学习课文时着重思考"药"在课文中的深刻含义。第2、3个作业是为了确认学生在课前进行了预习，学生自己标记重要词汇有助于其观察课文语言，并降低词汇带来的理解难度。老师会在此基础上改正并整理出需要完全掌握的词汇。另外，可以为母语为中文的学生提供中文阅读材料。最后需要注意的是，课文语言年代特征明显，老师需要对此类词语提前标注、解释。

小贴士①

故事涉及清末民初的背景知识。老师可以提前布置有关近代历史的阅读任务，或者在课堂上简单介绍孙中山，比较不同群体的代表性衣着打扮。电影安排在最后一课时之前看，这样安排是因为电影没有英文字幕，在完全不了解小说内容的情况下看电影，学生会无所适从。

小贴士②

## 二、课堂教学步骤：

### （一）热身问题：

① 你在学校生过病吗？
② 生病的时候，你吃药吗？
③ 你的医生怎么样？你觉得医生说的都对吗？
④ 你想过当医生吗？你认为医生这个职业怎么样？

这些问题难度不大，但是至关重要。第一，学生语言程度各异，这些问题十分具体，可以快速带动所有学生入题，并将学生个人经历与课文快速结合起来；第二，这些问题可以引导学生思考"药"的不同含义，为深入讨论做铺垫。

小贴士③

### （二）作者介绍：

① 鲁迅想当医生吗？为什么？
② 你认为"药"对鲁迅有什么特别的意义？
③ 鲁迅去哪儿学医？
④ 鲁迅最终成为医生了吗？为什么？后来鲁迅做什么工作？他在哪儿工作过？

鲁迅幼年的经历有助于学生理解课文的背景和"药"在身体和精神上的多层意义。作者介绍通过问答形式进行。

小贴士④

## （三）历史背景与情节概括：

① 孙中山是谁？他革命以前做什么工作？
② 孙中山会外语吗？他会什么外语？他去过哪些国家？
③ 1911年对中国有什么历史意义？
④ 这篇课文是哪一年写的？
⑤ 课文提到清朝皇帝了吗？故事发生的时候，中国还有皇帝吗？
⑥ 课文里出现了哪些人物？他们是什么关系？
⑦ 华小栓得了什么病？他父母给他买药了吗？
⑧ 华家和夏家认识吗？他们是怎么联系起来的？
⑨ 最后华小栓的病好了吗？人血馒头上是谁的血？
⑩ 夏瑜怎么样了？他是革命党吗？

> 这部分通过提问的方式简单快速地检查学生对背景知识的理解，特别是孙中山和辛亥革命在中国历史上的重大意义。孙中山早年学医、最后弃医的经历，和鲁迅非常相似，这一点可以强调出来。另外，这些问题也理清了故事的大致情节。这一课的特点是文字隐晦，叙述委婉。所以，学生尤其需要在了解整体故事之后，通过细读来体会文字背后的意义。分析人物时可以向学生展示电影中的人物形象，帮助学生将人物具体化。

小贴士 5

## （四）课文细节讨论：

课文共分四个部分：第一部分主要描写老栓买药的过程；第二部分叙述小栓吃药的情景；第三部分刻画老栓家茶馆里聊天的客人们；第四部分描写小栓的母亲华大妈和夏瑜的母亲夏四奶奶上坟祭奠儿子的场景。通过讨论下面的问题，学生可以抓住更多细节，更深入地理解课文。

第一、二部分：

① 故事发生在何时何地？
② 华小栓一家靠什么生活？
③ 他们家有钱吗？你怎么知道？
④ 华老栓从家里出来以后去做什么？
⑤ 在丁字街口，华老栓看见了什么人？
⑥ 这些人在做什么？
⑦ 那个"浑身黑色"的人手里拿的是什么？
⑧ 华老栓为什么不敢拿？拿了以后，他是什么感觉？

⑨ 华小栓的病严重吗？

⑩ 华老栓和华大妈相信人血馒头吗？小栓呢？哪些细节看出来的？

第三、四部分：

① 茶馆里有哪些客人？

② 华大妈和华老栓对客人是什么态度？为什么？

③ 这些客人支持革命吗？

④ 这个"满脸横肉"的人是第一次出现吗？他是谁？

⑤ "今天"被处死的犯人是谁？

⑥ 夏三爷为什么得了银子？

⑦ 牢头阿义为什么打夏瑜？

⑧ 花白胡子为什么说夏瑜疯了？

⑨ 在上坟这个场景中描写了谁？他们来做什么？

⑩ 夏瑜的坟上有红白的小花，夏四奶奶是怎么解释的？

⑪ 夏四奶奶希望乌鸦飞到哪儿？乌鸦飞到了吗？

本文情节并不复杂，但是细节描写多有深意。比如，开篇对华老栓的茶馆和他准备外出买"药"有不少细节描写。回答这些问题，学生只要可以大致定位即可，也可小组讨论然后一起总结。

小贴士⑥

（五）课文深入讨论：

① 课文描写了哪些人？他们可以分为几个群体？

② 请从课文中找出夏瑜被杀时看客的细节描写，并讨论看客的特点。你认为什么是看客？课文中还有谁是看客？

③ 夏瑜是英雄吗？你认为什么人是英雄？

④ 夏瑜坟上的红白的花是从哪儿来的？有什么深刻的意思？

⑤ 为什么课文的题目是"药"？

⑥ 这个社会到底谁病了？谁是医生？药有用吗？

经过前面课文细节的讨论，学生已经掌握了课文的内容。深入讨论是促进学生深度思考、细品课文的有效手段，可以通过小组讨论的形式进行。对于某些问题，学生的回答可能不一致，也没有必要一致，老师应该给予学生充分的解读自由。

小贴士⑦

### （六）电影与课文对比：

（1）播放电影片段一（02：30—12：30）：

① 电影开头被杀的人是什么人？你怎么知道的？

② 夏瑜为什么被抓？

（2）播放电影片段二（16：50—22：30）：

① 茶馆里说话的客人有谁？

② 他们关心小栓的病吗？原因是什么？

（3）播放电影片段三（24：05—31：08）：

① 夏瑜是革命党吗？为什么？

② 夏瑜说"可怜啊，可怜"是说谁可怜？什么意思？

（4）播放电影片段四（40：51—49：15）：

① 看杀人的人多吗？有哪些人？他们觉得杀人可怕吗？

② 康大叔是做什么的？

③ 康大叔想给华小栓治病吗？他的目的是什么？

④ 面对死亡，夏瑜害怕吗？

（5）播放电影片段五（59：10—1：03：29）：

① 夏三爷和夏瑜是什么关系？

② 夏三爷是好人吗？有哪些细节支持你的看法？

（6）小组讨论：

① 华小栓和夏瑜对他们的父母怎么样？

② 电影中的夏瑜是一个什么样的人？他是英雄吗？

③ "可怜"是什么意思？电影里你认为哪个人物可怜？

④ 电影里多次出现跪拜菩萨的镜头，是什么意思？

⑤ 革命党是成功了还是失败了？为什么？

> 电影《药》与课文有不少不同之处，比如，课文采取倒叙，而电影则正序叙事；电影增加了不少情节，故事发展和人物关系更清楚。此外，电影中多次采用象征的手法。比如，第一个片段被抓捕的人是短发，而其他人都有辫子，辫子是一个重要的象征。跪拜菩萨亦是如此。
>
> 小贴士 8

### （七）课后写作：

请从下面问题中任选一题，结合课文用中文或英文进行写作。中文要求250字以上，英文要求200字以上。

（1）夏瑜是一个孝顺的儿子吗？小家庭和"大家庭"（国家）是怎样的关系？
（2）历史是谁创造的？是英雄个人还是大众？
（3）介绍课文中的一个人物或者概括一个情节，谈谈你的看法。

## 教学反思

1. 本课对历史背景的处理是教学难点之一。一方面，20世纪上半叶中国处于动荡变革时期；另一方面，课文的人物、情节虽然不复杂，但是语言相对隐晦，不同群体之间的利益、冲突以及隔阂都渗透在字里行间。如何帮助学生成功跨越一个世纪的时间、空间和文化，值得高级汉语文化课老师进行深入的思考。因此，在学期开始之初，上一堂概括中国历史的课是必要的。具体处理各课时，建议提供原作的英文翻译、历史背景的英文阅读，或者从作家的生平出发。比如，本课进入课文前对孙中山的介绍就是十分必要的。此外，鲁迅少年时期为父亲求医问药的经历也对主题的理解极有帮助。进入课文以后，时代背景与细节描述的时时联系对小说内容的理解十分有益。

2. 鲁迅作品的语言带有很强的时代感，《药》亦是如此。老师在学生开始预习之前及时处理这些语言障碍是必要的。本课的设计重点是理解课文内容、思想，锻炼口头、书面表达能力。学生只需掌握文中的重要、实用的词汇，而不需要模仿文中语言。再者，课文值得讨论的细节很多，讨论的深度值得挖掘。虽然在讨论时没有必要面面俱到，但是一些必要的深度讨论是不可或缺的，也是文学课的魅力所在。考虑到学生组成的复杂性和教学节奏的循序渐进，老师可先通过提问的方式，在处理课文阶段检查学生对文章细节的理解；然后在深度讨论阶段，通过小组讨论提出一些深层的问题，小组活动可以很大程度上化解这些深层问题的难度；而最后的课后作业又将这些零散的问题通过一个主题写作结合起来。

3. 电影是本课的重要组成，也是本课的亮点。一方面可以将课文人物形象化，降低学生的理解难度，另一方面是电影对原著进行了部分调整，调整的动机、方法和效果都是适合讨论的问题。与小说相比，电影《药》增加了不少细节，人物之间的关系更明朗直接。由于电影时间较长，老师在课堂上只播放部分片段，并且要将其与课堂讨论结合起来。

**作者简介**

杨蕾,美国宾夕法尼亚大学博士,马萨诸塞州大学安城分校硕士。卡尔顿大学亚洲语言文学系助理教授。哥伦比亚大学唐氏早期中国研究中心博士后研究奖获得者。曾在宾夕法尼亚大学、宾夕法尼亚大学沃顿商学院、史密斯学院等高校任教,教授多门初、中、高级汉语语言课程,以及深度中国古代文化课程,内容涉及中国历史、文学、商业、政治等方面。主要研究兴趣包括先秦—秦汉文学、叙事学理论、古代艺术与考古、对外汉语语言与文化教学等。曾在《汉语教学研究》发表古代汉学教学、现代汉语习得等多篇文章。

# 美国大学课堂里的神话
## ——通过《目连三世宝卷》看"中国古代社会中的神话、传说和信仰"

游自荧

> **导 读**
>
> 前几年,我在美国伍斯特大学用英文教授"中国古代社会中的神话、传说和信仰"的通选课,非常受学生欢迎。这门课主要是向学生介绍中国古代社会流传的多种多样的神话、信仰和传说。这门课也是跨学科的课程,对神话、传说和信仰的讨论涉及民俗学、历史、宗教、文学、考古、艺术、人类学等多个领域。中国古代社会的神话人物和传说人物丰富多彩,这门课着重介绍的是盘古、伏羲、女娲、黄帝、尧、舜和禹的神话与信仰,并讨论妙善(观音)、目连、孟姜女、白蛇、梁祝、狐仙等一些民俗传说,以及这些传说在多种媒体中多样性的呈现。
>
> 本文以一节讨论《目连三世宝卷》的大学文化课为例,通过对课程的课前预习、课堂教学步骤的详细展示,探讨如何将神话和传说以多层次和多媒体的手段介绍给学生,并通过精心设计的问题和表演题目引导学生进行跨文化讨论。

### ◆ 教学目标

1. 通过对《目连三世宝卷》的讨论,让学生对目连救母这一有名的佛经故事有深入的了解。

2. 引导学生对目连救母这一故事展开深入的、跨文化的讨论。讨论问题包括:你怎么看待佛教故事在中国的本土化过程?为了适应中国文化并吸引普通信众,佛教有哪些改变?在目连救母故事中,女性形象是怎么被呈现的?这种呈现方式及其所代表的信仰叙事模式如何反映并塑造了女性在中国传统社会中的地位?

### ◆ 课程设置及学生背景

本课是美国大学一门文化通选课的一个教学单元,授课的时长为80分钟。授课的中心是内容教学和跨文化讨论。

选课的学生来自各个年级,主修不同的专业(人文、艺术、科学、社会科学等),文化背景差异很大(有中国学生、美国学生、越南学生、斯里兰卡学生、日本学生、印度学生等)。

授课语言:英文。

# 美国大学课堂里的神话
——通过《目连三世宝卷》看"中国古代社会中的神话、传说和信仰"

## ◆ 教学工具及材料

### （一）阅读材料：

Grant, B. & Idema, W. L. *Escape from Blood Pond Hell: The tales of Mulian and Woman Huang.* Seattle: University of Washington Press. 37-146.

### （二）视频材料：

纪录短片 *Rescue from hell: Mulian saves his mother*，网址链接：https://www.youtube.com/watch?v=M9IpT_ZeoH8，访问日期：2021-8-13。

### （三）教学材料：

课程PPT。

## ◆ 教学步骤

### 一、课前预习（通过论坛讨论的形式提交作业）：

1. 阅读上述阅读材料，并用英文写出至少一页的内容概述和分析，上传到Moodle。

2. 需要做课堂报告的学生提前做好准备，发言时必须对指定的阅读材料做一概述，归纳核心内容，评论阅读材料是否有用，并提出3—5个讨论问题。

> 预习作业一主要是为了确认学生在上课前阅读并思考了课程要求的阅读材料。这门课每个学生都要选一篇阅读材料进行课堂报告，发言顺序是在本学期开课后第二周确定的。
> 小贴士①

### 二、课堂教学步骤：

#### （一）课堂预热：

要求学生跟同桌随意聊天，介绍彼此的近况，看看最近一周有没有什么新情况。

> 为了在教室里创造一个活跃的氛围，学生们需要彼此了解，并共同创造一个尊重多样差异的社区。预热活动看似简单、家常，跟所学内容没有关系，但是却活跃了气氛，让学生彼此增进了了解，加深了感情，这为后面深入的讨论与表演做好了准备。学生们一般会分享他们赢了比赛、过了考试、递交了毕业论文、找到了工作等好消息。
> 小贴士②

## （二）学生课堂报告：

指定的学生做课堂报告时，要介绍阅读材料的内容并进行分析，最后提出几个问题供大家讨论。具体到这节课上，发言的学生先介绍了《目连三世宝卷》的故事内容，然后重点介绍了故事中"因果报应"的观念、地狱的分层和"孝顺"的理念，最后提出的讨论问题有：

① 为什么叙述者要颇费笔墨讨论地狱？

② 目连救母时，用锡杖打开了地狱的鬼门，放出了其中八百万个孤魂野鬼，你怎么看待他这一行为？

③ 你觉得目连的孝顺是不是愚孝？

④ 从上次课讨论的妙善的传说到这次课的目连，你怎么理解这些传说故事中孝道至上的主题？

> 学生课堂报告的部分，完全交给发言者主导。发言者提出的问题一般都是从学生的视角出发，跟学生的生活经验相结合。我比较尊重他们的问题和讨论，很多有意思的跨文化讨论都是在此时展开的。
>
> 小贴士③

## （三）老师点评和介绍：

1. 老师对学生的发言和课堂讨论进行简单点评。

2. 播放YouTube纪录短片 *Rescue from hell: Mulian saves his mother*（时长4分41秒）。

3. 介绍目连救母的故事与佛教中元节的关系。

目连救母的故事最早见于由印度传入中国的《佛说盂兰盆经》，流传到中国后故事情节有很多变动。据记载，目连尊者刚得到六通之后，在阴间见到他死去的母亲刘氏，刘氏因为生前罪业被打入地狱中的饿鬼道受苦。目连用钵盆装饭菜给母亲吃，可是饭菜一到母亲口边就化为焰灰。目连向佛祖求救，并按照佛祖指示，在农历七月十五日将珍果素斋放在盆中，供养十方僧人，以这样的功德济度了母亲。为了纪念目连的孝心，佛教徒每年都在七月十五日举行盛大的"盂兰盆节"。后来，"盂兰盆节"与道教中的"中元节"产生关联，两者又逐渐发展演化成民间俗信中的"鬼节"，后来整个农历七月也常被称为"鬼月"。在"鬼月"中，人们为了安抚那些游荡于人世的孤魂野鬼，在中元节设立"中元普度"，供奉献食，焚香烧纸。此外，在中国民间，目连救母的故事后来也成为戏曲演出的重要题材，被称作目连戏，目连戏通常跟民间的宗教仪式相结合，特别是在中元节通常作为酬神戏演出。

# 美国大学课堂里的神话
## ——通过《目连三世宝卷》看"中国古代社会中的神话、传说和信仰"

4. 介绍目连救母故事在不同文学类型中的讲述,以及在亚洲地区的广泛传播。

目连救母的故事在唐传奇、变文、宝卷、戏曲等各种文类中都有流传,故事在日本、韩国、越南也有传播,而鬼节的习俗在柬埔寨、斯里兰卡、泰国和老挝也有流传。

## (四)深入讨论和课堂表演:

将学生按座位分为六组,让各组学生抽签决定自己的讨论问题或表演题目。

1. 课堂讨论问题:

① 从《目连三世宝卷》中,你怎么看待佛教故事在中国的本土化过程?

② 为了适应中国文化并吸引普通信众,佛教有哪些改变?

③ 在目连救母故事中,女性形象是怎么呈现的?

④ 这些民俗神话故事及其背后的信仰叙事反映出女性在中国传统社会中的地位是怎样的?

> 学生的课堂讨论总是最出彩的地方,老师和学生、学生和学生之间经常有很多思想的火花碰撞出来。我在教学时比较尊重学生的个体差异性,鼓励他们积极说出自己的看法。对于起初不太了解中国文化的学生,我鼓励他们从自己的文化中找出与讨论的故事类似的神话或传说,进行跨文化比较分析;而对于熟悉中国神话和传说的学生,我鼓励他们对已有的研究做出批判性分析,并把自己的观点清楚地表达出来。
> 
> 小贴士④

2. 表演题目:从《目连三世宝卷》中选出你自己喜欢的场景,与小组成员做即兴表演。

> 表演会加深学生对于文本的理解。《目连三世宝卷》情节起伏跌宕,比较适合表演。学生需要在非常短的时间内安排剧本、角色,然后进行现场表演。
> 
> 小贴士⑤

## (五)课堂总结:

1. 对课堂讨论做出总结,并回答学生的问题。

2. 安排下节课的内容。

目连救母的故事上接妙善(观音)的传说,下接《中国地狱之旅》的艺术画卷,我在总结中引导学生将《目连三世宝卷》中对地狱的文字描写与下节课的地狱画卷相结合,思考地狱的观念和其中的刑罚对规范人们社会行为所发挥的作用。

## 教学反思

1. 在文化教学中，我一般会让学生自主提出问题，并让学生在讨论中寻找答案，后面我会相应做出补充。例如，在这节课，通过课堂讨论，学生们达成共识：佛教在中国的历史传播过程中，与儒家传统碰撞，强化其本身固有的"知母念恩"等孝道思想，进而实现佛教的本土化，这在目连救母的故事中有特别集中的体现。我在后面的点评和总结中特别提到中国北魏太武帝、北周武帝、唐武宗三次大规模灭佛运动，让学生理解佛教作为外来宗教发展传播的不易，以及佛教本土化的必然历史历程。

2. 学生们总是对当代社会的话题更感兴趣，而介绍古代文本必须要想方设法跟当代问题挂钩，跟他们已有的社会认知和个人经验勾连。目连救母的故事除了跟孝道有关联，还跟女性在古代社会中的形象地位等问题相关。例如在《目连三世宝卷》中提到许多生过孩子的女人在死后被打入"血湖池"，只因为她们产后"未曾满月"的时候去了各种不该去的地方，或者将"不洁衣物"晒在外面，触污了祖宗和神明。有学生特别不理解，为什么女性在产后"未曾满月"时不能随处行动？为什么她们的衣物会被视为"不洁"？结合之前的课堂讨论，学生们渐渐理解女性在古代社会地位非常低，虽然妇女解放运动之后，当代女性的社会地位有所提升，但仍然会面诸多男女不平等的问题。如何实现男女平权仍然是当下一个世界性的重大问题。

3. 总体来说，文化课的教学安排需要多种多样，课堂活动尽可能有变化，要不然学生很容易丧失兴趣。再好的活动，如果一而再、再而三地重复，学生们也会厌烦。上课时，我会根据具体的阅读材料设计不同的课堂活动，尽量没有太多重复。比如在讲《山海经》的时候，我让学生自己选出一种妖怪，画在纸上，讲讲它们的故事，并提出自己的分析。学生很喜欢上课画画，也喜欢讲妖怪的故事。虽然《山海经》文本本身比较古老而深奥，但以这种雅俗共赏的形式进行解读，还是很受欢迎的。

4. 文化和宗教课的最终意义可以是跟学生一起寻求生命的意义。"中国古代社会中的神话、传说和信仰"是一门跨学科、跨文化的课程，我要求学生们尽可能将文本、理论、实践和个人经历相结合，并用自己的经历为理论和文本注入新的意义。我要求学生尊重彼此不同的文化背景、宗教信仰，并帮助彼此寻求生命的意义。生命的意义多种多样，我希望学生通过先人的神话和传说，可以更深入地认识自己，知道自己想要什么。

# 美国大学课堂里的神话
——通过《目连三世宝卷》看"中国古代社会中的神话、传说和信仰"

**作者简介**

　　游自荧，美国俄亥俄州立大学博士、俄勒冈大学硕士，中国北京大学硕士。美国伍斯特大学中国研究副教授。自2015年起，在伍斯特大学任教至今，开设了中、高年级汉语语言课程，并设计了"中国古代社会中的神话、传说和信仰""中国的饮食和宗教""跨区域中国的女性和性别""反亚裔种族主义"等跨学科通选课。2017年秋季学期成功设计并开设了高年级中文课"西游记"，同时教授中国学生和美国学生。研究兴趣包括神话学、民俗学、灾难叙事、文化遗产、饮食研究、女性和性别、公共健康、批判种族研究等。著有《当代中国的民间文人、有争议的传统和遗产：香火不断》（印第安纳大学出版社，2020年），合著《当下中国民俗研究：话语和实践》（印第安纳大学出版社，2019年），合作发表文章《非物质文化遗产在亚洲：变迁中的传统》（2020年）。

# 从《钢的琴》谈中美蓝领困境
## ——电影课上的文化讨论设计

何云娟

> **导 读**
>
> 电影作为一个叙事媒体，在视觉和听觉上丰富了观众对故事情节的理解，其多种拍摄技巧和叙事手法，更能突出电影中所反映的社会主题，故电影常常在外语课堂上被视为一个有效的教学工具，来介绍目的语国家的社会与文化。在过去的美国大学中文专业教学规划中，电影教学往往作为一门以英语为授课语言的电影欣赏课来开设，主要介绍电影技巧和讨论电影中的社会文化现象。不过近年来，为了让学生在有限课时内实现一举两得，即在了解中国社会文化的同时，又能提高中文水平，越来越多的中文项目开始使用中文教授电影课。在此教学趋势的带动下，本文中的教学单元根据《钢的琴》这部电影里所描述的故事情节，设计了诸多使用中文来完成的课堂活动，加强学生的中文口语和书面表达能力。

## ◆ 教学目标

1. 加强学生对中国当代社会蓝领工人生活状态的了解。
2. 培养学生对"下岗"这一全球普遍问题的独立思考能力。
3. 提高学生口语和书面语的中文表达能力。

## ◆ 课程设置及学生背景

学校为中级及以上汉语水平的学生开设了一门文化课，课名为"通过电影了解中国"（Explore China through Films）。每个教学单元有3课时，共150分钟。

学生构成分为以下两类：

1. 中级汉语学习者，有一年半的中文学习经历，具有初步的成段表达能力，能对熟悉话题进行简单的评论。

2. 中高级汉语学习者，有两年到三年的中文学习经历，具有成段表达能力，能对熟悉话题进行有扩展性的评论。

授课语言：中英文兼有。

## 教学工具及材料

### （一）阅读材料：

1. 中文阅读材料：

（1）《钢的琴》介绍，网址链接：https://baike.so.com/doc/4018902-4216119.html，访问日期：2021-3-5。

（2）《钢的琴》要说明什么？网址链接：https://www.zhihu.com/question/19946058，访问日期：2021-3-5。

（3）《煤产量曾全美第一，昔日小纽约为何如今成美国最穷》，网址链接：https://news.sina.cn/2017-12-14/detail-ifyptfcn0340402.d.html，访问日期：2021-3-5。

2. 英文阅读材料：

（1）The piano in a factory，网址链接：https://en.wikipedia.org/wiki/The_Piano_in_a_Factory，访问日期：2021-3-5。

（2）Shi, Tongyun. 2012. Chinese Working—Class Identity in *The Piano in a Factory*. *Intercultural Communication Studies*, *XXI* (3), 93-107.

> 这门课没有教材，完全使用真实语料，原因在于教材准备到出版所需时间较长，教学涉及的社会现象及评论可能会过时；再加工的语料毕竟不是最地道的表述，有人工的痕迹；现在人工智能技术的发展，可以帮助学生有效地消化生词频现的语料。
>
> 小贴士①

### （二）教学材料：

课程PPT。

## 教学步骤

### 一、课前预习：

（一）观看电影：

《钢的琴》的叙事主线是陈桂林和下岗工友们在他们曾经工作过的废弃车间里为他的女儿做一台"钢"的琴。这是一部看似荒诞却又温情脉脉的电影。影片在幽默诙谐与怀旧忧伤的摄制基调中，呈现出中国东北下岗蓝领工人"笑中有泪"的生活窘境。

学生观看电影后需回答以下问题：

① 陈桂林和小菊为什么离婚？
② 陈桂林以前是做什么工作的？现在呢？
③ 陈桂林想买一台钢琴给女儿，他想了什么办法？为什么都没有成功？
④ 陈桂林和他的朋友们在哪里做钢琴？为什么他们会来帮忙？
⑤ 陈桂林以前工作的工厂现在是什么样子？
⑥ 工友们为了保留工厂想了什么办法？为什么不会成功？
⑦ 工厂的结局是什么？

> 在观看电影之前，老师可以列出一些事实性问题让学生观看之后回答。这个学习任务主要是提醒学生注意观看重点片段。
>
> 小贴士②

### （二）阅读布置的文章：

所选文章都是真实语料。因课程定位为文化课，所以语言学习不占主导地位。阅读文章的初衷是让学生更多了解电影所折射出的中国深层文化与社会内涵。在阅读中文电影总结和观后感的同时，学生也能兼顾对目的语的学习，接触到地道的语言表达。

### （三）准备表演：

两个学生一组，把电影一开始陈桂林和小菊站在破房子前讨论离婚的情节表演出来。

> 让学生重现电影片段，是一个很有效的文化和语言的习得手段。通过肢体动作和语言表述，可以让学生在活跃的课堂气氛中理解电影内涵。当然老师也要功力深厚，能够即时给予点评。
>
> 小贴士③

## 二、课堂教学步骤：

### （一）表演电影片段：

1. 播放《钢的琴》中陈桂林和小菊互相讽刺决定离婚的片段（开始—01：32）。

2. 两个学生一组轮流到教室前方进行表演。老师需在学生表演结束后做即时点评，重点从着装、说话方式、肢体语言的角度，来帮助学生注意到两个人经济条件的悬殊和对女儿"幸福"的不同理解。因为电影里陈桂林和小菊并没有在"什么是幸福"这个问题上进行争吵，老师可以让学生表演出更多的细节内容。另外，电影里陈桂林和小菊是并排站立，并没有太多的肢体语言，老师也可以鼓励学生在表演时合理使用更多的肢体语言。

> 在学生表演之前，老师要把表演的背景用PPT展示出来，这样可以把教室瞬间变成表演现场。另外需准备一些道具，比如小菊穿的呢子大衣和陈桂林嘴里叼着的香烟（用棒棒糖代替），让表演的两个人物性格特征表现分明。
>
> 小贴士④

## （二）讨论：

1. 选取经典的场景，例如陈桂林和小菊站在破房子前讨论离婚的场景，陈桂林偷学校钢琴失败后在雪夜中弹钢琴的场景，陈桂林的小乐队送葬的场景等。老师可以截图放到PPT里并配上相关问题，让学生"看图说话"。

> 看图说话的好处是，能很快提醒学生问题所涉及的情节，并且定格在拍摄手法最巧妙的瞬间。
>
> 小贴士⑤

2. 以下四种问题可以让学生来回答：

（1）第一种是事实型问题，包括：

① 描述影片情节，例如：陈桂林的妻子为什么要和他离婚？

② 描述图片，例如：陈桂林背后的环境是什么样子？他的妻子呢？

（2）第二种是讨论型问题，包括：

① 讨论情节内涵，例如：陈桂林和妻子对他们女儿的"幸福"的不同理解说明了什么？

② 讨论社会大背景，例如：这些钢厂的下岗职工的困境是什么？他们是如何再就业的？政府和社会应该给他们什么帮助？

③ 讨论影片的拍摄手法的隐喻性，例如：陈桂林和妻子背后的不同环境对比，说明了什么？

（3）第三种是推理型问题，包括：

① 根据情节推理影片情节发生之前的故事，例如：陈桂林下岗的原因是什么？

② 根据情节推理影片情节发生之后的故事，例如：小元会留下来吗？

（4）第四种是跨文化问题，包括：

① 由彼及此性问题：美国的锈带（rusty belt）上的下岗工人的困境是什么？政府和社会应该给他们什么帮助？

② 普遍性问题：为什么重工业工人面临下岗？科技发展对他们来说是好事还是坏事？

> 因为学生对中国历史和社会的了解有限，所以授课老师需要准备一些和电影内容相关的所在国家的本土问题或全球性问题，这样可以激发学生的发言欲望，并深化其对话题的认识。
>
> 小贴士⑥

### （三）课堂辩论：

1. 课前准备：

提前告诉学生辩论题目：你认为美国的西弗吉尼亚州的煤炭资源是不是应该投入生产，以此来解决当地矿工的就业问题？

选择这个题目是因为和电影里的工厂关闭有相同之处，都是工厂下岗职工问题。所辩议题是美国2017年总统大选时的一个话题。美国第44任总统奥巴马因环保的考量关闭了西弗吉尼亚煤矿开采业，但与此同时当地矿工也面临下岗的问题。而后上任的总统特朗普鼓励重开煤矿，并提出深度洗煤来解决环保问题。

> 辩论题目不必拘泥于中国社会问题。因中级水平学生往往还没有留学经验，或者个人生活经历不够丰富，对中国社会背景了解不深，若只局限于中国的话题，学生往往不知从何说起，容易造成冷场的局面，影响学生的积极性。
>
> 小贴士⑦

2. 课上辩论：

辩论规定：

（1）正方辩手发言阐明观点，限时1分钟。反方辩驳，限时半分钟。

（2）反方下一位辩手发言阐明观点，限时1分钟。正方辩驳，限时半分钟。以此类推。

（3）辩论结束之后，全体学生投票，评选出最佳观点辩手两名、最佳反驳辩手两名、最佳风范辩手一名。

> 考虑到学生的中文听说水平参差不齐，所以在辩论双方的团队组合上，要尽量平衡双方辩手的语言水平。同时为了鼓励学生和活跃课堂气氛，可以"巧立名目"，给学生创造获奖机会。
>
> 小贴士⑧

### 三、课后作业：

描述电影一开始陈桂林和小菊并排站立商量离婚的情节，并讨论这一场景的寓意。

1. 就人物身处的环境进行讨论，比如对比他们身后环境的不同以及二人在着装、神情间流露出的社会地位的差别。可参考 Shi, Tongyun（2012）里对这一场景的细致分析。

2. 描述和对比两个人物的生活环境。建议使用下面表格中的篇章结构。

| 段落位置 | 首段 | 中段 | 末段 |
|---|---|---|---|
| 结构 | ……电影里展现出……差别。其不同/变化/差异主要表现在以下……个方面。 | 第一、第二、第三<br>首先、其次、最后<br>先拿……来说，……。<br>在……方面，也是如此。比如……。<br>另外，我还观察到……。 | 总而言之<br>简而言之<br>总的来说<br>一言以蔽之<br>总之 |
| 连接词 |  | 虽然……，但是……<br>相比之下，在……之后，情况则不一样了。<br>一开始……，但是……之后，我们可以明显看到……。 | 通过对……的比较，我们可以看出……。<br>以上的对比展现出……。 |
| 常用语 | 方面<br>特点<br>差别<br>区别 | 不一样<br>转变<br>差异 | 体现出<br>展现出 |

## 教学反思

1. 电影的选择是这门文化课成功与否的关键。电影内容既要反映中国的现代社会，又要有美国甚至全球的关注点。这样在课堂上才有话可说，让学生在增强对中国社会文化了解的同时，可以反思自身所处的时代，加强跨文化思考的能力。

2. 要充分调动所有学生的积极性。因为学生中文水平、社会经历、思考能力具有差异性，所以上课的形式也要多种多样，既有主线的课上讨论，又有活泼易懂的课上表演。

3. 老师在课堂上的作用是促进交流。因为有的学生无法用中文表达自己对讨论话题的看法，只能用英文来阐述，所以老师要再用中文深入浅出地复述一遍，并适时地加上新的"佐料"，让话题内容更丰富，更有讨论性。

### 作者简介

何云娟,美国佛罗里达大学语言学博士,加拿大维多利亚大学语言学硕士,中国北京语言大学对外汉语学士。美国北佐治亚大学现代语言和古典语系副教授,北佐治亚大学中文星谈项目主任,佐治亚州中文教师协会副会长。在美国大学教授东亚文化、汉语语言与文化、社会语言学等,有多年汉语师资培训经验。

# 你的古诗，我的故事
## ——高级中文课上古诗教学的一次尝试

高畔畔

> **导 读**
>
> 　　文学作品教学一直是高级中文教学的重点和难点，特别是古诗教学。通过古诗教学，不但可以让学生理解汉语的韵律、修辞和文学语用，而且可以帮助他们了解中国古代社会发展状况和思想观念，从而更好地进行语言实践和文化交流。但古诗教学面临着诸多困难：学生存在畏难情绪，诗篇选择难度较大，现有教法传统单一，课堂活动不够丰富，语言输出水平参差不齐等。因此，古诗教学很难实现"寓教于乐""学以致用"。
> 　　本文以一节美国大学高年级汉语文化课为例，以《月下独酌》《春望》两首古诗为学习材料，通过对教学过程的详细展示，探讨如何将古诗的文本分析、主题讨论、朗诵赏析融入课堂活动，并通过茶话会的形式鼓励学生进行二次创作，从而帮助学生跨越语言和文化的障碍，真正理解、喜爱中国古诗。

## ◆ 教学目标

1. 通过对《月下独酌》《春望》两首古诗的学习，学生能够掌握诗中重点词语，理解诗句的意思。

2. 引导学生围绕"孤独""家国""抱负""责任"等主题，对两首古诗的内容展开讨论，并从跨文化、跨时代的角度进行全新解读。

3. 帮助学生了解诗歌意象和比喻、拟人等修辞方法，完成古诗作品的二次创作。

## ◆ 课程设置及学生背景

　　本课是美国大学四年级下学期语言文化课中的一个诗歌单元，授课总时长为4课时（每课时约50分钟，共200分钟），前两课时重点为古诗的生词、语法和译文学习，后两课时重点为古诗讨论赏析、学生作品讨论。本文介绍后两课时的教学安排。

　　教学对象是美国大学高级汉语学习者，口语表达较为流利，对修辞手法有所了解，接触过现代汉语文学作品。包括华裔及非华裔，学习中文四年以上，大部分去过中国，在中国学习或者生活过，对中国社会各方面有一定的了解。

　　授课语言：中文。

## 📦 教学工具及材料

**（一）教学材料：**

课程PPT。

**（二）课堂活动工具及材料：**

茶具、茶叶、茶点。

## 📦 教学步骤

### 第三课时

**课堂教学步骤：**

**（一）《月下独酌》复习热身：**

1. 通过一系列问题，如"《月下独酌》的作者是谁？""时代背景是什么样的？""作者在什么情况下写的这首诗？"等，帮助学生回忆诗歌关键信息，不宜过分关注细节，抓住"著名诗人""以洒脱著称""社会繁荣时期""诗人刚刚经历仕途上的挫折"等关键信息即可。

2. 通过"读了这首诗之后，你对作者李白的印象是什么样的？为什么？""从这首诗中可以看出，李白的性格可能是什么样的？""哪些地方可以看出李白当时的心情？"等问题，引导学生表达自己的阅读感受，自然地帮助学生将诗歌的文本信息转化为自身的感受和思考，训练学生阅读、赏析文学作品的能力。

3. 提出一些延伸性的问题，比如"如果你生活在那个时代，跟李白有同样的遭遇，你可能会写出什么样的诗歌？""表现政治失意、思考人生意义的诗歌作品有很多，你觉得为什么这首诗会成为经典？""你们国家有没有相同主题的作品？什么样的作品受到了大家的关注和认可？"等，可以从跨文化的角度进行对比，结合学生的个人经历展开讨论，帮助学生建立、表达、反思他们自己的古诗审美。

> 复习热身应注意：（1）由浅入深、提纲挈领，抓住关键词，不要过分关注细节；（2）主客观相结合，一方面关注诗歌本身的信息，另一方面也要关注学生的阅读感受，避免形成"灌输"的印象；（3）引导学生在复述的过程中复现前两个课时学过的生词和语法。
>
> 小贴士①

## （二）《月下独酌》讨论赏析：

1. 老师提问：《月下独酌》这首诗的主要内容是什么？中国人对于这首诗的常见解读是"豪放""自由""失意后的洒脱"，你读了以后也是这种感觉吗？为什么？

操作方法：这个问题可以按照"政治失意的事实→失意后的排解方式→排解时内心的复杂感受"的思路来引导学生，让他们理解李白邀月对饮背后的复杂心情。

2. 老师提问：你觉得这首诗中"月亮"给人什么样的感觉？月下的诗人是一个什么样的形象？对你来说，月亮背后有着什么样的感情和故事？

操作方法：通过诗歌中"邀明月""不解饮"等词句，引导学生理解月亮这个意象，不必给出"诗歌意象"这个术语，但需要让学生意识到人们会把自己的感情寄托在事物上，还可以给学生介绍一下中国文化、文学作品中月亮这个意象寄托的感情，比如孤独、思乡等。

3. 老师提问：《月下独酌》这首诗中你最喜欢的一个场景是什么？为什么？请你想象一下诗中的场景和画面，说说哪些场景的设置能够帮助你理解这首诗的主题和感情。

操作方法：通过景物的衬托作用，引导学生理解景物和感情之间的联系以及"借景抒情"的手法。同样也不必使用专业术语，最重要的是让学生明白景物的衬托作用，还可以顺势引入反衬的手法。

4. 老师提问：如果你想表达这样的感情，你会设置怎样的场景？

操作方法：通过提问，引导学生借景抒情，体会文学语用的委婉含蓄。

> 在引导学生理解修辞时应该注意：（1）两首诗虽然都使用了拟人、借景抒情、对仗等手法，但老师讲解练习时应各有侧重，避免信息量过大，学生难以接受。《月下独酌》集中体现了意象的作用和借景抒情的手法，因此这部分讨论重点可以放在意象、景色、感情上。《春望》的重点则是拟人和数字对仗。（2）讨论时不必出现"意象""借景抒情"等专业术语，可以使用"感觉""形象""借用景色表达感情"这样的说法，讨论的重点是修辞的文学语用而不是修辞的具体知识。

小贴士2

## （三）《春望》复习热身：

1. 通过"《春望》这首诗的作者是谁？""时代背景是什么样的？""作者写这首诗时发生了什么国家大事？"等问题，帮助学生回忆诗歌关键信息，理解诗歌的感情基调。可以抓住"爱国诗人""战争"等关键词。

2. 通过"读了这首诗以后，你觉得杜甫和李白的经历有什么不同？""你觉得杜甫和李白的性格一样吗？"等问题，引导学生感受两首诗不同的感情基调。

3. 提出一些延伸性的问题，比如"你觉得杜甫当时是什么样的心情？""你觉得如果你跟杜甫有同样的遭遇，你会写出什么样的诗？"可以从古今中外的角度进行对比，让学生更好地理解古人的爱国情绪。

**（四）《春望》讨论赏析：**

1. 老师提问：《春望》这首诗的主要内容是什么？中国人对于这首诗的常见解读是"家国大爱""心怀天下"，你从这首诗中读到了什么？

2. 老师提问：你觉得这首诗中的"花""鸟"跟《月下独酌》中"月亮"的作用是不是一样的？

操作方法：老师可以从异同两个方面引导学生，相同之处在于都是借助其他事物委婉地表达感情，不同之处在于花鸟的拟人色彩更浓，更能直接地带动读者情绪，引导学生理解拟人手法的作用。

3. 老师提问：请你仔细听老师用不同的方法朗读"感时花溅泪，恨别鸟惊心"和"烽火连三月，家书抵万金"这两句话，然后说一说，哪些语气语调的变化能够帮助你理解诗歌和朗诵人的感情？你觉得轻重音和停顿有什么区别？表达出来的感情有什么不同？

操作方法：老师需事先准备好几种不同的朗读方法，如朗读"烽火连三月，家书抵万金"时，第一种读法重音放在数字"三""万"上，第二种读法放在"连"和"抵"上；朗读"感时花溅泪，恨别鸟惊心"时，先连读"花溅泪""鸟惊心"，再用增加停顿次数变成"花/溅泪""鸟/惊心"。现场朗读时将区别夸张化，从而引导学生体会轻重音和停顿的作用。

> 诗歌朗诵的轻重音、停顿有多种处理方法，每一种方法都有其可取之处。在老师示范、学生朗诵时，不必分出高下，只要能理解轻重音和停顿的作用即可。
>
> 小贴士③

**（五）学生朗诵：**

一个人感情丰富、重点突出地朗诵诗句，其他人给出反馈。这样可以为学生创造一个朗读的氛围，增强他们的动力和信心。

> 这是学生在文学作品基础上的二次创作，能够激发学生的兴趣，鼓励学生进行文学语言实践。在跟学生讨论提纲时，老师应该合理引导、鼓励创新，让学生结合自身经历，从跨文化、跨时代的角度对古诗进行二次解读。
>
> 小贴士④

## （六）课后作业：

写一篇400字左右的小故事：以我们学过的某一首诗为背景，或者以某一位诗人为主角；内容可以根据史实改编，也可以虚构；故事要求有深度、有内涵；先写提纲，跟老师一对一讨论之后，再写全文。

# 第四课时

**课堂教学步骤：**

课前老师准备好茶水和茶点，充分营造诗歌茶话会的氛围。

## （一）《月下独酌》复习与朗诵：

1. 全诗表达了诗人怎样的感情？
2. 全诗重音和停顿在哪里？
3. 学生朗诵。

## （二）《春望》复习与朗诵：

1. 全诗表达了诗人怎样的感情？
2. 全诗重音和停顿在哪里？
3. 学生朗诵。

## （三）学生作品分享：

我的古诗，你的故事：请学生分享自己二次创作的作品，其他学生需要认真听，然后提问或者给出反馈。

## （四）老师总结：

老师从生词语法、朗诵表现、解读表现、故事创作等不同方面，给学生反馈，力求真诚细致、有针对性。

---

老师需要在作品分享的过程中充当主持人、引导者的角色，可以准备一些"万能"问题，以备不时之需。比如"你为什么选择这首诗/这个诗人作为故事的背景/主角？""故事的结局为什么处理成喜剧/悲剧？""大家觉得这个故事的亮点是什么？""大家觉得这个故事最值得深思的地方是什么？"等，一旦出现冷场，老师马上提问暖场。

小贴士5

### 教学反思

1. 由于古诗的特殊性，本单元的语言难度比其他单元更大，对学生语感、文学感悟力的要求也更高。因此，学生水平的差距在课堂中会凸显出来。这需要老师去填补、去平衡，因此课前需要做好充分的准备。

2. 文学语言始终有别于日常语言，加上不是每个学生都对文学作品感兴趣、都具有较强的文学创造力，所以活动效果可能大有不同。这就需要老师在课前充分调动学生的积极性，针对那些不喜欢文学的学生，从古诗与历史、古诗与社会、古诗与文化等不同的角度进行引导。

3. 之所以选择茶话会的方式，是为了给文学作品的二次解读和二次创作提供更好的课堂环境。因此，茶话会的重点不在茶和茶点，而在于通过这种仪式感很强的活动，创造一个适合朗诵、赏析、分享的感性的课堂气氛。老师需要时刻观察学生的情绪状态，进行适当的引导。

### 作者简介

高畔畔，北京语言大学汉语国际教育硕士。美国麻省理工学院中文讲师。2017年至今在麻省理工学院教授汉语课程；2013—2017年任教于哈佛大学东亚语言文明系，负责高年级汉语教学和暑期项目教师培训工作；2019年同时在明德大学暑期中文学校从事教学工作。合编中级汉语教材《故事内外》（波士顿剑桥出版社，2021年）。

# 你说的真的是"中文"吗?
## ——记一节探讨中国语言与方言的美国大学通识课

陈利砼

> **导读**
>
> 中国语境下"语言"与"方言"的关系与西方语境下Language与Dialect的关系不尽相同。两对概念之间不考虑语境的直译往往带来困惑乃至争议。本文介绍一节探讨中国语言与方言的定义及关系的美国大学通识课。本课通过课前阅读和课上多媒体展示,简要梳理汉语史,呈现今日中国语言/方言分布格局,讨论当代相关争议,引导学生思考在中国语言与方言的具体涵义。作为"当代中国人与中国文化"通识课的一个教学单元,本课立足于学生课前已熟知的"统一(Unification)""现代化(Modernization)"两个当代中国文化的核心概念,并最终回归、落脚于这两个概念,深化学生对于中国当代文化的整体理解。

### 教学目标

1. 通过阅读文献和课堂讨论,让学生对当代中国的语言/方言分布和使用情况有基本的了解。

2. 培养学生在具体语境中探讨问题的能力,养成联系文化大环境的思维习惯。在本课中,即不孤立地看待中国语言/方言的现状,而是有意识地结合"统一""现代化"两个核心概念去整体理解。

### 课程设置及学生背景

本课是美国一所文理学院开设的"当代中国人与中国文化"课程中的一个教学单元。此课程既是中文辅修项目的选修课,也是全校通选的中级通识课。授课时长为100分钟,无课间休息。授课重点是内容教学和跨文化讨论。

学生构成主要是中文辅修项目的本科生(学习中文一到两年)和对中国文化有兴趣的其他专业本科生,通常比例为2:1。

授课语言为英文。

### 教学工具及材料

**（一）阅读材料：**

1. Chen, Ping. 2008. Languages in a modernizing China. In Kam Louie (ed.), *The Cambridge Companion to Modern Chinese Culture*. New York: Cambridge University Press. 198-217.

2. Guo, Longsheng. 2004. The relationship between Putonghua and Chinese dialects. In Zhou, Minglang & Sun, Hongkai (eds.), *Language Policy in the People's Republic of China: Theory and Practice Since 1949*. Boston: Kluwer Academic Publishers. 45-54.

**（二）视频材料：**

1. 用26种汉语方言演唱的迪斯尼动画歌曲《随它吧》（*Let it go*），网址链接：https://youtu.be/3f7Frjn3H9Q，访问日期：2020-8-16。

2. 反映汉语方言复杂分布和使用情况的FedEx广告，网址链接：https://youtu.be/cBS0DdGcVGU，访问日期：2020-8-16。

3. Russell Peters关于汉语方言的脱口秀片段一，网址链接：https://youtu.be/GuMkHTkjTHY，访问日期：2020-8-16。

4. Russell Peters关于汉语方言的脱口秀片段二，网址链接：https://youtu.be/SA2LfPhKBVc，访问日期：2020-8-16。

5. 带有普通话口音的英文，网址链接：https://youtu.be/ePT24yFgXys，访问日期：2020-8-16。

6. 带有粤语口音的英文，网址链接：https://youtu.be/8BLJ_8LwErE，访问日期：2020-8-16。

**（三）教学材料：**

课程PPT。

### 教学步骤

**一、课前预习：**

1. 学生课前阅读Chen（2008），找出20世纪中国在现代化进程中语言和文字方面面临的问题及相关解决方案。

2. 学生课前阅读Guo（2004），概括普通话与方言关系的演变。

## 你说的真的是"中文"吗？
### ——记一节探讨中国语言与方言的美国大学通识课

布置这两篇文章作为课前阅读的主要目的，是让学生在上课以前对20世纪以来中国语言/方言的现状有一个初步了解和思考，为课上的讨论打下理论基础。预习成果将通过随堂小测试进行检验。

小贴士①

## 二、课堂教学步骤：

### （一）随堂小测试：

上课之初，老师简单介绍今日内容，同时分发试卷。试卷上包含一道多选题、两道问答题。学生独立完成。

随堂小测试每次课都有，贯穿整个学期。本课安排在期中考试以后，整个学期完成约70%的时候，所以此时学生对小测试、课前阅读已经非常熟悉了。小测试的最主要目的是督促学生自觉完成课前阅读，并在课前进行一定的思考与总结。小测试的内容完全基于阅读的文章，题目大部分是概述，不考查细枝末节，也不求发散性思维。因此，在绝大多数情况下，只要学生课前花时间认真阅读了文章，小测试就一定能考好。

小贴士②

### （二）中国语言/方言分布现状：

1. 播放用26种汉语方言演唱的迪斯尼动画歌曲《随它吧》（*Let it go*）（部分播放），以及反映汉语方言复杂分布和使用情况的FedEx广告。

2. 老师提问"这些视频主要反映了当代中国什么现状"，根据学生回答引入对Chen（2008）的总结。这篇文章主要分析了三个问题：一、语言多样性（导致大江南北的中国人难以直接交流）；二、汉字的复杂性（因此汉字的学习难度很大）；三、书面语与口语的不对应性（导致20世纪中期以前国民普遍读写能力很差，识字率很低）。相应的解决方案主要有三个：一、推广普通话；二、汉字简化及拼音化；三、书面语白话文化。

3. 全班分组，分工合作，快速重读Chen（2008）各章节。要求学生在重读的同时，与组员分享阅读心得，利用教室四周的白板随手记下讨论的要点。老师巡视课堂，并随时参与讨论。

这个环节鼓励学生之间互相交流、互相帮助，在重读的过程中发散思维，擦出火花。根据教学经验，耗时大概10—15分钟。不过由于这个环节对学生很有益，时间方面可以灵活一些，老师需要根据学生参与热度、教学进度以及当时课堂的氛围做出相应调整。分组方面，一般取决于阅读材料可以分为几个部分，全班相应地分为几组。每个部分的篇幅和每个讨论组的人数应该相关。一般来说，每组3—4人为最佳。

> 另外,"讨论要点"是一个很宽泛的定义,既可以是简单的分点排列的短语,也可以是表格和思维导图,任何能帮助学生讨论和理解的形式都可以使用。学生应该尝试把阅读材料中的大段文字归纳成精练的短句或词语,然后在稍后进行的全班讨论环节中详细阐述。这样由繁到简,又从简入繁的练习,对学生理解核心概念大有裨益。
>
> 小贴士③

4. 全班一起讨论,由各组分别利用分组讨论阶段已经写好的要点进行串联,做相关部分的阅读总结。学生需要讨论以下核心问题:这个部分讨论了什么问题?提出了什么解决方案?效果如何?后续影响如何?我们组的看法如何?我们有什么不懂的地方?小组陈述以后,老师适当点评,并鼓励其他组的学生提问题或者发表意见。讨论最后,老师板书,与学生一起归纳全文的重点信息。

5. 全班讨论之后,老师利用PPT进行总结,展示中国语言/方言分布图,从语音、词汇等诸多方面举例展示汉语方言之间的异同,说明当前中国双方言/多方言的使用现状,最后让学生总结汉语方言之所以被称为"方言"而非"语言"的原因。

学生简单讨论以后,老师利用三组公认的语言与三组公认的方言并排比较,讲解语言学上比较通行的一个看法,即定义"方言"和"语言"既要看言语互通度,也要看当地的社会政治背景和传统。在学生总结汉语方言之所以为"方言"的时候,老师需要不时提示学生在中国文化的大背景下考虑"方言"和"语言"的问题。

> 在此讲解过程中,老师可以引导学生对比现今中国与中世纪西欧在语言方面的诸多相似之处:通用语(普通话vs.拉丁语)、地方语(中国方言vs.现今诸拉丁语的早期形态)、书面语(白话文vs.拉丁文)。老师还可以指出,从口头语共通度来讲,中国方言之间的差异,甚至有可能大于今日拉丁语系诸语言(比如西班牙语与葡萄牙语)之间的差异,并由此提出一个关键问题供学生思考:为什么我们常说北京话和广州话是汉语"方言",而西班牙语和葡萄牙语是欧洲"语言"?也就是"方言"和"语言"的区别在哪儿?
>
> 小贴士④

6. 老师在总结这一部分的时候,可以问学生"你说的真的是'中文'吗?",这是个很有欺骗性的问题,因为在座的中文班的学生会举手。这个时候,老师可以不动声色、假装没有问题地数一数举手的有多少人,把数字暂时写在黑板上。然后说,我们把这个问题先放在一边,现在先来看中国方言的使用情况,最后再回来看这个数字有没有问题,到时候大家还有一次回答的机会。

讲解完毕,到了揭晓答案的时候,老师可以先问学生:"你们觉得老师会不会说中文呢?"学生们可能会有不同的答案,但是正确的答案是"不会",因为老师只会说普通话/广州话/上海话/四川话,即汉语的某一种或几种。同时也要告诉学生,在美国大学学的"中文(Chinese)",其实准确来说是"标准中文/普通话(Standard Chinese/Standard Mandarin/Putonghua)",是"汉语"的一个下位概念。最后老师再问一次上面的问题,这个时候学生就不会再举手了。

实践证明,这个问题非常有用,可以从一开始就吸引学生的注意力,调动学生思考。当然,由于学生的领悟力不同,会有学生在老师公布答案以前就想明白了正确答案。这个时候,老师注意提示这些学生先等一等,给其他同学更多思考的时间,等最后全班一起揭晓答案。

> 在这一部分,老师也可以适时板书,简笔画出汉语的谱系树,简要梳理汉语发展史,并点明共时分布与历时发展的关系。由于本课着力于共时分布,历时发展的介绍虽为有益,并非重点。这一小点实为"锦上添花"的部分,可由任课老师自由决定所用的时间。

小贴士⑤

7. 最后老师播放Russell Peters关于汉语方言的两个脱口秀片段和带有口音的两个英文片段,让课堂在笑声和轻松的氛围中结束这一部分的讨论。

(三)普通话与方言的关系:

1. 老师适时地承上启下,点出现实生活中方言或者语言之间的关系并不像脱口秀那么轻松愉快。这里可以选一两个近期发生在学生本国的关于语言冲突的实际例子。比如本课曾选用两个新闻,一则是纽约一家咖啡馆的顾客向移民与海关执法局投诉店员和另一位顾客说西班牙语①,另一则是蒙大拿州边境巡逻队无故盘查说西班牙语的墨西哥裔美国公民②。从身边的、熟悉的社会新闻入手,让学生体会语言冲突,并由此将话题引向Guo(2004),开始关于普通话和方言关系的讨论。

2. 用上面的讨论方法,分组重读Guo(2004),学生归纳总结,老师板书。这篇文章归纳了普通话与方言关系演变的三个阶段:一、中华人民共和国成立之初到20世纪70年代,政府大力推广普通话,力图取代方言;二、80年代到90年代初期,语言政策制定者和学者开始重视社会上广泛存在的双方言/多方言的事实,肯定方言在群众生活中的积极作用;三、90年代中期开始,方言的合法地位得到巩固,在社会上与普通话并存。由于该文较短,以上活动20分钟之内可以结束。

3. 小辩论:学生分两个大组,就"普通话推广与方言保护"这一话题进行辩论。两

---

① 网址链接:https://www.youtube.com/watch?v=2OreeUUh1tM,访问日期:2020-8-16。
② 网址链接:https://www.youtube.com/watch?v=jKk7syTWGdM,访问日期:2020-8-16。

组各有5分钟时间准备。辩论时间为10分钟，双方各有1分钟陈述，然后是6分钟自由辩论时间，最后双方各1分钟结辩。

> 这个小辩论非常精简，也比较容易，正反双方都有不少论点可以阐述。这个活动主要让学生结合课前阅读和课上讨论，快速消化文章，并合作论证一个观点。老师在点评的时候，要有意识地结合前面讨论到的内容，立足于中国文化的大背景给学生反馈，并特别注意点出双方意见中的闪光点。

小贴士⑥

## （四）结束总结：

回归"统一""现代化"两个当代中国文化的核心概念——也是整个课程的核心概念，点明"统一"的观念对推广普通话和对汉语方言定位的影响，以及"现代化"对于汉语总体改革方向的指引作用，并适当回到文章，深化学生对于中国当代文化的整体理解。

## 教学反思

1. 由于民族语言不是本课重点，而少数民族这个话题在本课程的其他单元已有详细提及，本文对于民族语言未予赘述。如果在整学期的课程设置中对中国少数民族没有系统探讨，本课就应该花更多的工夫更多地涉及非汉语的中国语言。比如，在介绍语言分布的时候可以较为详细地介绍几种主要的民族语言，如维吾尔语、藏语、蒙古语等。还可以在网上找一些这些语言的视频或者歌舞，在本课结束之前简单播放。甚至在本文所介绍的课程设计中，如果已有的活动进行得比较快，在时间充裕的情况下也可以插入对民族语言的相关介绍。

2. 在节奏方面，这堂课总体来说是比较紧的。因为讨论的内容不少，加之学生本身对这个话题也感兴趣，100分钟的时间偏少。课上有几个环节比较消耗时间：分组讨论、全班总结、辩论。尤其是辩论，老师宣布结束的时候，多数学生感觉意犹未尽。本文述及的时间设置主要基于课上的情况，即学生们学习中文时间不长，对中文和中国总体了解非常有限。Chen（2008）比较全面，信息量比较大，适合这样入门级别的学生群体，因此在这篇文章上下的工夫比较大。在其他学校，老师可根据自己班级的具体情况自由调整两篇文章需要的讨论时间。比如，如果是高年级的文化课，学生也对中国的语言/方言现状已经有了一定了解，Chen（2008）可以少花一些时间，而把更多精力放在Guo（2004）上，让学生有更多时间讨论普通话与方言之间的关系，提出自己的见解。

当然，如果有120分钟乃至更长的上课时间，可以把本课拆分成两节课，两篇文章就应该都能充分讨论了。

3. 根据学生的中文水平，任课老师可以考虑在讨论中加入适量的实例，这样一来帮助学生理解文化现象，二来巩固学生在语言课上学到的汉语知识。

## 作者简介

陈利砼，美国俄亥俄州立大学汉语语言学博士、硕士，中国人民大学汉语言文字学学士。美国惠顿大学现代与古典语言系访问副讲师。在北美多所高校任教十余年，教授多门初、中、高级汉语语言课程，并开设数门中国文学、中国电影、中国商务等课程，兼授初级粤语以及英语作为第二语言课程。研究兴趣包括南方汉语方言的演变与接触、田野调查与方言描写、双语/多语环境下语言与社会的互动以及早期粤语文献等。

# "性善—性恶"与"世外桃源"
## ——以电影课《天下无贼》探讨中国思想文化命题的教学设计

孙川梅

### >> 导 读

  电影作为教学媒介，内容丰富，场景直观、生动，展现了一定的文化背景、时代氛围、社会环境，蕴含着丰富的教学资源。以电影影像、叙事为依托，展开对社会、政治、文化等方面的探讨，已成为中文课常用的教学方法。

  本文选择电影《天下无贼》，除了影片的趣味性之外，更重要的是片中可深入讨论的中国思想文化命题。影片开头，善良的傻根不顾工友劝说，坚信"世上无贼"，携带六万现金上路。一路上"有贼"还是"无贼"？故事就此展开，也由此引发一场"性善—性恶"的讨论。"性善—性恶"是中国思想文化的重要命题，"性善"源于孟子，即"人皆有不忍人之心"，表现为"仁义礼智"四端；"性恶"源于荀子，即"人之性恶，其善者伪也"，"积礼义为君子"。性善、性恶的分歧与交织，构成了儒家人性论、价值观的两面性。对于喜欢思考伦理学、哲学问题的学生来说，人性善恶的论题具有一定理论性、挑战性。而影片中"改恶从善""自我救赎"的主题，以及对美好"故乡"（即"世外桃源"）的怀旧、追忆，也是值得讨论的话题。"世外桃源"语出陶渊明，是魏晋玄学时代"雅爱庄老"的道家思想。

  在中文教学中，如何引导学生有序、深入讨论这两个有一定文化深度与思想深度的话题，就需要一个特别精心的教学设计。本文主要包括：一、语言训练与文化探讨并重，精心编写课文。以"问题意识"为中心，编写课文《〈天下无贼〉故事梗概及观后感》，尽可能预设话题，汇编谈论这些话题所需词汇。二、循序渐进的课堂操练。通过"操练—小讨论—大讨论—辩论"阶梯式训练，在掌握语言的基础上，深化相关主题的认识。三、利用补充材料从多个角度激发学生学习兴趣。编写"多用途"课后练习，补充多媒体资料，让学生在练习语言的过程中，扩大与加深对中国文化的了解。

### ◆ 教学目标

  1. 通过观看影片、提出问题、课堂讨论与辩论、课后练习等环节，培养、提高学生汉语听说读写的能力，尤其是书面语表达能力、篇章写作能力。

  2. 结合电影《天下无贼》的剧情，引导学生讨论中国思想文化问题。主要问题涉及：你相信人性本善还是人性本恶？怎么理解善恶的"因果"——"善有善报，恶有恶报"的说法？傻根的故乡是什么样的？"天下无贼"的梦究竟是一种什么样的理想？

# "性善—性恶"与"世外桃源"

——以电影课《天下无贼》探讨中国思想文化命题的教学设计

## ◆ 课程设置及学生背景

本课是美国大学五年级中文电影课中的一个教学单元。此课程每周3课时,每课时50分钟。这个单元一共用了4课时。

教学对象为学习中文四年以上的高级汉语学习者,包括华裔和非华裔学生。

授课语言为中文。

## ◆ 教学工具及材料

(一)阅读材料:

1. 自编课文《〈天下无贼〉故事梗概及观后感》。
2. 陶渊明《桃花源记》,附林语堂英文翻译。

(二)视频材料:

1. 电影《天下无贼》(冯小刚导演,2004年)。
2. 动画片《桃花源记》(陈明导演,2006年),网址链接:https://v.qq.com/x/page/j034629ayaa.html,访问日期:2021-8-15。

(三)教学材料:

课程PPT。

## ◆ 教学步骤

一、课前预习:

1. 要求学生课前观看电影《天下无贼》,观影后就电影内容用中英双语提出两个问题。

> 因为课堂教学时间限制,无法让学生在课堂上观看整部电影,所以观看电影这一环节安排在课前,作为课前预习的一部分。为了督促与检查学生预习情况,要求学生观影后用中英双语提出两个问题。之所以要求附上英文,一方面是为了让高年级学生揣摩与体会两种语言表达的不同,另一方面也有助于老师准确理解、修改学生用中文提出的问题。学生在第一次课前把问题提交给老师,老师修改后返还,作为第四课时(讨论课)的讨论内容。老师根据问题与语言的质量进行考核。
>
> 小贴士①

2. 预习《〈天下无贼〉故事梗概及观后感》课文与生词。

## 二、课堂教学步骤：

本课将课文分三个部分，前三课时每次学习生词、语法，就相关话题进行小讨论；第四课时展开大讨论和辩论。

### 第一课时：故事梗概

1. 检查学生预习情况。

2. 用提问方式，与学生讨论故事情节。比如"《天下无贼》最初在哪儿上映？票房情况如何？获得了什么电影奖？今年美国上映的影片中，哪一部叫好又叫座？获得奥斯卡最佳电影奖了吗？"等等。问题"跳进跳出"，答案时而在课文中，时而在生活中；问题之间有逻辑联系，"形散而神不散"，不断推进词语练习。对于难度大的生词或句型，老师提供不同的、接近美国生活的情境类比，来促进学生对语言点的理解，并反复加以练习。

> 高年级学生对机械式的语言操练不再"痴迷"，但语言的获得又需要通过反复记忆。老师提问时得注意技巧，通过"跳进跳出"转换话题，达到反复操练的目的。另外，问题由浅入深，有连贯性和逻辑性。高年级学生水平参差不齐是常态，相对难的问题抛给水平高的同学，相对容易的问题抛给水平一般的学生，但要不露痕迹，有时也需要出其不意，不让学生习以为常，提高学生在课堂上的注意力。
>
> 小贴士②

3. 2—3个学生一组，讨论今年在美国上映的电影，话题包括：电影是根据现实生活改编的吗？你为什么喜欢这部电影？

4. 布置作业：用所学词语简单介绍一部你喜欢的电影，200字左右。

> 课文第一部分重点介绍电影上映后的情况和故事情节，编写时注意选用谈论电影时使用的高频词汇或短语，比如"改编""上映""票房""叫好又叫座""台词""精彩""激起共鸣"等。经过课堂上的反复练习，课后让学生用所学词语介绍一部自己喜欢的电影，他们完成会非常轻松。另外，书面语表达是高年级中文课教学重点之一，课文编写时要特别注意选用书面语，比如"携带""悲喜交集""大显身手""螳螂捕蝉，黄雀在后""出口成章""引经据典""令人捧腹"等，这些词语简洁又精准，很受学生喜爱。
>
> 小贴士③

### 第二课时："有贼"还是"无贼"？

1. 检查学生预习情况。

## "性善—性恶"与"世外桃源"
——以电影课《天下无贼》探讨中国思想文化命题的教学设计

2. "有贼"还是"无贼"？实际是中国交织了千年的人性善恶之争，也是第二课时讨论的重点。话题由浅入深展开讨论：

① 有人觉得傻根是个缺心眼、傻子，你的看法呢？义无反顾地无偿帮助别人，这样的行为很幼稚，你同意吗？

② 导演为什么要安排一个美好的结局？

③ "善有善报，恶有恶报"，是美丽的谎言吗？

④ 人性本善还是本恶？

3. 布置作业：把学生分为两组，一组学生以"人性本善"为题，一组学生以"人性本恶"为题，写500字左右的作文。

> 此处围绕电影中傻根的行为，讨论"人性本善还是本恶"。课文编写时使用了一系列话题讨论需要的词语，使学生讨论时有词可用。课堂上的小讨论为课后的500字作文做准备，作文是本单元最重的功课。学生提交后，老师马上修改返还，而修改后的作文用作第四次课上辩论的文稿，这样就能保证学生辩论时使用正确语句，使辩论更有效。预习—课堂操练—小讨论—作文—辩论，在反复操练的过程中让学习更扎实，讨论更深入。
>
> 小贴士④

### 第三课时：怀旧之情

1. 检查学生预习情况。

2. "世外桃源"是否是现代人遥不可及的梦？这是第三课时讨论的内容。话题由傻根开始，由浅入深展开：

① 傻根的故乡是什么样的？现实生活中存在这样美好的地方吗？

② "天下无贼"的梦究竟是一种什么样的理想？

3. 布置作业：结合林语堂《桃花源记》英文翻译和动画片《桃花源记》，用所学词语概括陶渊明《桃花源记》的大意。

> 课文第三部分汇集描写傻根故乡的词语，比如"山清水秀""安居乐业""人心淳朴""其乐融融""夜不闭户，道不拾遗"等。用中国的"桃花源"或西方的"乌托邦"替换"傻根的故乡"，这些词语在"偷梁换柱"的表达中也是有效的。让学生用中文概括《桃花源记》大意，则是"移花接木"，既复习了生词，又涉及中国文学名篇。提供林语堂的翻译和《桃花源记》动画片，帮助学生理解古文，如能"顺便"让他们对现代作家林语堂和中国的动画作品产生兴趣，岂不更好？
>
> 小贴士⑤

## 第四课时：讨论与辩论

1. 讨论：讨论学生提交的问题，老师也准备好相应的问题。

2. 辩论：第二课时布置的500字的作文，老师修改后返还，保证学生辩论时的语言质量，这样学生也会充满信心。

（1）辩论题目：人性本善还是人性本恶？

（2）辩论步骤：学生分为正、反两方，各坐一排。每人发言约3分钟，正方和反方交替进行。个人辩论结束后，进入自由辩论时间，双方可以补充观点，共计5分钟。最后老师点评。

### ◆ 教学反思

1. 电影课的反思：

（1）电影的用途。电影生动直观，有助于学生理解和学习中国文化，提高学习语言的兴趣。电影在教学中的用途如何？是电影艺术的欣赏，还是以电影为依托学习语言和文化？是利用影片对学生进行视听训练，还是利用电影和影评让学生深入探讨文化问题？清晰定位，是课程设计准确高效的关键。

（2）影片的选择。选择影片需要考虑诸多因素，如情节、主题、电影语言、学生水平与兴趣、播放平台等，找到适宜进行语言教学的影片素材并不容易。

（3）教学环节的精心设计与教学目标的有效落实。以电影为依托的语言课，电影是媒介，语言训练始终是重点。限于课堂时间，观影安排在课外进行，每次观影占用学生90—120分钟。这些"被占用"的时间，只有通过别具匠心的课程设计才能被"找寻"回来，达到付出时间与理想的教学效果之间的平衡。

2. 结合精心挑选的影片，编写出既适合学生水平，又能够提升语言能力的课文，是教学设计的关键。课文是学生语言学习的范本，学生通过课文学习、模仿达到自如表达的目的。电影《天下无贼》适合学生观看，却难以找到既适合语言教学又切合探讨主题的现成的文章，于是我尝试编写出一篇新课文。实践下来，教学效果非常好。

课文编写关键点：

（1）因材施教。课文选择符合学生兴趣的讨论话题，语言难度贴合学生水平，太难会让学生失去信心，太容易则缺少挑战的乐趣。

（2）以话题为中心，汇聚讨论所需词汇。比如介绍电影，集中了"改编""上映""票房""台词"等高频专业词语。围绕话题精选词语，形成有意义的系列词汇，便于学生比较、理解和记忆。

（3）注意语言的示范性和可复制性。描写傻根美好故乡的一系列词汇，既可以用来描述中国的"世外桃源"，又可以描绘西方的"乌托邦"社会。这一点让学生觉得学习很有效率。

（4）深入思考和把握语言习得规律，将课文学习、课堂活动、课后练习与论题拓展环环衔接起来，整个学习过程循序渐进，呈螺旋式推进。由于符合习得规律，学习高效、轻松。作为课文的有益补充，"多用途"的课后练习和辅助材料，提供了多个进一步学习与思考的角度，对激发学生学习兴趣、加深对中国文化的了解起到了积极作用。

实践证明，有的同学对语言掌握较好；有的同学对中国现代文学产生了兴趣；有的同学则喜爱上了中国当代电影艺术。通过有意识地收集学生课堂反馈，老师能够及时有效地对课程设计、课堂教学进行调整、深化与提升。

## 作者简介

孙川梅，美国耶鲁大学东亚系高级讲师。曾在杜克大学、圣路易斯华盛顿大学、维思大学等高校任教，教授多门初、中、高级汉语课程，开设过中国电影、商业中文等高年级专题课程。主要研究兴趣为对外汉语教学研究、语言教学与文化理论等。

# 多维度解读下的中国家庭
## ——"家庭文化"教学中的新思路

孟多思　向雪花

> **导读**
>
> 　　家庭是社会的基本组成单位,从传统的"四世同堂"到如今"三口之家""原生家庭""丁克一族""剩男剩女""二孩政策"等新热点出现,家庭文化一直是了解中华文化和中国社会结构的重要窗口。华裔背景的汉语学习者,可以通过对家庭文化的理解加深对自己和家人的华裔身份的认同。非华裔的汉语学习者,则可以通过了解中国家庭文化来学会更客观更全面地分析中国人的日常行为。如何在"家庭"这一老话题上翻新?如何在教学上突破话题陈旧的困境?在这篇文章里,我们总结教案设计和课堂经验,讨论如何推陈出新把常见的话题做得有声有色。

## 教学目标

　　1. 加强学生对中国当代家庭文化的理解,从家庭结构和个人在家庭中的功能和地位进行分析,从时间、空间和社会政策的角度对家庭行为做多方面的了解。也就是,学生通过对过去和现在的中国家庭的了解,以及对家庭未来发展趋势的讨论,通过对中国本土家庭、在中国的跨国婚姻家庭以及移民海外的中国家庭结构和现象的分析,得到对中国家庭文化比较完整的认知。华裔背景的学生需要突破语言上只能围绕日常生活话题进行谈论的困境,学会将文化具象与社会历史背景、社会政治政策相结合。非华裔的学生需要对中国家庭文化有具体的理解,比如"四世同堂"的意思和来由,"核心家庭"的意思,独生子女政策的内容和变迁。

　　2. 提高学生口语和书面语的综合表达能力,扩展与家庭有关的词汇,学习四字短语的语言结构。

## 课程设置及学生背景

　　本教学单元选自大学三年级的高级中文语言文化课(Advanced Chinese Language and Culture)。这门课共包括六个主题单元,每个单元5—7个课时,每课时50分钟。教学中老师使用自己编写的教材,内容以文档、视频等形式在课程管理平台上分享给学生。《家庭:过去、现在和未来》为本学期第一单元。

　　授课语言以中文为主,有时使用英文解释历史事件或疑难问题。

　　由于北美的汉语教学师资力量不足,很多学校无法将华裔背景学生与非华裔学生进行分班教学，因此学生的汉语水平参差不齐。这门课要求学生至少完成了两年的大学汉语学习，部分学生是通过分级考试测定具有两年以上的中级水平（有可能是高中学过或曾在中国留学过一段时间）。华裔学生多于非华裔学生，华裔学生大部分在美国长大，家庭母语多为汉语方言，如广东话、客家话、闽南话等。学生对家庭母语的熟知程度一般限于日常会话，需要综合提高读写能力，对复杂句型和书面语的理解刚起步，词汇也需按话题扩充。这门课的设计旨在使不同背景的学生都能在自己原有水平上有长足进步，在完成本课程时达到高级汉语水平能力。

◆ **教学步骤**

## 第一课时：《北平一家》

（一）**自然语料**：

威廉·詹姆斯（William James）导演的纪录片《北平一家》，记录了1948年北平（今北京）一个中产阶层家庭的生活，从中可以看到重男轻女、家庭教师、四世同堂这些珍贵的历史记录。

（二）**热身问题**：

《北平一家》记录了住在北平的一个教授的家庭生活。我们来猜一猜，这个家庭是什么样的？

① 他们会住什么样的房子？
② 家里人多吗？会有几个孩子？
③ 孩子们会玩什么样的游戏？
④ 孩子上学吗？学什么？
⑤ 爸爸妈妈管孩子吗？
⑥ 孩子们跟祖父母辈住在一起吗？

（三）**观看影片及深入讨论**：

我们观看了该纪录片中与上述问题相关的片段，大约10分钟，视频是英文讲解。学生观看后，需用中文解释他们看录像之前的猜想与纪录片有什么不同，这样学生可以从简单的一问一答的形式中走出来，进入不拘形式的讨论模式，实现中英文语言转换，用熟悉的内容来练习口语。然后老师再进一步用以下问题代入家庭结构变迁这一主题：

①《北平一家》里展示了哪些传统的中国家庭理念？那时候为什么会有这样的传统？
② 纪录片里是70多年前中国家庭的情况，你觉得现在会有什么样的变化？

这部纪录片的内容十分丰富，可以从不同的角度进行教学实践。我们建议加入经济因素的讨论，为第二课关于二胎的讨论打下基础。

小贴士①

## 第二课时：《纠结的二胎》

### （一）自然语料：

《观复嘟嘟：纠结的二胎》，是由文化学者马未都给学生解释421家庭结构和中国生育政策的改变。

### （二）热身问题：

① 你生在一个大家庭还是小家庭？家里人都住在一起吗？

② 你听说过"421家庭"这个说法吗？是什么意思？

③ 你知道中国的计划生育政策是什么？什么时候开始的？为什么有这个政策？对社会有什么影响？

④ 现在中国放开生育政策，为什么很多人反而很"纠结"？"纠结"是什么意思？人们会纠结什么呢？

### （三）观看影片及深入讨论：

使用PPT展示421家庭结构、计划生育时间轴、家族图谱等内容，学生看图进行讨论，进一步提升语言表达能力。

这一课的听力要求比较高，所以学生第一遍听大意时我们采取的办法是列出一些打乱排列的词语，学生听到了哪个词就在哪个词上画钩，第二遍听细节时给出一些长的词组。

小贴士②

这一课可以结合第一课的旧式家庭来讨论人们观念的变化给家庭结构带来的影响，同时提醒学生经济方面对家庭的影响，引导学生用发展的眼光看问题。

小贴士③

## 第三课时：《哈佛小子》

### （一）自然语料：

我们将华裔篮球明星林书豪的采访视频《哈佛小子》分为两部分：

视频一（时长1分32秒），主要问及林书豪是怎么决定走职业篮球道路的。视频二（时长3分52秒），主要是林妈妈讲述林书豪的成长过程和家庭氛围对他的影响。

## （二）热身问题：

第一个视频较短，而且林书豪的部分是英文的，所以我们在看视频前先让学生两人一组翻译下面的句子，然后全班一起在观看时做同声传译的练习。

① When I was about to graduate from college, I just really wanted to play basketball.

② So, I definitely wanted to try for one year.

③ I felt like, if I didn't, I would definitely regret it for the rest of my life.

④ For me, it was what I loved doing. So I wanted to play one year and see where it took me.

## （三）观看影片及深入讨论：

第二个视频由于全程用正常语速的中文，需要播放两遍，第一遍听大意，让学生讨论视频内容。第二遍听细节，让学生注意一些表达礼貌和意见的日常用语，加强学生对汉语较少使用"请""谢谢"这样的敬语，多用叠词、情态动词和"吧""呢"来表达礼貌、提出意见等语言习惯的理解。例如，下面这些句型在采访中出现，我们单独挑出来让学生理解不同的情态动词的使用特点：

1. 要+verb：planned action; be going to; necessary to do; high volition

（1）首先要问书豪，你是在什么时候决定把篮球当成你的职业？

（2）你打篮球打太多了，要好好写功课。

（3）我主修经济学，辅修社会学，还要打球。

（第一句中的第一个"要"字，除了语法功能外，还表达了主持人的礼貌）

2. 想+verb：wish for; on one's mind; desire to

（1）在我大学快要毕业时，我真的很想打篮球。

（2）我妈总想有个女儿。

（3）高中时非常困难，因为有很多功课我想做好，但是有些课是蛮难的。

（强调情态动词"想"和动词"想"的区别。学生常将英文语法want sb. to do sth.直接翻译到中文，造出"妈妈想我学中文"这样的错句）

3. 会+verb：will; natural tendency; prediction with certainty

（1）如果我不做的话，会后悔一辈子。

（2）打篮球薪水会很低。

（3）他一开始为反对而反对，但是他自己反思过之后，会做一个正确的决定。

（比较"会"与"要"作情态动词时的区别）

> 虽然语法在高级班不像初级班时那样作为主要教学点，但我们还是考虑加进了一些对情态动词的介绍，让学生认识到中国人在表达礼貌、建议、犹豫、猜想等情况时使用情态动词的多种选择。

小贴士④

## 第四课时：《胡同里的洋老板》

**（一）自然语料：**

节选自《外国人在中国》片段《胡同里的洋老板》。讲述北京南锣鼓巷里一个外籍小店主的家庭故事，目的是展示外国人在中国普通家庭的生活，让学生对现代逐渐多元化的中国社会有所了解。

**（二）热身问题：**

① 胡同是什么？在中国哪里可以看见胡同？

② 住在胡同里跟住在楼里有什么不一样？现在北京的胡同越来越少，你觉得是为什么？

③ "洋老板"是什么意思？"洋"指什么？"老板"指什么？

④ 你做过老板吗？你开过小店吗？做老板有意思吗？

⑤ 这个节目里的洋老板在中国成立了家庭，他很喜欢中国的家庭文化。你觉得他喜欢什么样的家庭文化？

**（三）观看视频与深入讨论：**

学生在回答问题以后，老师简单介绍北京的胡同文化。学生在第一课《北平一家》中已接触过四合院和胡同，因此在观看视频时，可以提醒学生对比不同年代的四合院和胡同有什么变化。

## 第五课时：《三叔叔的恋爱》

**（一）自然语料：**

散文《三叔叔的恋爱》，节选自杨绛的《走到人生边上》。故事记叙了从美国留学归来的三叔叔如何在家庭和道德的两难处境中选择了包办婚姻，而最终悲惨离世的人间悲剧。

**（二）热身问题：**

学生三人一组，分段阅读。

第一段：父亲和三叔叔的感情怎么样？从哪里看出来的？
第二段：三叔叔小时候是一个怎样的人？有什么例子？
第三段：别人怎么看在美国留学的三叔叔？他认识了谁？要回国做什么？
第四段：三叔叔的亲事是谁定的？父亲为什么要三叔叔考虑一下他的决定？

（三）深入讨论和写作练习：

每组给这篇文章写一个结尾，先用中文讨论三叔叔会怎样决定，决定的理由是什么，决定之后会发生什么事，最后三叔叔的结局是怎样的。

> 学生在分享了自编的故事结尾后将读到原文的结尾。我们在上课时发现学生的结尾与原文的结尾有很大不同，这引发了学生非常热烈的讨论。由于原文的结尾对学生来说理解起来比较难，上课时是通过老师讲解来分享给学生的，所以没有时间深入扩展学生对中国传统文化的理解问题。此处老师也可以提前把原文简化，用PPT展示出来，给学生多一些口语讨论的机会。这一主题也可以发展成个人作文的题目，给学生写作练习的机会。
>
> 小贴士 5

◆ **教学反思**

1. 这一单元的材料涵盖了中国家庭文化的不同方面，填补了学生在认知上的不足，促使学生对中国家庭文化现象进行思考和表达。由于家庭话题比较宽泛，从过去的大家庭到新式的重组家庭；从"纠结的二胎"到"剩男剩女"话题都可以加以讨论，因而词汇可以选取学生比较偏重的进行学习和应用。总的来说，这一单元的教学效果是不错的，主要是教学用的视频能够兼顾到学生的水平和兴趣差异较大的特点，讨论的时候可以让中文程度不同的同学都有话可说。

2. 课程设计的不足之处主要是内容较多，可以再增加一课时，让学生有比较充足的时间总结消化。同时，应该加大在词汇上的支持，现有的生词表主要是从采访、纪录片和阅读材料中抽取的，需要再加上讨论中可能出现的词汇以及派生词汇。

3. 为了与第五课时《三叔叔的恋爱》相平衡，老师们也可以考虑加上第六课时《顺从的幸福》。这一专题是通过女性视角，以摄影师郭盈光自己的经历为主题，通过她的录像、摄影和评论，反映东方和西方对"剩女"这一社会现象的看法。这一话题可以具体讨论中国家庭传统思想对女性生活的影响。

**作者简介**

孟多思，美国伊利诺伊大学芝加哥分校德国研究与犹太研究博士，密执安州立大学德国研究与二语习得硕士。伊利诺伊大学芝加哥分校语言系高级讲师。主要从事大学二、三年级中文课的设计和教学。教学兴趣为中文语言和文化、移民语言变化的研究等。

向雪花，美国宾夕法尼亚州立大学应用语言学博士、硕士。伊利诺伊大学芝加哥分校语言学系副教授。研究兴趣为外语教学、课程设计、社会语言学、话语分析。

# 三个时代的爱情
## ——电影中的中国女性意识及婚姻文化变迁

胡　静

> **导读**
>
> 在高级汉语语言与文化课中,中国电影有助于仿制一种三维的假设语境,辅之以适当引导,学生可能进入类似斯坦尼斯拉夫斯基的演员幻觉,"身临其境"地学习汉语,同时"体验"中国的社会及文化。本文以高年级电影课的一个单元为例,选用三部电影:反映当今都市男女婚恋观的中国内地热议片《一声叹息》,反映20世纪60年代爱情观的中国香港情感片《花样年华》以及反映40年代爱情观的黑白经典片《小城之春》。课堂讨论集中于中国女性婚姻、恋爱以及贞操观念的变化。

## 教学目标

1. 通过对《一声叹息》《花样年华》《小城之春》三个电影相关文章的学习与讨论,让学生对中国传统与现代的婚恋观有一定了解,同时在语言方面得到大量的训练及提高。

2. 鼓励学生批判性地思考与比较中国传统女性与现代女性对于爱情婚姻的不同看法、中国文化里对男女婚恋观的双重标准,以及就这个问题的中、美、新加坡的跨文化比较。

3. 让学生了解中国不同时期不同地方电影的制作特色及导演的拍摄技巧。

## 课程设置及学生背景

本课是耶鲁—新加坡国立大学学院高级汉语语言与文化课(相当于中文五年级)中中国电影课的一个教学单元,授课共10个课时。授课重点是以电影为媒介的中国语言及文化教学,注重对语言的训练以及跨时间、跨地域、跨文化的比较研究。

学生由华裔及非华裔构成,学习中文四年以上,能较为流利地用中文成段表达。学生须达到美国外语教学委员会(ACTFL)高级—中(Advanced-mid)水平。

授课语言是中文。

## 教学工具及材料

**（一）阅读材料：**

1. Chih-p'ing Chou, Wei Wang & Joanne Chiang. 2007. 一声叹息. In *Readings in contemporary Chinese cinema*（《中国侧影》）. Princeton: Princeton University Press.

2. Kunshan Carolyn Lee, Hsin-hsin Liang, Liwei Jiao & Julian K. Wheatley. 2010. 婚姻观的新变化. In *The routledge advanced Chinese multimedia course: Crossing cultural boundaries*（《文化纵横观》）. New York: Routledge.

3. Thomas Y. T. Luk. 2005. Novels into film: Liu Yichang's Tete-Beche and Wong Kar-wai's In the Mood for Love. In Sheldon H. Lu & Emilie Yueh-yu Yeh (eds.), *Chinese-language film: Historiography, poetics, politics*（《华语电影：历史、诗学、政治》）. Honolulu: University of Hawai'i Press.

4. 《花样年华》的艺术魅力，网址链接：https://movie.douban.com/review/1164227/，访问日期：2019-10-20。

5. 《小城之春》全解析，网址链接：https://movie.douban.com/review/3917108/，访问日期：2019-10-20。

**（二）视频材料：**

1. 《一声叹息》：冯小刚导演，2000年。
2. 《花样年华》：王家卫导演，2000年。
3. 《小城之春》：费穆导演，1948年。

**（三）教学材料：**

课程PPT。

## 教学步骤

三部电影中，重点讨论《一声叹息》，用2次课4课时（每个课时50分钟）。另外两个电影分别用1次课2课时，第5次课2课时比较分析三部电影及三个女主角，学生表演。本单元重点讨论《一声叹息》是为了让学生更多地了解当今中国都市男女的婚恋观、新一代女性对婚外恋的看法，以及随着改革开放的发展而新出现的社会现象，比如房屋买卖等。

## 三个时代的爱情
——电影中的中国女性意识及婚姻文化变迁

**一、课前预习：**

看电影，阅读相关文章，然后跟助教面谈：

1. 用中文叙述电影故事梗概。
2. 用中文总结所读文章。

> 上述预习作业，主要是为了督促学生上课以前看完电影并阅读影评文章。课外安排学生跟助教面谈是为了培养学生的口语表达能力，同时帮助学生熟悉电影及文章内容，为上课的讨论做准备。
>
> 小贴士①

**二、课堂教学步骤：**

**（一）《一声叹息》：2次课4课时（共200分钟）**

1. 以提问的方式学习课文《一声叹息》，学生得用课文中的高级词汇回答问题，并以电影内容来证明观点。

① 20世纪90年代以后，随着改革开放的深入发展，中国社会有了哪些变化？婚姻和家庭受到什么样的影响？这些变化和影响是因为什么而发生的？

② 传统的"贞洁观念"是什么意思？你对这样的观念有什么看法？

③ 在中国，人们对男人女人的婚外关系有什么不同的看法？从现代西方人的角度来看呢？

④ 除了爱情、婚姻，这部电影还反映了当今中国社会哪些新现象？你怎么看待这些新现象？

⑤ 20世纪90年代以前的中国电影有什么共同特点？90年代以后的电影呢？这部电影有没有上述特点？它的风格是什么？

⑥ 这部电影有什么现实意义？

> 让学生用规定的一些高级词汇或语法回答问题，训练了学生在高年级应该掌握的高级词汇。让学生以电影内容来证明观点，引导学生用自己的语言来叙述电影内容及解释电影中观察到的中国社会文化现象。
>
> 小贴士②

2. 深入讨论：

① 请分析三个主要人物：梁亚洲、梁妻宋晓英和梁的婚外恋人李小丹。如何评价他们的对与错？

② 电影最后一幕：男主角梁亚洲听到手机来电的铃声后惊慌失措地回望。你如何解

读这一场景?

③ 当中国传统道德观念与你所追求的爱情发生冲突时,你觉得应该怎么选择?你怎么看待"生命诚可贵,爱情价更高"这句话?请举例说明。

④ 如果你是梁亚洲、梁妻宋晓英或婚外恋人李小丹,你会怎么办?

⑤ 中国社会对于男女发生婚外恋的态度不同,在你们的文化里呢?

> 对人物分析避免非好即坏,要善于找到人物的特点及优缺点,从不同的角度进行深入分析。本班学生来自美国、新加坡、日本及法国等不同国家,代入问题⑤可以进行跨文化比较分析。
>
> 小贴士③

3. 学生口头报告及报告后的讨论:

报告题目自拟,内容为《一声叹息》的观后感,包括对电影名字的看法、对婚外恋的看法、对如何控制等问题的分析,每个学生发言3—5分钟,并回答其他同学提出的问题。

> 该活动鼓励学生的批判性及创造性思维,同时也训练了学生的口语表达能力。
>
> 小贴士④

4. 课堂辩论:

辩论题目:婚姻是不是爱情的坟墓?请结合电影中的内容加以证明。

辩论步骤:

(1)正反双方用5分钟讨论,决定发言顺序,准备论点论据。

(2)正反双方交替发言,每个人的发言要对对方前一个人的发言做出回应。每个人1分钟。如果1分钟没用完,时间可以留给后面发言的人。

(3)每组选出一名学生做总结性发言。

(4)评审选出胜方,并说明理由。

(5)正反双方交换,再进行一轮辩论。

> 辩论是高级语言文化教学中有效且又有趣的训练学生口语能力及辩证思维的方式之一。提前把辩论题目告诉学生,让每一个学生都准备正反两方的论据,从而进行辩证思考。
>
> 小贴士⑤

5. 经典台词介绍。

> 经典台词往往语言优美，寓意深刻，鼓励学生背诵经典台词不但可以有效地提高学生的语言水平，而且为后面的任务——选戏表演打下基础。

小贴士⑥

## （二）《花样年华》：1次课2课时（共100分钟）

1. 介绍中国香港电影、导演王家卫及王家卫的"香港三部曲"，并以提问的方式检查学生是否完成预习作业：

① 这个电影主要讲的是什么？其改编自什么小说？王家卫拍这个电影的目的是什么？

② 电影中的时代背景是什么样的？20世纪60年代的香港社会及语言有什么特点？电影中用了什么样的方言？

2. 深入讨论：

① 电影中旗袍象征着什么？女主角苏丽珍更换旗袍27次，导演为什么要这样安排？这是为了传递什么信息？旗袍的各种颜色如暗色、红色、黄色、绿色分别象征着什么？

② 苏丽珍的绣花拖鞋象征什么？男主角周慕云把它带去新加坡，而苏丽珍几年以后去新加坡他的公寓里悄悄拿走意味着什么？

③ 电影中镜子的寓意是什么？镜子一般可以制造出空间的幻觉，在这部电影中镜子也可以达到同样的效果吗？导演为何这么安排？

④ 电影中的挂钟又有什么寓意？

⑤ 苏丽珍去宾馆看周慕云时，在宾馆的楼梯间上去又下来，下来又上去，这一画面有什么寓意？导演这样拍摄是为了展现什么？

⑥ 宾馆房间号2046有什么寓意？

⑦ 电影中封闭的空间，如狭窄的房间、过道、楼梯等，多次出现意味着什么？导演这么安排是为了营造出一种什么样的气氛？女主角穿着紧身旗袍在这些狭窄的空间里来回走动又有什么深层含义？

⑧ 电影中音乐、场景、动作、服装等的无数次重复是为了传递什么信息？为什么？

⑨ 这部电影中的音乐有什么特点？60年代香港音乐的特色是否在影片中反映出来？导演用这样的音乐想营造出什么样的气氛？

⑩ 你如何评价这部电影高度简化的情节、高度省略的人物及高度简练的人物语言？你认为是优点还是缺点？

⑪ 你喜不喜欢这部电影？喜欢/不喜欢哪些地方？你认为这部电影的成功之处在

哪儿？为何被称为经典？请考虑这个电影的细节拍摄及寓意，以及这个电影的时代色彩、民族色彩和人性内涵。

⑫ 电影中经典台词之一"如果有多一张船票，你会不会跟我一起走？"你认为苏丽珍愿意跟他一起走吗？如果你是苏丽珍，你会不会跟他走？为什么？如果你是周慕云，你会不会带她一起走？

> 在进行深入讨论之前，大概有一半的学生觉得这个电影节奏太慢，内容无趣，情节单调，如催眠剂一样让人昏昏欲睡。他们也不明白为何相爱的两个人在各自的配偶都背叛自己的情况下还不能在一起。经过对60年代香港背景的介绍，对细节及拍摄特点的讨论，尤其是对各种道具如旗袍、绣花拖鞋、镜子、钟表等象征意义的分析以及对音乐的鉴赏，学生对这个电影有了更深层次的理解，从而改变了以前的看法。最后一个问题进行跨文化比较分析，观点不一致的话可分为两组进行辩论，这样在学习电影的同时兼顾了语言能力的训练。
>
> 小贴士⑦

3. 经典台词介绍。

（三）《小城之春》：1次课2课时（共100分钟）

1. 介绍导演费穆及这部电影在不同时期的社会反映。通过提问检查学生的预习情况：

① 这部电影所处的时代背景是什么样的？20世纪40年代中国社会和那时候的婚姻制度有什么特点？

② 这部电影主要讲的是什么？仅仅又是一部婚外恋的故事吗？导演用一段三角恋情表达什么？请结合当时的时代背景加以分析。

2. 深入讨论：

① 周玉纹、她的丈夫戴礼言、她的情人章志忱、戴礼言的妹妹戴秀和家里的佣人老黄都有什么特点？他们各自代表当时中国的哪一类人，有什么象征意义？请从电影中的细节进行分析，如戴礼言永远不换的中式长袍和章志忱的西装；戴礼言吃中药而章志忱看西医；周玉纹婚外恋中的挣扎等。

② 电影中多次出现城墙及周玉纹一个人在城墙上徘徊、往城外观望的镜头。城墙有什么寓意？周玉纹在城墙上徘徊、观望又有什么寓意？请结合当时中国的情形及周玉纹的处境加以分析。

③ 周玉纹的画外音有什么特点和作用？她的经典画外音如"我没有勇气死，礼言没有勇气活""（日子）一天又一天地过过来，再一天又一天地过过去"表现了周玉纹和

丈夫什么样的生活和婚姻状况?

④ 长镜头与短镜头的创造性应用表现了什么?电影昏暗的色调与光影斑驳、灰暗朦胧的灯光又表现了什么?周玉纹给章志忱送去的兰花及兰花所放的雪白的背景和旁边打下来的强光象征着什么?

⑤ 周玉纹是中国旧社会里一个遵守三从四德的传统女性吗?为什么?如果不是,她为什么最终还是继续无爱无性的婚姻,而不能追求爱情与个性解放,与情人双双出走?在你们的文化中有这样的现象吗?你们有什么看法?

> 这部电影和《花样年华》都运用了大量的象征和隐喻。在进行深入讨论之前,学生看不太懂很多细节的寓意,加上电影昏暗的色调和简单的情节,让学生无法理解为什么又是一部经典。带领学生分析细节,并层层深入,引导每一个学生发表自己的观点,最后再揭晓问题的答案,有利于提高学生分析与鉴赏电影的能力。
>
> 小贴士⑧

3. 与《花样年华》的比较:

① 这部电影跟《花样年华》都堪称经典,请从人物刻画、电影主题与情节、节奏与色彩、细节描写、拍摄技巧与表现手法上比较分析二者的异同。

② 请比较分析两位女主角:《花样年华》中的苏丽珍和《小城之春》中的周玉纹。请加入电影细节进行分析,如苏丽珍面对婚外恋人一再强调并提醒自己"我们不会像他们一样",周玉纹去恋人章志忱的房间里章志忱开灯、周玉纹关灯的特写。

> 这两部经典电影都有婚外恋的情节,都是简化的人物、舒缓的节奏、灰暗的色彩,注重细节的刻画,有大量的象征及寓意的道具;但是导演的拍摄技巧、表现手法、电影的时代背景、人物的塑造都有很大的不同,老师要从小问题小细节入手带领学生作跨时代的文化比较。
>
> 小贴士⑨

(四)三部电影及三个女主角的对比分析:1次课2课时(共100分钟)

1. 学习并讨论文章《婚姻观的新变化》:根据文章内容提问,要求学生加入三部电影的内容并发表自己的看法。

① 中国传统的婚恋方式包办婚姻(如《小城之春》里周玉纹的婚姻)有什么好处和坏处?

② 自由恋爱的婚恋方式有缺点吗?有什么缺点?跟逐渐攀升的离婚率有什么关系?

③ 婚外恋与经济发展的关系如何?

④ 在你们的文化中有没有婚外恋现象？你们怎么看待这种现象？你们认为有什么办法可以避免这种事情的发生？

> 学生来上课以前已经阅读了该篇文章并完成了跟助教的面谈。文章与电影的结合分析与讨论，让学生深层次地剖析了中国社会及中国人的思想从传统到现代的转变及转变的原因。拓展性问题，如现代社会离婚和婚外恋的现象与社会制度、经济发展、道德观念有什么样的关系，鼓励学生跳出文章、跳出地域限制对相关社会现象作跨文化比较分析。
>
> 小贴士⑩

2. 深入讨论：

① 请比较分析《一声叹息》里的李小丹、《花样年华》中的苏丽珍以及《小城之春》的周玉纹这三个经历婚外恋的女人。你喜欢哪一个人？为什么？

② 《一声叹息》里的宋晓英面对丈夫婚外恋而选择容忍"只要丈夫给钱，这日子不挺好的吗？"你怎么看待这种现象？这与中国一夫多妻的传统婚姻结构有何异同？这是否意味着中国社会在"开倒车"？

③ 你怎么看《一声叹息》中的李小丹义无反顾地追求她所认为的自由、纯洁而高尚的爱情？

④ 梁妻和情人的现象，是否意味着现代中国女性贞操观和道德观的完全丢失？而《花样年华》中的苏丽珍和《小城之春》里的周玉纹"发乎情，止于礼"的婚姻爱情悲剧，是对中国传统女性贞操观和道德观的歌颂还是批判？

⑤ 在你们的文化中有没有类似的事情？在情与理、欲望与道德发生冲突时，你觉得应该怎么选择？

⑥ 如果你是编剧或导演，要重新改写这三部电影的结局，你会怎么改写？

> 问题①比较分析三个女人，题目比较大，所以加上后续针对每个女人的小问题进行层层递进分析。
> 问题⑥是一个开放式提问，让学生发挥想象，大胆进行创新尝试。
>
> 小贴士⑪

3. 电影场景表演：

（1）给学生5分钟时间准备，做表演前最后一次彩排。

（2）学生分组表演。

（3）学生评出最佳和优秀表演奖。

> 学生可以按照电影不做任何删改地表演出来，也可以自己改编后再表演。鼓励学生多用经典台词。学生们自发在课外进行多次彩排，课上表演精彩生动。这个活动可以让学生在一种自发的轻松的环境中完成背诵任务，大大地提高了学生的语言能力、表现能力以及跟同学的合作能力。
>
> 小贴士12

4. 布置写作任务：

结合上面的讨论问题，对比分析这三部电影。文章上传到课程网站，鼓励学生们互相阅读，并留下评语。

## ◆ 教学反思

1. 在高级汉语语言与文化课中，选用电影作为教学素材是一种常见且行之有效的方法。把相同或类似主题的电影放在一个单元里进行讨论，再加上学生不同的文化背景，可以提供大量的机会训练学生做跨文化、跨时空的比较研究。学期末学生的语言能力测试、课程评价与调查表明学生的语言能力大大提高了，对中国社会文化现象（从传统到现代）有了更深刻的理解。

2. 由于本课既是高级语言课又是文化课，在课堂上是强调语言能力的训练还是内容与观点的分析？有时候很难两者兼顾。尤其学生的语言水平及文化背景都有差异，如何兼顾所有学生，给每个学生均等的发言机会，激发每个学生的课堂积极性，老师要在活动和问题的设计上好好下功夫。

3. 最后的电影场景表演激发了学生的表演欲望，达到了练习语言的目的，学生不知不觉背诵了大量经典台词，在轻松有趣的环境中掌握了地道的高级词汇及表达。

## 作者简介

胡静，美国威斯康星大学汉语语言学硕士，中国北京大学比较语言学硕士。宾夕法尼亚大学东亚语言与文明系讲师。曾任教于耶鲁—新加坡国立大学学院、史密斯学院，还曾任明德北京中文学校主任。教授初、中、高级汉语，中国现当代文学及电影等课程。研究兴趣包括对外汉语语言与文化教学、中国现当代文学和电影以及文言文翻译等。研究成果多次发表于中外期刊，参与编写《中国当代经典电影赏析》（江苏人民出版社，2020年）。

# 传统与现代：
## 海外中文文化教学（大学篇）

文化实践类

# 肯德基的入乡随俗
## ——中美饮食文化的跨文化交流和反思

杨 君

> **导 读**
>
> 跨文化能力的培养在当今美国外语教学中的重要性与日俱增，2017年美国外语教学委员会（ACTFL）联合美国国家语言管理委员会（NCSSFL）公布了外语学习的新标准，在修改原有的ACTFL语言学习大纲的基础上又新增了两项跨文化能力标准，即跨文化交流（Intercultural Communication）和跨文化反思（Intercultural Reflection），足以证明外语教学界的新共识：跨文化能力对培养世界公民至关重要。
>
> 饮食是文化教学中最常用的主题之一，以饮食为话题的课程设计也不胜枚举。以色香味俱全的具体食物（文化产物）为例，了解一个民族的饮食习惯（文化习惯），进而探讨不同民族对自然、食物、营养和健康的观念（文化视角），是一种知识性、趣味性和操作性很强的教学方法。
>
> 本篇介绍的课程设计利用洋快餐进入中国这种跨文化的现象作为话题，以肯德基在中国本土化的过程为例，帮助中、低水平的学生对洋快餐和中国本土的饮食习惯进行对比，突破以往的把学生当作局外人的做法，鼓励学生换位思考学习以局内人的视角来对待文化的差异，进而培养他们跨文化思考的能力。

◆ **教学目标**

1. 从食物的主要原料、味道及对健康的影响，谈对食物的喜好。

2. 通过对比发现中国的肯德基和美国的肯德基有什么不同，简要说明并解释为什么有这种不同。

3. 通过采访调查中国人对肯德基的印象，比较调查的结果和对比的结果，验证上面的解释符不符合实际。

◆ **课程设置及学生背景**

本课是为初级—高（Novice-high）或中级—低（Intermediate-low）的学生设计（参照ACTFL的分级标准），大致相当于已经完成了150—180小时课堂学习的学生的水平。原课程用时五天，包括一天的实地采访，共10个课时，每课时为45分钟。

学生为非华裔，授课语言以汉语为主。

## 教学工具及材料

### （一）阅读材料：
课程PPT。

### （二）课堂活动材料：
1. 学生自制词卡。
2. 学生设计的调查问卷。

## 教学步骤

### 第一天（2课时，90分钟）：
### 食物金字塔（Food Pyramid）

1. Jeopardy游戏：根据图片说出食物的名称。学生分组竞赛，视情况每组3—5人。

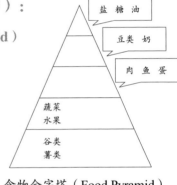

食物金字塔（Food Pyramid）

> 主要目的是复习食物的名称。游戏展示的食物应该分类，如主食、蔬菜、肉类、水果。
> 小贴士①

2. 自制词卡：老师向全班展示食物金字塔，要求学生在卡片空白处写出食物的名称，种类越多越好。

> 如果想增加难度的话，每组写完后可以将自己的卡片传给下一组。
> 小贴士②

3. 根据食物名称分类：

每组学生拿到一张大大的食物金字塔，可以只有文字，也可以文字加图片，在小组内轮流做这样的活动：一个人取一张卡，读出上面的词语，另外一个人写在食物金字塔相应的位置，小组的其他成员可以参与决定写的位置是否合适。时间允许的话，每组可以把卡片再传给下一组，重复上述活动。

## 第二天（2课时，90分钟）：
### 食物的喜好，重点是味道的表达

1. 对话示范及问答：

准备好一张纸，上面写上"在餐馆"，并展示给学生，老师和助教分别扮演顾客和服务员，做下面的示范：

助教：你觉得辣子鸡怎么样？

老师：不，太辣了。

助教：椒盐虾怎么样？

老师：我觉得有点儿咸。

助教：那西红柿炒鸡蛋呢？

老师：好的，酸酸的，甜甜的，我喜欢，就点它了！

接着老师向学生提问：老师喜欢什么味道，不喜欢什么味道？除了上面提到的味道，还有什么味道？

然后，展示图片（依次为柠檬、糖、辣椒、盐、苦瓜），教生词"酸、甜、辣、咸、苦"。

再展示图片（依次为柠檬、糖、苦瓜、辣椒、盐），让学生说出味道，直到学生能一起说出"酸甜苦辣咸"。

> 第一次展示图片，最好把苦瓜放在最后，因为对学生来说这个需要文化知识，但是教"五味"的说法时一定要按照汉语的习惯。

2. 对比美式炸鱼片与中式清蒸鱼：

老师向全班展示左右两张图片，一张是英美国家常见的炸鱼片，另一张是中式清蒸鱼。老师提问：这两个菜都有鱼，请找出这两种鱼的不同之处，至少三处，越多越好。

美式炸鱼片

中式清蒸鱼

# 肯德基的入乡随俗
## ——中美饮食文化的跨文化交流和反思

一定要鼓励学生说出除了味道以外的表达法，如"太油了""健康""不健康""脆脆的""软软的""对……过敏"等。

小贴士④

3. 配对口语练习：

学生配对，仿照老师与助教的对话，用新学的词语设计对话。老师抽查两三组同学在全班面前表演。

4. 对比美国的肯德基与中国的肯德基：

（1）老师在PPT上展示肯德基的宣传图，提问：谁吃过肯德基？谁能说出肯德基早餐有什么？全班同学一起写出菜单。

（2）接着提问：中国有没有肯德基？中国肯德基的早餐菜单和美国的会不会一样，为什么？如果你是肯德基的董事会成员，你觉得中国肯德基的早餐菜单应该是什么样的？请同学三人一组在美国肯德基早餐菜单的基础上进行修改。

美国肯德基

| 美国肯德基菜单上的食物 | 到了中国应该……（保留/替换/增添） | 为什么？ |
|---|---|---|
| 火腿汉堡 | 保留 | |
| | | |
| | | |

建议用一个三列的表格，把美国肯德基的早餐菜单列在左边一列，中间和右边空白，中间由学生决定菜品是保留、替换还是增添，右边用单句、短语或关键词简单说明为什么。

小贴士⑤

（3）老师并列展示一款中国肯德基的早餐菜单，让学生找出异同。

中国肯德基

| 中国肯德基菜单上的食物 | 你觉得怎么样？<br>（我就知道中国人（不）喜欢！/<br>我怎么没想到！/那个是什么？） | 为什么？ |
| --- | --- | --- |
| 豆浆 | 我就知道中国人喜欢！ | 很多中国人早上喜欢喝豆浆。 |
|  |  |  |
|  |  |  |

## 第三天（2课时，90分钟）：
### 中国人对肯德基的态度的调查问卷

1. 观看采访实例：

老师播放一段街头采访的视频，采访的对象是在芝加哥中国城遇到的中国人，话题是受访人对芝加哥的印象。播放第一遍，学生观看。播放第二遍，学生把听到的调查人员的提问和受访人的回答一一写下来。

学生两人一组，核对答案。第一个人开始读调查人员问的第一个问题，第二个人读出受访人给的回答；然后对调，第二个人读下一个问题，第一个人给出回答。

最后老师选择采访中疑难的问题跟全班核对答案。

对初、中级水平的学生来说，采访母语者是很有挑战性的任务。让学生观看别人的采访是教学铺垫（scaffolding）的一种方法，可以帮助学生建立完成任务的信心，同时也可以让学生对提问的内容和形式有一定的了解，在设计问卷时有一定的参考。如果没有历届的学生制作的录像，网上的访谈类资料很丰富，应该可以找到至少形式类似的材料。

小贴士⑥

2. 老师提问引导：

上面的调查采访问了很多问题，其实主要关于两方面，想一想是哪两方面？

参考答案：一是关于受访人身份背景的问题，如你是哪里人，你做什么工作，你是哪个民族等；二是关于受访人对芝加哥的印象，特别是对芝加哥的饮食的印象。

直接问受访人意见显得有些突兀，从个人身份、背景问起有助于消除陌生感。

小贴士⑦

3. 设计问卷：

学生分成三人一组，每个小组设计一个简单的问卷，调查中国人对肯德基的态度。每一组学生会用自己设计的问卷去中国城采访中国人。学生可以以看过的视频为蓝本，也可以自己完全重新设计问卷。

应该尽量避免"是不是"或"对不对"的问题，鼓励学生多用特殊疑问句，特别是"为什么"。

小贴士⑧

4. 模仿采访：

小组内学生根据自己设计的问卷，两人一组模仿调查者和受访者进行提问和回答。接着，每个小组再把老师和助教当作受访者，轮流进行采访。采访时，一个学生提问，一个学生做记录，还有一个学生进行录像。

相当于模拟训练，老师就模拟的效果及时提供反馈。一定要确保每个学生都有机会提问。

小贴士⑨

## 第四天（2课时，90分钟）：
### 到中国城调查采访

全班坐校车到中国城，对中国人进行实地采访。每组单独行动，要求每组至少采访三个中国人（当然越多越好），保证组内每个人都有机会进行访谈。

## 第五天（2课时，90分钟）：
### 调查报告

1. 采访回放：

学生分组坐在一起，每组轮流给全班播放自己录制的视频，就访谈的内容提一两个问题，请其他组同学口头回答。

2. 总结小组采访结果：

在组内，用表格把采访的结果归纳出来，如受访人性别、年龄、民族、职业，有没有吃过肯德基、最喜欢肯德基哪个菜、最不喜欢肯德基哪个菜、美国的肯德基和中国的肯德基有什么不同等。

3. 组间交流并汇总集体采访：

每组把自己的总结表格展示出来，然后，每组安排一个人留在原处，其他两人分别去别组的展台，一边看别人的表格，一边提问交流，把别人调查的信息记录下来，回到自己的小组后，把别组的结果跟自己的结果合在一起，做一个综合的表格。每个小组根据自己制作的综合表格，用单句或短语总结中国人对肯德基的印象和态度。

4. 全班活动：

反思一：你发现中国人对肯德基的印象跟你对肯德基的看法有什么相同或不同的地方？为什么？

反思二：说说你在采访中国人的时候碰到的有趣的人或事情，为什么觉得有趣？

### ◆ 教学反思

1. 本次设计的实地采访很有可能超过了学生的现有水平，但是学生完成任务的话会有真正的成就感，所以根据我十多年使用这个设计的经验，"逼"学生尝试是非常值得的。当然老师在帮助学生准备实地采访时，要教给学生跟中国人打交道的基本交流技能和礼貌原则，如怎样跟陌生人打招呼、怎样表达请求及怎样得体地结束采访，甚至怎样对待不合作的人等。

2. 另一个经验就是每个班的学生的实际水平都会有差异，所以要尽量做到因人施教：

（1）分组尽可能强中弱组合，发挥学生不同的长处。

（2）语言输出的形式可以有不同的层次，整句当然很好，合适、正确的短语加上有力的图示证明也可以。

（3）事先告诉学生问卷调查的评分标准，有可能的话用例子说明。

3. 在北美中小城市没有中国城，可以考虑采访大学城的中国留学生或访问学者，甚至可以尝试用社交网络。

## 作者简介

杨君，美国亚利桑那大学第二语言习得和教学博士。芝加哥大学东亚语言与文明系高级讲师，曾任中、日、韩语教学主管，现任该系中文部主任。自1997年起在北美高校任教，有二十多年教授汉语的经验。自2008年起连续多年为芝加哥公立学校美国暑期星谈计划主讲教师。主要研究兴趣除了汉语作为目的语的二语习得研究以外，还包括汉语教学法、汉语课程设置与评估、中学汉语师资培训等。

# 剪出来的春节
## ——初级课堂的汉字剪纸课

黄 梅

### 》导 读

纸，是中国古代四大发明之一。剪纸，作为中国珍贵的非物质文化遗产，是中国人特有的民间艺术。剪纸，除了剪"画"，还可以剪"字"。春节来临之际，很多中国人都会在家里的门上、窗户上贴上用红纸剪出来的"福"字、"春"字。

多数美国学生在学习汉字之初常有畏难情绪。亲手剪"字"，不但能让学生体验中国春节的剪纸习俗，而且也可以帮助他们识字、写字，增加汉字学习的兴趣。因此，一堂以迎春节为背景的"剪字"文化课，非常适合那些刚刚接触汉字学习的初级学生。

### ◆ 教学目标

1. 通过复习汉字的笔画、笔顺和基本结构，加深对汉字知识的理解。

2. 简单了解剪纸历史和中国各地区有代表性的剪纸文化，尤其是春节以"字"为主的剪纸，比如"福""春"等。

3. 体验春节剪纸活动，并结合圣诞习俗，让全班学生共同完成"汉字圣诞树"，增进他们对中国文化的感情。

### ◆ 课程设置及学生背景

本课是美国大学一年级汉语课的一个教学单元，目的是对笔画、部首和结构等汉字知识进行总结。在总结时，借助了中国剪纸文化的习俗，让学生用剪纸的方式剪出、拼出中国汉字，亲自体验剪纸的乐趣，激发学生对汉字和中国文化的兴趣。

本课的教学对象是美国大学一年级的学生。但是这种课堂形式不仅适用于大学，同时也适用于高中、初中，甚至小学。因为是初级班，学生汉语水平几近于零，所以授课语言中英文混杂，视频需为英文，或者中文发音配有英文字幕。另外，整个课程是以春节剪纸文化为主题进行的，所以课程安排的时间最好在圣诞节前后，或者至少要在中国春节之前进行。

## 剪出来的春节
——初级课堂的汉字剪纸课

### ◆ 教学工具及材料

**课堂活动工具及材料：**

1. 汉字圣诞树：在教室的一面墙上贴出一个很大的"木"字，颜色最好为深绿色。因为深绿色是美国圣诞树的主色调。如果没有深绿色，也可以用其他合适的颜色。

2. 剪刀（人手一把）、胶棒、胶带、各种颜色的彩纸（最好以暖色调为主）。

### ◆ 课堂教学步骤

一、课前准备：

检查前一节课的作业：汉字书写。

二、课堂教学步骤：

（一）复习汉字知识：

1. 用PPT展示汉字笔画、笔顺和基本结构。

2. 热身问题：这些字除了用笔写出来，还可以怎么"做"出来？

> 复习是为了让学生迅速回忆所学过的汉字知识，为"剪字"做准备。

小贴士①

（二）剪笔画、拼汉字：

1. 剪笔画准备：

首先给学生分组，四五个学生组成一个小组。同一个小组的学生用同一种颜色的纸，不同的颜色就代表了不同的小组，并借机操练汉语颜色词。

2. 剪笔画、拼汉字：

让学生用剪刀剪出汉字笔画或者部件，拼出不同的汉字。在规定的时间内，汉字越多越好，结构越复杂越好。按照拼出的汉字个数和结构数计分。如一个小组要是拼出"木、国、风、林、吕"，那么按照字数应该计5分，按照结构数应该计5分（独体字、全包围结构、半包围结构、左右结构和上下结构），那么加在一起共得10分。

3. 游戏奖励：

如果有条件，在这个环节最好准备一些小奖品。在计分之后，得分最多的小组获得奖励。奖励对初级学生来讲非常重要，有奖励的课堂更吸引学生。

### （三）介绍剪纸文化：

1. 简单介绍剪纸的历史、各地区不同的剪纸特点及剪纸中与春节相关的"字"，带领学生认读这些字，了解这些字的含义。

2. 观看介绍剪纸的视频，进一步了解中国的剪纸艺术。

### （四）剪"福"字、"春"字：

1. 剪"福"字：

展示"福"字剪纸，先说明"福"的意思，然后PPT展示"福"字剪法，让学生分步骤剪出"福"字。

2. 剪"春"字：

展示"春"剪纸，先说明"春"的意思，然后PPT展示"春"字剪法，让学生剪出"春"字。

3. 制作立体"春"字挂饰：

学生学会剪"春"字后，问学生怎么做出立体的"春"字挂饰。然后让学生看立体"春"字的剪法视频，最后每个人做出"春"字挂饰，并写上自己的名字。

### （五）装饰教室：

提前剪出一个大大的"木"字，贴在教室墙上。然后让学生将自己剪好的汉字贴上去，最后变成一个"汉字圣诞树"。

### （六）作业：

学生回家向父母或者兄弟姐妹介绍中国的剪纸文化。

## ◆ 教学反思

1. 了解教学对象，做好课程铺垫。由于学生是初级汉语水平，而且多数并不了解剪纸文化，所以在课程开始之前，要对教学内容做好铺垫，由旧知识引到新知识，由简单引到复杂。

2. 明确教学目的，确定教学内容。由于这节"剪字"课的教学目的，是为了重温汉字的基本知识，激发学生学习汉字的兴趣，所以课程不能偏离主题变成"剪画"课。如果是中国文化课上的剪纸课，老师要通过剪纸手工让学生了解中国剪纸，那就应该告诉学生一些基本的剪纸技巧，再让学生进行剪纸练习。

3. 建立语言文化教学模式。如何将文化教学嵌入语言教学之中，创建语言文化教学课，是一个非常有意思的课题。

4. 加入课堂游戏，激发学习兴趣。本课设计了定时剪字、按字计分等游戏环节，从课堂效果来看，能够大大激发学生的学习兴趣。

## 作者简介

黄梅，北京语言大学语言学及应用语言学博士。北京语言大学汉语国际教育学院副教授。自2008年起，在北京语言大学汉语学院任教至今，曾任教初、中、高级汉语语言课程，经贸汉语课程以及面向高级汉语学习者的中文文化课程。

# 被拒绝了以后还可以再邀请吗？
## ——一节探讨中美文化差异的语用学课

肖　峰[①]　聂　昆

> **导读**
>
> 　　在中文教学中，以语用学为核心的专业课程很罕见，然而语用学的重要性在交际能力这个概念中得到了很高的认同（Bachman & Palmer, 2010[②]；刘燕君、肖峰，2015[③]），因为交际是否成功不但取决于学生使用第二语言的准确性和流利度，而且要看其表达的得体性。本课程属于三年级中文文化课。课程内容在中文语用学的范畴之内，选取了凸显中美文化差异的语言现象。
>
> 　　和传统的文化课程不同，这门课系统地采用实证研究为教学材料，旨在提高中文学习者对中文使用中所包含的文化差异的思辨能力（critical thinking）。本课程所指的思辨能力源于修正版的认知金字塔（the revised Bloom's taxonomy, Anderson, et al., 2001[④]）。认知金字塔理论将该能力分为六类：记忆（remember）、理解（understand）、应用（apply）、分析（analyze）、评价（evaluate）和创新（create）。这六类分技能均在该课程的教学目标中体现了出来。

## 教学目标

1. 记住并理解影响中文使用的中国文化中的核心概念。（记忆和理解）
2. 能在交际中得体地使用中文。（应用）
3. 分析并评价中美文化差异对语言使用得体性的影响。（分析和评价）
4. 用英文写一篇跨文化差异的实证研究。（创新）

## 课程设置及学生背景

　　本课程的名称是现代汉语语用学，目标群体是在大学学过至少三个学期的中文（中级水平），熟练掌握至少500个汉字和1000个词汇的本科学生，但对学生的专业背景无限制。教学方式以讨论为主，授课语言以英文为主。授课时长为每周两课时，每课时1.5小

---

[①] 感谢梅隆基金会数字人文项目为本文第一作者所提供的课程设置基金。
[②] Bachman, L. F. & Palmer, A. S. 2010. *Language testing in practice.* Oxford: Oxford University Press.
[③] 刘燕君、肖峰（2015）交际能力模型中语际语用能力发展研究述论，《华文教学与研究》第3期。
[④] Anderson, L. W., Krathwohl, D. R., Airasian, P. W., Cruikshank, K. A., Mayer, R. E., Pintrich, P. R., Raths, J. & Wittrock, M. C. 2001. *A taxonomy for learning, teaching, and assessing: A revision of Bloom's taxonomy of educational objectives (abridged edition).* White Plains, NY: Longman.

时。本学期共十七周，具体授课内容安排如下：

| | |
|---|---|
| 第一周 | 介绍中国文化中的概念（如：面子） |
| 第二到三周 | 介绍中文语言学的概念 |
| 第四到七周 | 讨论跨文化和跨语言差异的相关理论和实证研究方法 |
| 第八周 | 复习及期中考试（笔试） |
| 第九到十五周 | 讨论中英文中得体性的实证研究 |
| 第十六周 | 学生报告各自的期末研究并得到反馈 |
| 第十七周 | 答疑和提交期末论文 |

> 本课程的设置特点是通过系统地介绍实证研究及其相关理论来增强学习者的思辨能力。其目的在于避免采用以老师个人的教学经验为基础的教学范式，进而增强该课程设置的可复制性。教学案例往往受到学生、老师和教学环境的影响，而这里采用的以实证研究为基础的教学范式却具有普遍性。
>
> 小贴士①

## ◆ 教学工具及材料

### （一）阅读材料：

1. Levinson, S. 2017. Speech acts. In Huang, Y. (ed.), *The Oxford handbook of pragmatics*. Oxford: Oxford University Press. 199-216.

2. Taguchi, N., Xiao, F. & Li, S. 2016. Effects of intercultural competence and social contact on speech act production in a Chinese study abroad context. *Modern Language Journal*, 100(4), 775-796.

> 因教材和所选文章均为英文，所以每节课的课前阅读任务设为两到三篇文章或者书的部分章节（一般选50-60页）。
>
> 小贴士②

### （二）教学材料：

课程PPT。

### ◆ 教学步骤

本部分将以第十周第二节课为例来说明教学步骤。本节课的教学目标是言语行为理论（speech act theory）。

一、课前预习：

正式上课之前，学生完成必读文献。Levinson（2017）是关于言语行为理论的最新综述，Taguchi, et al.（2016）是以中文为目的语的言语行为能力研究。选择这两篇文献的目的是让学生既能理解该理论，又能在实证研究中发现理论是如何解释实际的语言文化现象的。此外，学生也可以结合自己的经历来讨论，从而提高他们跨文化和跨语言的思辨能力。这样的文献选择方式贯穿了整个学期。

二、课堂教学步骤：

（一）导入：

1. 任务一（中文）：学生A拒绝他的好友B生日聚会的邀请。
2. 任务二（英文）：学生A拒绝他的好友B生日聚会的邀请。
3. 分组讨论两个任务完成的异同，并回答以下问题：
① 这两个任务中，中文和英文的拒绝有什么不同？
② 在拒绝邀请的时候，你会考虑哪些因素？
4. 老师引出目标语用功能：直接和间接拒绝，从而延伸到言语行为理论。

（二）必读文献讨论：

这一部分需要学生来分析和评价必读文献。要求学生在上课前读完文献。为了确保阅读效果，每篇文章都有老师准备的导读问题。导读问题是为了引起学生的思考而不是简单指向文献中的某个细节。

1. Levinson（2017）的导读问题：
① 你知道的言语行为的种类有哪些？请举例说明至少三种。
② 你认为言语行为的种类是有限的吗？为什么？
③ 中英文言语行为有什么异同？
2. Taguchi, et al.（2016）的导读问题：
① 本篇文章里两大类言语行为的本质区别是什么？请用自己的例子说明。
② 本篇文章是怎么测试言语行为的？这样的测试方法有什么好处和局限？
③ 什么因素会影响中文学习者的言语行为产出？

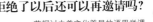

3. 课堂中讨论的问题：

① 在什么情况下你会直接拒绝？什么情况下你不会？
② 是不是间接拒绝总是比直接拒绝得体？为什么？
③ 什么因素会让拒绝别人变得更难？
④ 中文和英文在请求、拒绝和对称赞的应答这样的言语行为的表达上有什么异同？
⑤ 哪些句子属于直接的言语行为，哪些属于间接的言语行为？

这些问题能让学生思考文化背景、对话场景对得体表达的影响。以拒绝这种言语行为为例，学生应该明白当一个邀请被直接拒绝后，邀请人会再邀请几次，这在中文里被认为是得体的，而在英文中却不是（Mao, 1994①）。

> 必读文献的讨论也可由学生主持。在本课程中，每个学生都会选一个感兴趣的话题来主持课堂讨论。主持讨论要求学生结合必读文献和自身经历，让全班理解本节课的教学目标并学会应用。主持讨论的学生应提前和老师交流完成自己的课堂讨论计划。老师在课后就如下四个方面给学生评价并打分：话题相关知识的掌握度、观点的逻辑性及认可度、讨论的组织有序度、课堂的互动度。如果一节课的话题没有学生选择，则由老师自己完成。
>
> 小贴士③

（三）巩固练习：

该部分旨在巩固并拓展之前两部分的学习成果。老师需要给出角色扮演的任务让学生两两练习。这一部分由两个阶段四个课堂任务组成。第一阶段的两个任务改编自本课的第二篇文献，因为实证研究中的教学任务往往有较高的信度和效度。

第一阶段的两个任务：

任务一：A和B是同学关系，在宿舍楼里遇到了。A邀请B周末一起吃饭，可是B不想去。请根据这个场景做一个对话。

任务二：A和B是学生和老师的关系。在B的办公室里，A问完了关于作业的问题，要走的时候，B邀请A和别的同学一起去B家里庆祝中秋节，可是A不想去。请根据这个场景做一个对话。

教学步骤：

1. 学生两两完成这两个任务，并讨论这两个任务中拒绝的不同。
2. 老师选择两组学生到台前表演。
3. 老师点评两组学生的表现，并指出两个任务中拒绝的不同：

---

① Mao, L. R. 1994. Beyond politeness theory: "Face" revisited and renewed. *Journal of Pragmatics*, 21(5), 451-486.

（1）第一个任务中，直接拒绝是得体的，因为同学之间的社会地位平等，年龄也相仿。

（2）第二个任务中，间接拒绝是得体的，因为师生之间有社会地位和年龄的差异。

（3）中文的拒绝往往理由先于拒绝，而英文恰恰相反。

第二阶段的两个任务：

**任务三**：A和B是同学也是好朋友关系，在宿舍楼里遇到了。A邀请B参加她的生日聚会。A非常想让B来，可是B因别的活动不能去。请根据这个场景做一个对话。

**任务四**：A和B是学生和老师的关系。在B的办公室里，A问完了关于作业的问题，B发现A对学过的知识掌握不够，邀请A参加下周的补习课，可是A下周的时间安排得很满不能去。请根据这个场景做一个对话。

教学步骤：

1. 学生两两完成这两个任务，并讨论这两个任务中拒绝的不同。
2. 老师选择两组学生到台前表演。
3. 学生和老师一起点评两组学生的表现。

任务三、四也是针对拒绝这一言语行为的，可是任务的难度比之前的提高了。和任务一相比，任务三里拒绝的难度很大，因为对话双方的关系更近，而且邀请人很希望受邀人接受而不是拒绝。同样，和任务二相比，任务四里拒绝的难度很大，因为老师的邀请是出于对学生学习的考虑。因此，学生在完成第三部分的任务时，需要更好地理解在不同语境中言语行为的得体性。该阶段的点评应以学生为主，因为老师已在前面点评中介绍了相关的语言文化知识，也展示了如何点评。

> 在直接介绍了语用知识以后加上充分的后续练习，可以让语用教学成果保持得持久，而后续练习中的任务因以口语产出型为宜（Taguchi, 2015[1]；Xiao, 2018[2]）。若学生的语言水平差距大，则分组以相对高水平和相对低水平的配对为宜。
>
> 小贴士④

**（四）总结：**

1. 老师总结本课的教学目标完成情况，并再次强调学习的重点。
2. 学生自由发言，表达对本节课学习内容的反馈。

---

[1] Taguchi, N. 2015. Instructed pragmatics at a glance: Where instructional studies were, are, and should be going. *Language Teaching*, 48(1), 1-50.

[2] Xiao, F. 2018. Advanced-level pragmatics in instructed SLA. In Malovrh, P. A. & Benati, A. G. (eds.), *The handbook of advanced proficiency in second language acquisition*. Hoboken, New Jersey: Wiley-Blackwell. 461-482.

## 教学反思

在两年的实践中，学生对该课程的评价一直很高。在给学校的反馈中，他们提到了这门课的三个特点：第一，将思辨能力细化为六类，并一一通过任务来提高；第二，采用实证研究的成果来设计任务，不空谈理论，也不依赖老师的个人经验，这让课程的内容更科学可靠；第三，关注语言和文化的结合，强调得体表达，而不仅仅是追求准确性和流利度。这三个特点也正是本案例所要分享的核心内容。如果说以学生为中心是课堂教学的原则，那么这三个特点抓住了学生的需求，也可以为其他中文文化课程所借鉴。

除了上述三个特点外，两年的教学实践也经受了一些挑战。首先，尽管语用能力被认为是交际能力的重要组成部分，但是中文语用能力的实证研究还比较少，这对教学内容的选择是一个挑战。目前这门课所选内容范围还比较窄，需要依据更多相关研究的成果来拓展。然后，学习效果的测评需要进一步完善。目前这门课的测评以期中笔试、期末论文、对必读文献的评价报告和作业的书面测评为主，而口头形式的测评只有主持课堂讨论和期末论文口头汇报两种。课堂任务虽然以口头形式为主，但是并没有评分机制。今后的相关课程可以采用更多的口头测评，并使用可靠的口头任务评分机制来考察学生实际语言使用的得体性，而不是仅仅通过书面形式来考查他们对语用知识的掌握程度。基于这两个挑战，我们呼吁一线老师重视语用教学的价值，在教学实践中积极进行行动研究（action research）来探索最佳的中文语用学大纲。这样的努力也可以给其他中文文化课的课程设置提供可操作性的建议。

## 作者简介

肖峰，美国卡耐基梅隆大学二语习得博士。博墨纳学院副教授、中文项目负责人，《汉语学习和教学研究》副主编。研究方向包括语用学、第二语言习得及数字人文。

聂昆，美国卡耐基梅隆大学第二语言习得硕士。现任教于博墨纳学院，曾执教于芝加哥大学暑期班和瑞德兰大学。研究方向包括对外汉语教学和数字化学习。

# "唔该定多谢"?
## ——如何在初级粤语课中融入方言文化教学

柯思慧

> **导 读**
>
> 粤语,又称广东话,是中国七大方言之一,在中国广东、广西、香港和澳门,以及马来西亚、越南、澳大利亚、英国等国家和地区的华人社区广泛使用。本文以一次粤语入门讲座为例,谈谈如何在北美大学初级粤语口语课中融入方言文化教学。值得注意的是,本课程是一门针对准备到香港留学的工商管理硕士的预备课,包含三场粤语入门讲座。对这些学生而言,课上除了学习基础粤语,还要增加一些文化实践,更有利于学生为留学香港期间的学习与实习工作做准备。

## ◆ 教学目标

1. 学生了解粤语在香港的使用情况。
2. 学生掌握粤语拼音和声调。
3. 学生掌握一些实用的粤语词语和短句。
4. 学生掌握社交、交通、购物、用餐四个日常生活情景中的会话沟通技能。

## ◆ 课程设置及学生背景

本课是美国大学一门留学预备课的系列讲座的第一场,时长为1小时。
全班共26名母语为英语的研究生,已掌握基础普通话,无任何粤语基础。
授课语言:英文、粤语混杂。教学材料以英语及粤语拼音为主。

## ◆ 教学工具及材料

(一)阅读材料:

Chow Bun Ching. 2009. *Cantonese for everyone (English and Chinese edition)*. Hong Kong: The Commercial Press. 1-24 (Introduction); 93-95, 100-101 (Socialization); 28-30 (Numerals); 152, 161-162, 168-169 (Ordering food); 174-175 (Shopping); 184-185 (Transportation).

（二）教学材料：

1. 课程PPT。

2. 经过改编的课本对话（社交场景正式与非正式对话范例，带粤语拼音和英文翻译）。

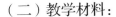 教学步骤

一、课前准备：

我为学生设计了一个学习材料包，包括粤语学习材料、粤语学习指南以及留学香港的小贴士等。

二、课堂教学步骤：

（一）热身：

老师向学生介绍现在香港使用普通话、粤语和英语的基本情况：香港是一个国际化大都市，官方语言政策为"两文三语"（两文：中文和英文；三语：粤语、英语和普通话）。根据香港特别行政区政府统计处2019年的统计，88.8%为粤语，3.9%为普通话，3.3%为中国其他方言，1.4%为英语，2.6%为其他语言。

通过简单介绍，让学生意识到学习粤语的重要性及实用性，为在香港留学做好语言准备。有学生误以为香港司机都可以用英文沟通，我给他们的建议是初到香港可以随身带着酒店的中英文卡片或使用手机翻译App，遇到困难时方便沟通。

（二）粤语拼音学习：

1. 播放视频"Our Hong Kong (Arts & Culture—Where East meets West) 2015"[①]，一遍英文版，一遍粤语版，让学生感受粤语的发音。

2. 学习粤语不需要死记硬背，先学好粤语拼音，在这个基础上再学标准的粤语发音，不需要强记硬背。老师带领学生学习19个声母和53个韵母，注意发音。

3. 以同一音节（si）六个不同声调为例，如"丝、屎、市、试、匙、事"分别代表粤语拼音方案中的1—6调，介绍正确运用声调区别意义的重要性，让学生先听、做出分辨，然后练习发声。

---

[①] 英文版网络链接：https://www.youtube.com/watch?v=LWaoyHwZw9U，访问日期：2021-8-15。

粤语版网络链接：https://www.youtube.com/watch?v=OL4eyM6dZGE&feature=youtu.be，访问日期：2021-8-15。

4. 学习数字0到9，学生两人一组练习用粤语说出自己的手机号码，注意纠音。

> 粤语有九声，阴平、阴上、阴去、阳平、阳上、阳去、高阴入、低阴入、阳入；有六调，用阿拉伯数字1-6标示。考虑到讲座时间紧促，仅简单介绍六调，以培养日常交际为主要目标，在PPT中展示英文及粤语拼音，不展示汉字，减轻学生的焦虑感。
>
> 小贴士①

## （三）实用词语及短句教学：

以"唔该"为例，该词可用于寻求帮助、在餐厅示意服务员点菜、表达歉意或感谢。老师可用PPT展示相应场景的图片给学生提示，一张图片是拥挤的公共汽车，学生下车前要跟其他乘客说"唔该"表示不好意思，如果有其他乘客给学生让路，学生也可以用"唔该"表达谢意。

这一环节学习八个交际功能的词语和句子：问候、道别、感谢、道歉、求助、问路、回应、称赞。因为学生较多，只好采用老师领读，学生集体或个别跟读的方式。

## （四）场景会话练习：

这一环节设计了四个场景，包括社交、交通、购物和用餐。社交会话练习按照学生在香港留学可能遇到的情况设计，比如在学校跟同学非正式打招呼，以及在公司和专业人士正式见面。

老师根据教材和四个场景编写了简单的对话，并附上英文解释与粤语拼音。每个对话都设定是两个人之间的交流，包括两个话轮（turn-taking）。每个对话教学安排如下：

1. 老师带领全班跟读。要求学生只读粤语拼音，英文翻译会标注在PPT上，但老师不会解释，避免教学中使用过多英文。

2. 学生配对练习。

3. 学生自愿表演对话。

## （五）结语

老师回顾本次讲座的教学内容，并预告下次讲座内容。

## 三、课后巩固：

本课程安排了一名美国华裔助教（粤语、英语均流利），在每次课后与学生单独见面复习课上的教学内容（如：实用短语及会话）。

## 教学反思

1. 本文介绍的粤语入门讲座教学内容仅针对需要在短期内掌握粤语基础及方言文化概念的学生,对长期课程不适用,特别是声调教学。如果学生想长期投入学习粤语,需要投入更多的课时打好语音基础。

2. 因为班上学生人数较多,老师使用英文作为教学语言的比例较高,并多采用全班集体跟读的形式,然后针对个别学生纠错。助教主要负责辅导课后复习。在以后的教学实践中,可以让助教随堂辅助授课老师组织更多沟通型课堂活动,让学生灵活运用新习得的语言技能。

## 作者简介

柯思慧,美国卡耐基梅隆大学第二语言习得博士。肯塔基大学现代与古典语言文学文化系助理教授。主要研究方向:第二语言习得、第二语言阅读、外语能力评估与教学。在 *Applied Linguistics, Language Learning, The Modern Language Journal* 等学术期刊发表多篇文章。现任 *Journal of Educational Psychology, Frontiers in Psychology: Cognitive Science, Studies in Chinese Learning and Teaching* 及 *Chinese Language Teaching Methodology and Technology* 编委会成员。

# 今天你加班了吗？
## ——从中西方公司加班文化差异看文化震荡

王 薇

> **导 读**
>
> 语言是文化的载体，也是文化的重要组成部分。在对外汉语教学中，语言与文化是密不可分，相辅相成的。在商务汉语教学中，更是处处离不开文化。因为只有对目的语文化有足够的认知，才能在商务语境下进行有效的跨文化交际，所以在商务汉语课中安排文化教学是必要的，通过让学生了解文化差异和文化冲突，可以提高其文化敏感度，增强其对目的语文化的适应性。本文以一节跨文化交际案例分析课为例，首先通过案例让学生了解中西方公司不同的加班文化，并由此引出对文化震荡的介绍，然后对造成案例中文化震荡的主要原因——东西方文化差异进行探究，最后老师给出由文化震荡产生的不同问题，学生分组讨论给出解决问题的方案。

### ◆ 教学目标

1. 通过回顾《下班时间到了，走还是不走？》[1]，加强学生对中西方公司不同加班文化的了解。

2. 让学生初步了解什么是文化震荡。

3. 通过刘扬《东西相遇》[2]中的部分图片来引导学生对中西方文化进行对比分析，并由此联想造成中西方公司加班文化差异的原因。

4. 通过给出问题情境，由学生进行角色扮演（遭遇文化震荡的客户和跨文化交际咨询师），以期在了解文化背景的基础上，学生能描述所遭遇的文化震荡问题，分析问题的原因，并合作找出解决方法。

### ◆ 课程设置及学生背景

本课是美国大学四年级商务中文课的一个教学单元，总授课时长为150分钟，前两节课（100分钟）以语言教学为主，学习跨文化交际案例，最后一节课（50分钟）以介绍文化背景知识、比较文化差异、进行跨文化交际讨论为主。本文详细介绍最后一节课的教学步骤。

---

[1] 本课使用的案例出自《纵横商务汉语：跨文化交际案例教程》，柳岳梅主编，高等教育出版社，2013年。
[2] 网址链接：https://www.sohu.com/a/336071329_99936263，访问日期：2021-7-30。

学生背景：来自美国的高级汉语学习者（学习中文三年以上）。华裔与非华裔学生皆有，非华裔学生居多。基本都是商学院在读的学生，有在中国实习的经历或者去中国留学、工作的计划。

授课语言：以中文为主。

## ◆ 教学工具及材料

### （一）阅读材料：

1. 教材《纵横商务汉语：跨文化交际案例教程》37—38页"分析与指导"：矛盾冲突、原因分析、文化沟通。

2. 教材《纵横商务汉语：跨文化交际案例教程》38—40页：补充阅读《杰西卡的烦恼》。

### （二）教学材料：

1. 课程PPT。
2. 《东西相遇》8张对比图。

## ◆ 教学步骤

### 一、课前预习：

1. 阅读课文后面的"分析与指导"，并回答下面的问题：

① 王友平面临的文化冲突主要表现在哪些方面？

② 中西方在工作价值观上有什么冲突？

③ 文化震荡产生的原因是什么？

④ 从事跨国商务工作应该怎样减少文化震荡带来的负面影响？

2. 阅读《杰西卡的烦恼》，并回答下面的问题：

① 刚抵达中国时，杰西卡为什么觉得不可思议？

② 杰西卡为什么对跟中国同事喝酒感到苦恼和困惑？

③ 澳大利亚老板的作风是什么？

④ 你会怎么帮助杰西卡尽快适应在中国的工作、生活？

3. 对文化震荡做一些调研，并思考下面的问题：

① 什么是文化震荡？

② 文化震荡产生的原因是什么？

③ 文化震荡的四个阶段是什么？

> 上述预习作业，一是为了督促学生通过阅读相关文章巩固前面所学的内容，二是希望学生通过自主学习提前对课堂所要讨论的话题有基本了解。学生的调研可以是中文的，也可以是英文的。
>
> 小贴士①

## 二、课堂教学步骤：

### （一）回顾案例：

1. PPT上给出提示，让学生复习案例中不同公司的加班文化。问题如下：

① 职业经理王友平从香港到悉尼工作以后遇到了什么问题？
② 澳大利亚人的生活跟香港人的生活有什么不同？这反映了观念上有什么不同？
③ 王友平原来的工作习惯是什么？
④ 王友平澳大利亚的同事们有什么工作习惯？这反映了观念上有什么不同？
⑤ 总经理为什么悄悄关注王友平？王友平工作的新习惯是什么？

> 复习课文内容的问题应避免细节性、记忆性问题，比如人物、地点、时间等。这部分的问题应该主要考查学生是否了解课文中东西方不同的生活习惯、工作态度以及人生观念。
>
> 小贴士②

2. 深入讨论：

① 如果你是王友平，被调到其他地方工作，你会怎么应对文化差异？
② 澳大利亚人的观念是"为了生活而工作"，你同意吗？你认为工作和生活是什么关系？
③ 如果你是老板，你希望你的员工"为了生活而工作"还是"为了工作而生活"？为什么？
④ 你觉得文化多样性给跨国公司的工作带来的利大还是弊大？

> 最后通过对文化多样性利弊的讨论过渡到下一个教学环节——对文化震荡进行介绍、讨论。
>
> 小贴士③

### （二）介绍文化震荡：

提问学生有没有经历过文化震荡，然后请学生根据自己的调研结果介绍什么是文化震荡，文化震荡产生的原因是什么，文化震荡的四个阶段是什么，再由老师综合学生回答，给出参考答案。

这里的参考答案包括两部分。一是由老师调研得出的，比如文化震荡的中文定义是根据维基百科及其他文献，并结合学生的语言水平给出的；文化震荡的原因采用了教材上的原因分析，并进行了精简。二是学生在课前准备，并且在课堂讨论中得出的，这一部分答案需要老师在课堂上及时归纳总结。两部分答案互相补充，使学生对文化震荡形成一个比较全面深入的认识。

> 这部分可以请去过中国的学生描述一个自己经历过的文化震荡案例，并引导他们过渡到下一个教学环节——中西方文化对比。
>
> 小贴士④

## （三）中西方文化对比：

1. 把学生分成两人一组，每组随机抽取《东西相遇》的对比图，由学生判断左右两张图哪张代表西方，哪张代表中国，并找出实例印证图片上的中西方差异。

> 在给学生图片之前，先不要告诉学生哪个代表西方，哪个代表中国。有的学生会根据图片上方的文字（所有图片左上角是德文，右上角是中文）以及颜色（蓝色代表西方，红色代表中国）猜出答案，从而失去了看图独立分析的机会，所以建议把图片上方的文字裁剪下去，并打印成黑白的图片来增加挑战性。
>
> 小贴士⑤

2. 老师把所有图片在PPT上一一展示，拿到图片的小组先来讲解，最好给出具体例子，然后由老师补充。

（1）自我的对比图中，西方社会强调个人，"我"最大，而中国社会淡化个人，"我"只是集体中的一员。

（2）领导的对比图中，西方的领导与下属是平等的，而中国人的领导地位高、权力大。

（3）对待愤怒的对比图中，西方人会直接表达愤怒的情绪，而中国人善于隐藏愤怒的情绪，始终笑脸迎人。

（4）表达意见的对比图中，西方人直率，而中国人含蓄。

（5）处理问题的对比图中，西方人直接解决问题，而中国人避开问题。

（6）人际关系的对比图中，西方的人际关系线相对简单，而中国的人际关系网非常复杂。

（7）生活方式的对比图中，西方崇尚个人主义，追求独立自由的生活，而中国人崇尚集体主义，强调个人与集体的紧密联系，所以中国人常常以家庭、集体、国家为重。

（8）准时的对比图中，西方人时间观念强，而中国人的时间观念相对较弱。

> 由于每个学生的文化体验不同，所以不是所有人都会同意图片上的东西方差异，比如在人际关系的对比图上，有的学生认为西方的人际关系也很复杂，与图片右边的中国人际关系网没有差别。这个时候不要否定学生，而要趁机引导学生说出为什么有这样的观察体会，问问别的同学是否赞同，再尝试引导学生挖掘其背后的深层原因。这会为课堂讨论带来意想不到的收获。

小贴士⑥

3. 讲解完图片上的东西方文化差异以后，由学生讨论哪些文化差异导致了公司加班文化的不同。老师先在PPT上给出示范，比如，自我认知方面，西方人重视自我的价值和需求，而中国人轻视自我的价值和需求，所以西方人把个人放在工作之前，而中国人把个人放在工作之后；表达意见方面，西方人直率而中国人含蓄，所以如果对加班有意见，西方人会直接明说，而中国人会非常委婉。老师示范之后由学生发散思维，从不同角度阐释公司加班文化差异的原因。

（四）通过角色扮演，提出不同问题并制定解决方案：

1. 学生按角色分为两大组：一组学生扮演跨文化交际咨询师，解决文化震荡带来的问题；另一组是遇到了文化震荡带来的问题，寻求帮助的客户。老师提前把准备好的问题打印在纸条上随机发给第二组，然后第二组每个人从第一组里选择两个咨询师，根据拿到的题目进行咨询。

> 老师应根据课堂时间、学生人数来决定制作几组情景问题。每组咨询师的人数最好多于前来咨询的客户，这样咨询师在制定解决方案时可以一起进行头脑风暴，集思广益。

小贴士⑦

2. 情景问题样例：

① 你是一位刚刚毕业的美国大学生，在上海一家公司工作了两个月，这两个月你在语言、思维方式与公司文化上都感受到了极大的不适应，比如你在中国人的饭局上，不明白为什么一定要喝酒，而且还要抢着买单。你需要向咨询师寻求帮助。

② 你是一名外派到北京公司的职业经理，刚刚入职不久，在适应语言、思维方式、公司制度及文化上遇到了极大的困难，尤其是公司里从老板到员工惯性加班。

你希望尽快融入这个环境,并且改变你觉得不合理的公司文化,所以你找到咨询师寻求帮助。

③ 你是一名在美国公司工作的中国研究生,虽然你的英语不错,但是你不善于在领导及同事面前表达你的看法,你觉得自己多加班可以弥补语言上的不足,可是领导却以为你工作上有困难。现在半年过去了,你发现由于文化、思维方式的不同,你很难融入你周围的环境。你感到很困惑很沮丧,需要咨询师的帮助。

3. 每组咨询完成后,由各组咨询师报告自己客户遇到的问题及给出的解决方案。

4. 最后由老师对各组方案进行点评。

(五)课后作业:

在中国很多公司加班是不可避免的,甚至有的老板认为不加班就等于工作不努力。员工们对加班也有不同的看法,一些员工对加班并不排斥,甚至为了挣加班费抢着加班,还有一些员工不愿意加班,可是为了保住自己的工作,不得罪领导,不得不加班。最近几年,因为员工过度加班而生病、猝死的报道越来越多,这引起了一些公司的注意,他们决定重新调整公司的加班规定。

作为一个中国知名外企的CEO,你怎么看待员工加班,支持还是反对?你会怎么做?请给出你的理由。

## 教学反思

1. 因为教学对象有不同的语言、文化背景,比如该班级里有华裔学生、非华裔学生,有在中国留学、实习经历的学生,也有没有去过中国的学生,所以要尽量照顾到每个学生以前的语言文化经验,有针对性地讲解知识、设计问题。

2. 汉语文化课的教学材料非常有限,所以在设计课程的时候,需要老师搜集相关的真实材料,然后根据学生的语言水平、文化背景,进行甄选并做出相应的调整。把真实材料转化成教学材料,这样才能有更好的教学效果。

3. 该课教学内容很多,受限于授课时间,对文化差异对比的讨论只是点到为止,如果学生最后能有更多的时间讨论并制定方案,做出的报告成果会更完整、更成熟。

## 作者简介

王薇，美国哈佛大学东亚语言与文明系中文讲师。爱荷华大学对外汉语硕士。曾在圣母大学任教多年，也曾多次参与罗德岛大学中文旗舰项目暑期班、普林斯顿暑期北京中文培训班、杜克大学在华暑期项目等。教授过多门初、中、高级汉语语言课程，并开设过高级商务汉语课程、初级商务汉语网络课程，参与开发低年级、高年级混合课堂设计。研究兴趣包括计算机辅助教学在对外汉语中的应用、网络中文课程开发等。

# 皇上的一天
## ——在情景剧表演中体验中国历史

赵 亮

>> **导 读**

中国历史源远流长，中国文化博大精深，对汉语学习者来说，是值得挖掘的需求点；对汉语老师来说，是取之不尽的资源库。海外学生对中国历史有强烈兴趣，但是由于内容太过庞杂，自学起来不知从何入手。对此，老师可以选择某一个具体话题，使学生既感到兴致盎然，又可以据此展开更广泛的自主学习。本课选取的话题是"皇上的一天"，实际上只是清朝皇上较典型的日常活动。通过情景剧的方式，把教学融入表演中，淡化介绍性的内容，并引导学生进行多层次的讨论。

## 教学目标

1. 通过富有趣味的情景剧表演，了解中国清朝皇上的日常活动。

2. 掌握部分历史词语，如"皇上""奏折""万岁"等。本课所涉及的语言知识缺少实际交际性，因此语言教学并不是本节课的主要教学目标，不做严格限制，视学生水平而定。

3. 通过讨论，体会皇上的日常活动中反映出的中国文化，培养跨文化意识。

## 课程设置及学生背景

本课程是美国大学的一门选修课，名为 Introduction to Chinese Culture and Language。通过专题讨论的方式，让学生体验中国语言文化，培养学生的跨文化意识。

本篇所选的话题是两课时完成的，共100分钟。

学生背景：汉语零基础的大学生，专业、年级不限。共7名学生，3名男生、4名女生。

授课语言：本课程对中文教学没有任何要求，授课语言以英文为主，偶尔穿插一些汉语常用语和个别文化词汇的教学。

## 教学工具及材料

（一）阅读材料：

1. Eberhard, W. 2005. *A history of China*. New York: Cosimo, Inc. 270-303.

2. Secluded life of the Chinese emperor, 网址链接：http://factsanddetails.com/china/cat2/4sub9/item44.html, 访问日期：2020-9-1。

3. Leo Timn. 2015. A day in the life of a Chinese emperor, 网址链接：https://www.theepochtimes.com/a-day-in-the-life-of-a-chinese-emperor_1276071.html, 访问日期：2020-9-1。

（二）教学材料：

课程PPT。

（三）课堂活动工具：

情景剧道具：传统服饰、配饰、毛笔、筷子、碗碟、扇子、书画、仿制的奏折等。尽量丰富，供学生选择。

## 教学步骤

一、课前预习：

阅读上述阅读材料：

材料1：要求学生根据材料，画出一张思维导图，梳理读到的内容。思维导图的核心话题是"清王朝"；一级分支至少五个，可选择该章节中的任意五个方面；二级分支和三级分支数量不限。可以用XMind等软件制作，更推荐用纸笔绘制，鼓励图文并茂。思维导图作业以图片的形式提交到老师邮箱，老师再把所有图片传到课程云端，供学生们在课前查看。

材料2和材料3：这两份材料为课堂情景剧提供了很多内容支持，通过阅读这两份材料，学生可以对皇上的日常生活有一个大致了解，有助于课上情景剧的进行。

> 材料1是对清王朝比较全面、客观的介绍。从内容上看，它不如材料2和材料3那样与本课话题直接相关。我将其设为必读材料，主要是出于两点考虑：一是学生能从中找到一些有关皇上日常活动的原因，比如君臣关系、汉文化学习、宗教活动等；二是有助于学生多角度、深层次看待皇上的日常生活，在讨论中能避免浮于表面。
>
> 小贴士①

二、课堂教学步骤：

（一）导入：

通过课前材料的阅读和其他渠道的了解，你对清朝的皇上有哪些了解？有何评价？

# 皇上的一天
## ——在情景剧表演中体验中国历史

文化实践类

> 在这门课程中，我常鼓励学生表达自己的看法，比如评价某一人物、点评某种传统或在提到某一历史事件时，问学生"如果换作是你，你会如何做"等。既然是体验课程，则不必一味强调如学术研究般科学、客观，可鼓励学生将自己代入历史场景或文化环境中，尝试体会人物的真实感受。
>
> 小贴士②

## （二）情景剧：

1. 确定角色，选择道具。

主要角色有：皇上1名，太后1名，太监或侍卫1名，妃子1名，普通大臣2名，心腹大臣1名。

在如何确定"皇上"一角的问题上，我的处理方法是：在这节课之前有一节书法课，学生们对课堂作品互相打分评选出了优胜者。此前已经承诺过优胜者会有惊喜，此时揭晓，惊喜就是当一次"皇上"。至于其他角色，因戏份大致相当，让学生自己选择即可。如果有多人选同一角色的情况，则用"石头剪刀布"来决定角色归属。切记不要武断地按性别划分角色。

> 角色数量根据班级学生人数而定，让大家尽量都参与进来。"妃子"和"大臣"这两个角色的人数具有弹性。至于是否需要"太监"这一角色，则视学生接受情况而定。如果不方便解释何为"太监"，则可以回避，将这一角色改为"侍卫"，以免引起不必要的麻烦。
>
> 小贴士③

各角色先自行选择道具。在表演过程中，老师也会为每个角色提供必要的道具。

> 道具对情景剧的作用不可忽视，有助于学生进入表演状态，提高代入感和专注度。所需道具可以充分利用手头的一切资源，可以在扇子、中国结等文化课上带学生自己设计、制作，或向学校申请资金购买。此处推荐一种价格低廉的文化用品——photo booth props，有中国元素的产品供选择。
>
> 小贴士④

2. 情景剧表演。

情景剧以老师为主导。老师给出指令，学生表演。在特殊的文化点或学生提出疑问的地方，老师做出解释，尽量不打断表演。在每一次给出指令之前，老师先问暂时没有参与表演的学生："接下来做什么？"，以确保所有学生全程参与。

> 老师要留给学生表演空间。比如皇上给太后请安的环节，就可以让学生自己揣测母子的谈话，并表演出来。在实际课堂上，学生问道："How is my dad？"（"我父亲怎么样？"）这时老师就借此解释说，中国历史上很少有主动退位的皇上，大部分新皇上都是在上一任去世后才登基的。
>
> 小贴士⑤

> 老师给出的指令要多样化，有趣味性，甚至可以酌情设置障碍。比如，皇上按指令"翻牌子"选妃以后，老师可以补充："可是太后不喜欢她。"让学生自己处理这些情况。
>
> 小贴士⑥

具体的"皇上的一天"的线索，老师可以根据自己的研究和查找资料所得来确定。所选活动重在典型，至于具体时间和顺序，各种材料并不统一，只要不出现错误就好。结合吴十洲《乾隆一日》、搜狐新闻《乾隆的一天：当皇帝也是有纪律的！》，我整理并简化成适合初级汉语文化体验课的版本，如下（括号中是部分文化点，酌情扩展）：

04：00　　起床、更衣（服饰）
04：30　　朝祭（祭祀）
05：00　　问候母亲（孝道）
06：00　　早课（清朝皇上对汉文化的态度）
07：00　　读圣训（敬祖）
08：00　　早餐（用餐方式）
09：00　　批览奏折（批奏折的方式）
13：00　　引见臣工（君臣关系）
14：00　　晚膳、翻牌（"翻牌子"）
15：00　　小憩
16：00　　批览奏折，与心腹大臣晚面
17：00　　娱乐（书、画、古玩）
19：00　　礼佛（清朝皇上对宗教的态度）
21：00　　传唤妃子，就寝

在每个环节除了必要的介绍和引导，还可以穿插语言教学或文化扩展，并适当设置障碍让学生解决。根据是否适合表演，环节应有详略。本文不列出每个环节中老师要说的每一句话，仅以"13：00 引见臣工"这一环节为例，给出完整的教学演示。此环节也是表演过程中涉及人物最多、人物交流最复杂的一个。从中可以看出老师如何提问和引导，在哪里融入简单的语言教学（比如"万岁"），怎样引出文化点（比如清朝君臣关系），以及如何设置障碍并增加趣味性（比如让大臣之间出现矛盾）。

皇上的一天
——在情景剧表演中体验中国历史

老师：（接上一环节）现在是下午1点，皇上已经看了很久的奏折了，但这是他的全部工作吗？他的工作还包括什么？

学生：见大臣。

老师：很好。他要见大臣。（若是其他答案，则引导学生：皇上需要自己完成所有工作吗？谁可以帮助他？让学生想到"见大臣"。）

老师：今天有两位大臣想跟皇上汇报工作，可皇上只有时间见一位。请两位大臣出场。你们今天都有事情要跟皇上汇报。

分给大臣每人一张纸，上面写好了要汇报的工作内容。大臣们要把自己的名字写在一个牌子上。（把准备好的两个空白牌子交给大臣，请他们写上名字。）写完把牌子交给太监/侍卫。太监/侍卫把牌子给皇上看，皇上选择其中一块给太监/侍卫，让他去传唤大臣。

老师：（对没有被召见的大臣）你有急事，一定要告诉皇上，怎么办？

学生：（对被召见的大臣说）请你帮我告诉皇上。

老师：（对被召见的大臣说）但你和这个人有矛盾，不想帮他。

选中者拒绝带话。

老师：你还能怎么办？（如果学生想不到，老师可以做出翻阅奏折的样子，或直接指一下PPT上奏折的图片。）

学生：奏折。

老师：很好。现在太监/侍卫带大臣见皇上。

（太监/侍卫和被召见的大臣一起走到皇上面前。）

老师：（问学生们）能站着和皇上说话吗？

学生：不能，要跪着。

老师：对，很好。怎么向皇上问好呢，我们学一句中文，意思是"I wish you tens of thousands years old"，也就是"long live"，中文说"万岁"。（带读）万岁，万岁，万万岁。（学生跟读，如此三遍。）

老师示意大臣说"万岁"，继续表演。皇上要大臣汇报工作，大臣按照纸条上写的工作内容汇报，皇上给出反馈。在此过程中，学生可以自由发挥。

老师提醒时间到了，皇上让大臣离开。

3. 回顾：

学生们一同回顾皇上在一天中的全部活动。按照时间顺序，每人说出一项，老师用切换PPT场景的方式来做提示。如果课堂气氛较热烈，也可以全班一起说。

> 在之前的情景剧表演环节里,课堂气氛比较活跃,而且学生沉浸在表演中,思考更多的是细节,难以从宏观上整体把握教学内容。因此,这一环节的目的不在于让学生记住日常活动的顺序,而是整体梳理,以便于开启接下来的讨论。
>
> 小贴士⑦

## (三)讨论:

1. 针对皇上的日常活动:

情景剧中展现的皇上的一天,有哪些是你意料之中的,有哪些出乎你的意料?

2. 针对皇上这一形象:

你觉得做皇上的感觉如何,辛苦还是快乐?如果让你做皇上,你愿意吗?为什么?你喜欢你现在的生活还是皇上的生活?

3. 针对中国文化:

皇上的日常活动中,有哪些你认为体现出了中国文化,具体有什么表现?其中有哪些活动是你赞同的,哪些是你反对的?为什么?

> 在讨论环节,老师最好能提出比较具体的问题。太大的问题让学生不知从何答起,比如"请评价一下皇上的一天"这样的问题就有点儿大,具体到某个环节是否合乎想象就容易回答了。此外,可以设置一些让学生有代入感的问题,比如"如果让你做皇上"等假设,让学生结合自身和目标对象来思考。
>
> 小贴士⑧

## (四)总结:

1. 梳理皇上一天的活动,和第二部分的回顾类似,可以用PPT进行辅助,请学生们来说。

2. 每个学生给出两个反馈,一是课堂收获,二是存疑之处。

### ◆ 教学反思

1. 汉语老师在文化课教学中应恰当融入中国历史的话题,选取中国历史中知名度高的特色素材,通过设计加工,使学生能够以小窥大,体会到中国文化的诸多方面。在内容上,文学、历史亦可,艺术、哲学亦可,尽可挑选;在跨度上,千年亦可,一瞬亦可,但求典型;在操作上,体验亦可,讨论亦可,慎下结论。总之,在文化课上,面对丰富的历史素材,要以我为主,为我所用。

2. 把教学环节融入情景剧表演中,刚开始学生有点儿不适应,表演也有些拘谨,后来课堂气氛才渐渐变得活跃。这也给了我一些启示，以后再试用新的教学方式时，要把规则跟学生讲清楚，并且做好示范，否则直接操作实施起来有些困难，也会影响课堂效果。

3. 本学期的课程设置是全英文授课，但是应学生要求，我还是会组织一些内容相关的语言教学。本节课把语言教学融入情景剧里，在出现的时候就捎带着教学，事实表明效果并不理想。如果单独列出来先教语言，又失去了情境，许多文化内涵丰富的词需要大量解释性语言。在环节和比重上如何优化，还待商榷。

4. 受课程安排所限，这一主题虽然总共100分钟，但是分成了两个50分钟的课时，中间还隔了一天。对于学生来说，不能在表演后及时回顾，导致上第二次课的时候遗忘较多。可以考虑在第一次课上不把情景剧全部演完，而是留出时间当堂回顾表演过的环节，有利于加深记忆。

## 作者简介

赵亮，武汉大学汉语国际教育硕士，就职于深圳市宝安中学（集团）。2016—2017年任美国匹兹堡大学孔子学院汉语教师志愿者，2018—2019年任毛里求斯大学孔子学院汉语教师志愿者。

# 不做"语言流利的傻瓜"[①]
## ——第一节中文课的行为文化教学示范

秦希贞

> **导读**
>
> 外语学习的一个主要目标是能用外语与目的语社区的人们进行交流和沟通,然而我们却常常见到这样的现象:有些人字正腔圆,语言流利,行为举止却时常让目的语社区的人产生误解,感到好笑或者厌恶,他们自己也在生活中处处碰壁,难以建立起成功的人际关系。这样的学习者,通常被称为"语言流利的傻瓜",他们语言能力高超,却缺乏足够的文化技能在目的语社区生存和发展。
>
> 成功的外语学习者在学习一门语言的同时,也应该掌握与这套语言代码相匹配的文化行为,这样的学习者即使语言能力有限,也会因为他们展现出来的得体的文化能力赢得目的语社区人们的认可,在人际交往时处处受到欢迎,为他们开启一扇通往目的语文化的大门。
>
> 然而不少学者认为,行为文化纷繁复杂,难以下手,初级阶段还是应以语言教学为主,文化教学为辅,等到学生有了一定的语言基础之后,再引入行为文化的概念。我们认为,行为文化的教学应该从汉语学习的第一天开始,不能将语言与行为文化切割开来。因此,本文特意选取美国大学的第一堂中文课作为教学案例来展示如何在零起点的课堂中教授行为文化,探讨如何在语言课堂中兼顾语言和文化两个层面,提高学生的跨文化交际意识,避免学生成为"语言流利的傻瓜"。

### ◆ 教学目标

1. 学生可以听懂课堂用语,并借助一些场景和道具,用中文进行简单的交流,为全中文的沉浸式教学奠定基础。

2. 体验中国文化提倡的尊敬师长、讲究礼仪等文化原则,并能够身体力行,比如问好、道谢、道别、问问题等。

### ◆ 课程设置及学生背景

本课是零起点学习者的第一堂中文课,授课时长50分钟。

授课语言:全中文,沉浸式教学。

---

[①] 本教学单元节选自《中美跨文化交际误解研究与体演文化教学法》(秦希贞著,外语教学与研究出版社,2017年),做了相应改动。

## 教学工具及材料

多数中文项目都设有课堂用语这一教学环节，内容大同小异。在我们的项目中，我们使用如下表达：

1. 老师好！/你好！/你们好！/同学们好！

2. 对了。/不对。

3. 请。/请坐。

4. 现在上课了。/现在下课了。

5. 请跟我说。/请听我说。/请你再说一遍。

6. ××中文怎么说？/××英文怎么说？/不知道。

7. 懂了吗？/你懂了吗？/懂了。/不懂。

8. 有没有问题？/有问题。/没有问题。

9. 谢谢！/不客气！

10. 再见！

## 教学步骤

一、课前准备：

学生每次上课之前，已经拿到了课程表，上面清楚地列出每天的预习内容、上课活动以及使用的教学材料。比如：对第一节中文课，课程表上的安排如下：

| 日期 | ×月×日 |
| --- | --- |
| 课程类型 | 体演课（全中文） |
| 预习内容 | 请根据×××教材1—24页内容，反复听录音，学习课堂用语的表达，准备课堂应用和表演 |
| 上课活动 | 练习使用课堂用语 |
| 教学材料 | ×××，第一单元，第一课 |

> 传统的课程设计通常是上课学习新的内容，课后做作业复习；而我们强调预习的重要性，上课的内容完全基于预习的内容，如果没有课前预习，则无法参与上课时的活动。这一设计，将学习新知识的机会留给了学生，迫使学生自主学习。

小贴士①

上课之前,学生已经预习了关于课堂用语的基本表达,但这时候,学生只是知道这些基本表达对应的英文意思,并没有使用的经验,课堂教学就是为学生提供表达使用的语境,并让学生在合适的语境中理解和练习使用这些表达。此处,我们设计了7个主要的课堂活动来练习这些表达。下面我们按照课堂进行的实际情况逐一介绍。

## 二、课堂教学步骤:

### 课堂活动一:老师给学生发中文姓名卡片(如果学生人数比较多,可以在上课前就开始)

交际对话:

老师(递给学生姓名卡片):请。

学　生:谢谢!

老师:不客气。请坐!

老师在上课前根据学生的英文名字,提前为学生起好中文姓名,并做成可以立在桌上的卡片,一面是学生的英文名字,另一面是学生的中文名字,有拼音和汉字。

学生到达教室后,老师拿出一张卡片,英文部分面向学生,同时喊学生的中文名字,尽管学生是第一次听到他们的中文名字,但看到卡片上的英文名字,就知道老师喊的是谁,老师用手势示意学生走上前来,把卡片递给学生,说:"请。"学生应该回答:"谢谢。"

如果学生只是去接卡片而不回应,老师就把卡片收回,再重复说一遍:"请。"如果学生还是不清楚如何回应,老师把卡片收回,指着学生的座位说:"请坐。"老师换另一个学生的卡片,重复上述动作,直到找到能够正确回应的同学。然后老师把卡片交给学生,并说:"不客气。请坐!"学生回到座位,将卡片立在桌子上。这时,老师面向全体同学,问大家:"懂了吗?"学生回答:"懂了。"老师就继续用姓名卡片来练习上述对话,直至发完手中的卡片。

> 不少学生"请"发音上有困难,老师可以借此机会引入其他课堂用语:"不对,请你再说一遍。""请大家听我说。""请大家跟我说。""对了。"再进行集体纠音和个别纠音。如果学生对这组课堂用语不熟练,可以在每个活动中都重复一下。
> 
> 小贴士②

### 课堂活动二:老师宣布上课,学生问候老师

交际对话:

老　师:现在上课了!

# 不做"语言流利的傻瓜"
## ——第一节中文课的行为文化教学示范

学生们：老师好！

老　师：同学们好！

发完卡片后，老师对全班同学说："现在上课了！"学生们需要齐声回答："老师好！"老师回应："同学们好！"如果学生没有反应过来，老师可以打开教室门，重新走进教室，大声说："现在上课了！"并辅以要求回答的手势。反复练习几次，学生就能掌握。在这个目标语言中，不少学生"老师"发音上有困难，可以借此引入课堂用语："不对，请你再说一遍。/请听我说。/请跟我说。/对了。"并进行个别纠音和集体纠音。

这一上课前的简单仪式，可以一直保持在以后的中文课上，作为给学生进入中文文化语境的一种心理暗示。

### 课堂活动三：学生与老师一起乘坐电梯

交际对话：

学生（看到老师）：老师好！

老师：××，你好！

学生（看到电梯门打开了）：老师，请！

老师：谢谢！

学生：不客气！

（老师和学生进入电梯）

学生：老师再见！

老师：再见！

老师先在PPT上展示一张有电梯口的图片，然后请一个学生走上前来，和老师一起站在图片前做等电梯的样子。这个活动需要学生先开口与老师打招呼，如果学生不懂，老师和学生互换角色，老师扮演学生，示范对话。在学生观摩过几遍之后，老师再让两个学生扮演老师和学生的角色来练习这一对话，直到所有学生都能熟练掌握。

> 按照中国文化的行为规范，在这个场景下，学生要主动和老师打招呼、请老师先行、与老师告别。然而，这些交际行为与美国很不一样，学生往往很茫然，上前表演时不知所措。这时老师一定要沉住气，不要用英文给学生提示。因为让他们感到困惑，他们才会思考，才会仔细观察老师的一举一动，也才会在日后的行为中记住这些与自己文化不同的地方。

小贴士 3

**课堂活动四：在公共汽车上给人让座**

交际对话：

学生（看到老人上车）：您好！请坐！

老人：谢谢！

学生：不客气！

老师在PPT上展示一张公交车的图片，再拖来一把空椅子作为道具，放在教室前面。请一个学生上来，坐在椅子上。老师则扮演一个老人，慢慢走到学生跟前。这时学生需要站起身让座，完成上述交际对话。

> 在美国文化中让座的场景并不太常见，使用这个语境，也是训练学生养成在中国乘车让座的习惯。我们的学生去中国留学时，让座是他们的习惯动作，部分得益于课堂的训练。他们懂事、有礼貌的形象也因此赢得了许多赞誉，帮他们交到了不少中国朋友。
>
> 小贴士④

**课堂活动五：学生去老师办公室问问题**

交际对话：

学生：老师好！

老师：××，你好，请坐！

学生：谢谢！

老师：不客气。有没有问题？

学生：有问题。

……

学生：谢谢老师，老师再见！

老师：不客气。再见！

老师在PPT上展示一张老师办公室的图片，在图片前拉来两把椅子，中间用桌子隔开。请两个学生上来，扮演老师和学生的角色，并表演上面的对话。

> 在这个活动中，扮演学生角色的人往往会忽视两个问题：一是见面忘记问老师好，二是不等老师说"请坐"，就径直坐下。出现这种情况时，老师可以就学生的表演问下面坐着的同学看出了什么问题，如果有学生看出问题，就请他上台表演示范。在不断的试错和纠错中，让学生明白怎样做才符合目的语的文化规范。
>
> 小贴士⑤

## 课堂活动六：送给别人东西

交际对话：

老师（拿出一支笔）：marker 中文怎么说？

学生：不知道。

老师：你有吗？

学生：没有。

老师（将笔交给学生）：请。

学生（接过笔）：谢谢。

老师：不客气。

老师可以就地取材，使用身边的白板笔、中文书、笔记本等随手可得的小东西作为道具。老师先和一个学生表演上述交际对话，然后再请学生将道具传递给身边的同学，重复上述对话。

> 在这个活动中，老师要求学生在递东西和接东西时，都要使用双手，以示礼貌。如果学生单手接东西，老师就上前提示，通过其他学生做示范或者老师亲自示范，让学生明白。
> 
> 小贴士⑥

## 课堂活动七：下课前老师与学生道别，学生致谢

交际对话：

（下课前5分钟）

老　师：有没有问题？

学生们：没有问题。

老　师：现在下课了。

学生们：谢谢老师！老师再见！

老　师：同学们再见！

这个是最后一个课堂活动，与第二个活动老师宣布上课一样，也是一种仪式性很强的对话。形成习惯后，所有的中文课都以这样的对话方式结束。由于是第一次练习，而且对话比较长，老师可以利用最后时间，继续进行集体纠音或个别纠音，或者复习巩固其他课堂用语。

### 教学反思

1. 上面我们展示的是第一节中文课的教学案例,这样的教学实践已经进行了多年,每一届学生反应都大同小异。在近一个小时的中文课里,几乎没有走神儿或者心不在焉的学生,他们的注意力都高度集中,仔细聆听老师的每个指示,观察老师的每个动作,时刻准备着上去表演。有的学生觉得课程非常紧张,不同的体演活动让他们眼花缭乱,"我觉得我的大脑都要被烤焦了""我觉得这节课好像上了两个小时",有的觉得这种外语课堂的师生互动和体演活动"很好玩""很有意思",还有许多学生下课后不愿意离开教室,他们有很多的疑问,但上课时没有机会提出来,迫切希望得到老师的回答,比如"为什么进电梯时要让老师先进?""为什么要学生先跟老师打招呼或者告别?""为什么要用双手接东西?"等,老师可以在此时简短回答,或者收集起学生的问题,在后面的课上用英文集中讲解和讨论,有意给学生留下思考的时间。

2. 从学习的内容来看,尽管在第一节课上,学生只学会了与课堂用语相关的简单的几句话,但是他们已经能够使用它们进行有意义的交流,而不是机械对译。比如当听到"请坐""请""现在上课了"等指示后,学生会做出相应动作,当老师询问"有没有问题?""懂了吗?"等问题时,会根据实际情况做出回答。

3. 行为文化教学不仅仅帮助学习者学习语言代码,更重要的是帮助他们学习在另一种文化环境中得体地做事。比如在这一堂短短的50分钟的中文课中,学生学到的中国文化行为有:遇见老师要主动打招呼,与老师一起乘坐电梯时应该请老师先走,在办公室要等老师允许后再落座,在公交车上遇到老年人要让座,给他人递东西时要用双手,接受他人物品或者帮助时要致谢等。对他们来说,许多行为方式与自己本土文化不同,他们需要像小学生一样从最简单的日常行为学起,建立起另一套文化习惯。尽管不同的行为可能存在不同的认识,但教授的原则必须符合中国文化理念,并为大多数中国人所接受。

4. 学习一套新的文化行为而非仅仅是学习一套语言代码,目的在于成为目的语社区可以接受的一员。虽然只是上了一堂中文课,但如果学生按照这些体演过的行为文化来做事的话,他们展示给中国人的就会是一个懂得尊老爱幼、尊敬师长、谦逊有礼的形象。在中国人眼里,他们懂得并尊重中国文化,也会赢得中国人的尊重和喜爱,为双方的进一步交际奠定一个良好的基础。我们可以想象,如果接下来所有的中文课都围绕文化这一教学目标来设计,学生的跨文化交际能力会与语言能力同步增长,不会变成"语言流利的傻瓜"而在未来的跨文化交际中处处碰壁。

5. 由于这是学生的第一节中文课,学生不可避免地会出现语音问题、声调问题、对语境的理解问题等,这些都需要老师分清轻重缓急,合理分配好课堂教学时间。

6. 老师要时刻谨记全中文的授课原则,克制使用英文进行解释的冲动,要耐心地等待学生自己来理解语境,并主动回答。我们把第一节课看作是为中文项目"立规矩",让学生在第一节课就清楚地看到自我学习的重要性、体演的重要性和文化的重要性。它的成败直接关系到后续的教学活动能否按照我们希望的教学目标去进行。

## 作者简介

秦希贞,美国俄亥俄州立大学东亚语言文学系博士,中国山东大学现代汉语硕士。美国南佛罗里达大学世界语言系副教授。研究兴趣包括汉语教学法、中美跨文化交际、中国文化研究等。著有《中美跨文化交际误解研究与体演文化教学法》(外语教学与研究出版社,2017年),并在国内外期刊发表多篇文章。主要教授各阶段语言课、中美跨文化交际及中美职场文化等课程。

# 吃货练成记
## ——春节与饺子文化实践体验课

杨 洁

## 导 读

中国美食天下闻名。对于选修"中国文化及语言"这门课程的学生来说,虽不知何时能远赴中国感受"the paradise for foodie"(吃货天堂)的魅力,但能在中国最重要的节日里亲手包一顿饺子,也是令人开心满足的。临近春节的一周,我们有两节课,第一节课我带领学生了解了中国的饮食文化,第二节课我们部门的中文老师一起组织了一场文化实践活动:包饺子。有条件的社区和学校均适合进行此类活动。

## 教学目标

1. 学生通过文化课的学习,了解中国的饮食文化,明白饺子在中国人饮食中的地位。

2. 学生参加包饺子实践活动,了解包饺子的过程,学会包饺子。在以春节传统装饰布置的大厅里感受春节的氛围,与老师一起欢度春节。

## 课程设置及学生背景

在我们学校文化课程的设置中,学生基本以"讲座+体验"的形式来了解中国的文化。

本课教学用时70分钟,实践活动用时5小时。所有人在参加此活动之前都须向老师报告自己食物过敏的情况。

学生处于汉语初级水平,授课语言以英文为主。

## 教学工具及材料

(一)视频材料:

1. 中国纪录片《舌尖上的中国》第二季第七集《三餐》,网址链接:https://www.bilibili.com/bangumi/play/ep336513,访问日期:2021-8-15。

2. BBC纪录片《中国新年》第三集《欢庆》,网址链接:https://v.qq.com/x/cover/xba91rl764hqspo/n0019v5i9ta.html,访问日期:2021-8-15。

## （二）教学材料：

课程PPT。

## （三）课堂活动工具及材料：

1. 装饰类：中国国旗，气球若干，各式中国结若干，红灯笼一对，春节对联两副，十二生肖剪纸图等。

2. 器具类：用餐区大圆桌5张，每张桌配6把椅子；体验区长条桌4张，砧板4块，刀具4把，煮锅2个，大汤勺2个，一次性纸盘150个，配相同数量筷子及叉子。

3. 食材类：面团4块，牛肉馅儿4盆，山西陈醋及辣椒酱各1瓶。

4. 文化体验类：毛笔若干，水写纸若干，京剧脸谱若干，剪纸作品若干，太极扇若干，围棋一副（供学生下五子棋使用）。这些物品均为学生在学期内体验过的文化课程教具，我们将其分布在5张大圆桌上，以供学生们在吃完饺子后一起体验其他文化活动。

> 关于活动室现场的布置，负责老师需要提前至少两周向学校申请场地，并说明所需桌椅、垃圾桶数量以及是否需要投影仪、活动当天开几扇门等问题。不同地方情况不一样，但是每个环节都需要考虑到。关于厨具的提供及馅料的制作，我们至少提前一周向学校后厨申请帮助，需与学校后厨人员交接清楚所借器具，讲明需要多少面团、饺子馅儿。
> 
> 小贴士①

# 第一节课：介绍中国菜

### ◆ 教学步骤

讲座主题是"中国菜"，共分六大部分，每部分内容都是简要介绍。学生在这节课中将了解中国饮食文化，明白饺子在中国春节饮食中的地位，为后面实践活动做准备。

## （一）中国饮食文化历史

该部分主要介绍中国菜的历史和特点。

## （二）与中国饮食相关的表达

该部分介绍"民以食为天""食不厌精""对酒当歌，人生几何""天下无不散的筵席"等，从语言上体现饮食对中国人的重要性。为方便初级水平的学生学习，PPT上带有拼音和英文翻译。

## （三）美式中餐与地道中餐

该部分从观看视频American Chinese food vs real Chinese food[①]开始，对比身边常见的美式中餐与地道中餐的差别，让学生对中国美食有更加直观的了解。

## （四）中国四大菜系

该部分简单介绍鲁菜、川菜、江浙菜和粤菜，通过美食地图让学生对中国菜系有比较全面的认识。

## （五）中国传统美食

该部分用简短的小视频介绍北京烤鸭[②]、糖葫芦[③]、火锅[④]、饺子[⑤]。重点介绍饺子的制作方法，以及饺子在中国饮食文化中的重要地位。

## （六）中国餐桌礼仪

该部分介绍中国餐桌的座次、餐具、上菜次序、饮酒文化等，使得本场讲座的内容更加丰富。

# 第二节课：体验包饺子

## （一）包饺子方法介绍：

4张长条桌边分别有三位中文老师和一位厨艺非常好的中国留学生"坐镇"。由于这是一堂实践课，学生们需要先在门口签到，再去洗手，然后就可以到任意一张备有面团和饺子馅儿的桌子前开始"学艺"。

老师首先用英文讲解擀面皮儿诀窍，一定要在擀的时候轻轻旋转面皮儿，如果把面团放在砧板上硬擀，面皮儿就不会中间厚四周薄。几乎所有的学生都是第一次见到。

接着老师介绍两种常见包饺子的方法：元宝饺子和月牙饺子。（如下图）

---

① 网址链接：https://youtu.be/nMuJgtRdPpk，访问日期：2021-8-15。
② 网址链接：https://youtu.be/FkjcC6qJj-w，访问日期：2021-8-15。
③ 网址链接：https://youtu.be/pdfHf7ZbE6Q，访问日期：2021-8-15。
④ 网址链接：https://www.youtube.com/watch?v=qmz28Q4ycbc，访问日期：2021-8-15。
⑤ 网址链接：https://youtu.be/_6ISrrpQA7M，访问日期：2021-8-15

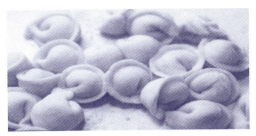

两种饺子的形状

## （二）学生自己制作：

老师展示后就是学生自己制作的环节，这时候老师的主要作用是指导以及活跃气氛，学生们大都会在饺子皮儿破损或者捏不上的时候向老师求助。

老师在指导过程中还可以讲解中国饺子文化，比如春节包饺子的时候，人们会将一枚硬币包在饺子里，如果谁吃到了包有硬币的饺子，就会在新的一年得到更多的祝福与幸运。

老师鼓励学生在包饺子时互相帮助，并自我创新。这样不仅能活跃气氛，增进团体感情，还能发挥学生自己的才能和智慧。

老师示范

## （三）共享美味：

老师提前安排了中国留学生帮忙，每桌包好大概20个饺子后，就开始煮饺子。学生先坐下，一边等饺子煮熟，一边观看纪录片，分享自己包饺子的感受。饺子煮好后每个学生一次分得三五个，然后大家试着用筷子品尝自己的劳动成果。

饺子吃完后，学生进入互动或自由活动时间。有的学生在第一盘饺子吃完后会去盛第二盘，有的学生会下五子棋、练毛笔字，有的就在自己的座位上休息。

集体享用

> 饺子馅儿是由厨房提前调好的，在进食前需要向学生们再次说明所用食材，确认每个学生有没有忌口。如果有学生愿意尝试山西陈醋或者辣椒酱，也要提醒他们。
>
> 小贴士②

### （四）拍照留念：

由于三个班级的学生是错峰来的，所以拍照留念的时间并不集中。老师可以利用拍照时间收集学生对这次活动的意见，也可以再总结一下中国新年的文化传统，同时鼓励不同班级的学生互动交流。

师生合照

> 文化活动是加强师生、生生之间联系的最好方式。有一个学生告诉我，除了饺子，还想品尝其他地道的中国菜，不想再吃美式中餐了。
>
> 小贴士③

## 教学反思

1. 文化实践活动之前，我们需要让学生对这次活动有充分了解，所以在活动前的一节课让学生初步了解中国美食文化是很有必要的，同时课堂上的讨论和师生互动也能让学生对活动更加感兴趣。

2. 在美国，与食物相关的体验活动，老师都需要小心谨慎。因为食物过敏在当地很常见，而且过敏后果严重。比如我的一个学生对洋葱过敏，洋葱的气味会让她感到窒息，所以整个活动环节中不能使用洋葱。

3. 在包饺子过程中，学生们可以体会"自己动手，丰衣足食"的乐趣，还可以回顾之前文化体验课的内容。学生的反馈都比较好，也有学生表示如果饺子馅儿能多几种，他们会更开心。

4. 体验其他文化活动方面，我们考虑不周，并不是所有的学生都参与了。如果再有机会安排此类活动，老师可以设计一个"体验文化换中国结"的游戏。只要学生在吃完饺子之后，参与了写毛笔字、舞太极扇、学唱京剧等就可以拿一个小礼物回家，以此增加学生对整个活动的参与度。

## 作者简介

杨洁，北京师范大学汉语国际教育硕士。2016—2017年任教于美国匹兹堡大学布拉德福德分校。

# 福"倒"了
## ——"吃喝玩乐"体演年俗文化

戴 岚

> **导 读**
>
> 每个国家、地区或民族都会有各自的节日及其庆典活动,如果一个语言生得以亲身参与、体验目的语国家的某一项有代表性的节日活动,这将是人生中一段难忘的记忆。在汉语课堂上,节日这一主题是值得老师"重用"的文化元素,它包含着有形物质层面的显性实体,更具有无形但内在深厚的精神内核。节日是当下活态的文化,蕴含着丰富的生活智慧,虽然处在非目的语国家,营造真实情境并非易事,但本文拟以在美国大学所开设的文化课——"中国民俗文化"为例,通过多重设计、整合当地资源,展示如何带领学生在"吃喝玩乐"中欢度中国新年。实践证明,体演年俗文化并非那么遥远,在喜庆欢乐的气氛中习得语言知识,亲身感受春节的"立体形态",可以帮助学生更深入地理解中国文化。

## ◆ 教学目标

1. 通过学习《中国民俗:岁时节令篇》第1课《春节——爆竹声中一岁除》课文及相关阅读材料,让学生对中国春节年俗文化有细致了解。

2. 对比古今、中外春节习俗的异同,培养跨文化意识。

3. 组织学生参加多项春节文化活动,在活动中深刻感受中国年俗文化。

## ◆ 课程设置及学生背景

中国民俗文化课是面向全校开放的基于内容的(Content-based)中国文化类课程,以汉语授课,"岁时节令"是十个专题之一,用时一周,共包括4课时文化课和1课时讨论课,每课时50分钟。本课是第一课时,主要讲解有关年俗的部分。此案例实施的年度活动内容尤为丰富,包括当地的亚洲节、中国学生组织的China Night、China Week等项目,课程所组织的年夜饭、中国历代服饰秀。老师可以提供给学生春节期间活动的清单,让学生自由选择。

学生构成分为以下两类:

1. 全校汉语学生(华裔及非华裔,HSK4级以上,能流利地使用汉语成段表述自己的想法,汉语旗舰项目的学生为主体)。

2. 汉语为母语的中国留学生(在美国留学三年有余,英语口语流利,对美国社会文

# 福"倒"了
——"吃喝玩乐"体演年俗文化

化有初步了解的学生为主体)。

全中文授课,阅读和教学材料中文简、繁体相间,参考少量英文材料。

## ◆ 教学工具及材料

(一)阅读材料:

自编讲义《中国民俗:岁时节令篇》,第1课《春节——爆竹声中一岁除》。

(二)教学材料:

课程PPT。

(三)课堂活动工具及材料:

春联、"福"字、"春"字、空白新年贺卡、透明胶带、红包、利是糖、旺旺雪饼。

## ◆ 教学步骤

一、课前预习:

1. 要求学生根据课文完成预习任务:中国人怎样过年?每个学生在课堂上介绍一项中国新年的"符号"。

> 布置给学生阅读任务,一方面督促学生提前了解相关学习内容,另一方面训练、强化学生快速阅读能力,按照以前所提到的中文阅读技巧,迅速在篇章中找到与问题相关的"关键词"。
>
> 小贴士①

2. 提前发给每个学生一张空白新年贺卡,学生写上中文祝福,并在下节课交给老师。

> 在安排课程大纲时,我有意将"岁时节令"这一部分内容设置在春节期间,同时,尽早了解学校餐厅中式自助餐开放时间、中国学生春节联欢活动安排、孔子学院春节庆祝日程、华人协会社区庆典等,整合各路资源,为学生参与过年丰富的活动做好全方位的信息准备。
>
> 小贴士②

二、课堂教学步骤:

(一)热身问题:

① 一年有哪几个季节?

② 在不同的季节里,美国有哪些节日?中国有哪些节日?

③什么是"年"？什么是"节"？

根据阅读材料或亲身经历，学生自由发表看法。

> 这些有若干年汉语学习基础的学生，对春节和其他重要的节日已略知一二，热身问题应追本溯源，引导学生意识到中国一年四季都有对应的节日。再结合阅读材料，从宏观角度把握岁时节令的由来，为各季各节的介绍做总体铺垫。
>
> 小贴士③

（二）课堂讲解：

    1. 基于学生课前阅读的教学材料，向学生讲解春节的由来、发展、演变等，因内容较多，课堂上只选择一些重点内容。

    2. 讲解王安石《元日》中的古代新年"符号"，与当下欢庆新年的景象做对比。

    3. 提供右侧照片，以"春节该买什么花？"为话题引发学生讨论。

美国Safeway超市在中国新年期间的鲜花专柜

> 该照片摄于2012年，我在当地离大学校园仅15分钟步程的Safeway超市无意中看到，同时友情提醒了店员，送菊花是有讲究的。"春节该买什么花？"应时应景的实际问题，引发了学生的兴趣。
>
> 小贴士④

（三）课堂活动：

    1. 张贴门联活动：张贴两副春联、两张"福"字和两张"春"字，派两组学生参加。

> 这一活动考查了学生选择上下联的能力。"福"字、"春"字分别倒贴和正贴，向学生提问为什么这样做。老师明知故问，是有意考查学生对副课文《"福"字不宜倒贴》的预习情况。同时，也向学生说明，中国幅员辽阔，十里不同风，百里不同俗，各地规矩有所差异。入乡随俗，活学活用，才是硬道理！
>
> 小贴士⑤

2. 学习新年吉祥语。

> 给学生分发利是糖、旺旺雪饼,通过YouTube播放旺旺新年系列广告,营造春节热闹红火的气氛,同时给予情境演示并练习拜年常用祝福语。
>
> 小贴士⑥

3. 学生准备新年贺卡并互致问候。

> 在课堂上分享学生的新年贺卡,但也针对其中出现的问题,提出具体修改建议,例如朱笔的使用禁忌,虽然春节到处一片"中国红",但如何准确使用彩笔需要说明。本课结束,每人分发一个红包,祝福学业有成!
>
> 小贴士⑦

(四)课后作业:

1. 课后完成中国传统节日一览表。

| 四时 | 节日 | 日期<br>(阴历/阳历) | 主要民俗活动 | 相关神话传说 |
| --- | --- | --- | --- | --- |
| 春 | 春节 | | | |
| | 元宵节 | | | |
| | 清明节 | | | |
| 夏 | 端午节 | | | |
| 秋 | 七夕节 | | | |
| | 中元节 | | | |
| | 中秋节 | | | |
| | 重阳节 | | | |
| 冬 | 下元节 | | | |
| | 腊八节 | | | |
| | 小年 | | | |
| | 除夕 | | | |

> 　　节日往往与美食、庆祝活动联系在一起，设计中国传统节日一览表，按照时间脉络，让学生课后完成，既复习了课堂知识，又通过阅读资料，达到了预习下一课的目的。
>
> 小贴士⑧

　　2. 阅读两篇文章《七夕，中国的"情人节"》①和《传统节日的嫁接：七夕能否称为"中国情人节"》②，准备分组讨论：七夕是中国的情人节吗？

> 　　鉴于该年中国新年紧邻西方情人节，我们的讨论课从情人节入手，讨论中西方的不同观点，老师为学生提供相关阅读材料。
>
> 小贴士⑨

### （五）课外活动：

　　1. 年夜饭聚餐。

> 　　除夕年夜饭最具年味儿，春节期间与学生在校园周边中餐馆聚餐成为这一主题的课外延伸活动。事先请学生考虑好各点一个中国菜，有关中国人点菜的讲究，"鱼""黄豆芽"等在年夜饭中的寓意，还有并非有意、但恰恰用上的"碎碎平安"的吉利话等知识，都在这次聚餐中现学现用了。利用这一机会，带领学生在真实的春节环境中，集体分享中餐，习得中式餐桌礼仪，表达新年祝福，让中国的年俗文化深入人心。
>
> 小贴士⑩

　　2. 中华历代服饰秀。

> 　　相对于课堂讲解，学生能亲身参与目的语文化活动机会难得，汉语学生有机会身着中国不同年代的服饰，在专业教练排演后走上T型舞台，演绎不同年代的风华，真正实践文化的体演。
>
> 小贴士⑪

学生参加孔子学院组织的
春节中华历代服装饰秀

---

① 网址链接：http://news.sohu.com/20060731/n244531067.shtml，访问日期：2021-8-15。
② 网址链接：http://www.chinanews.com/cul/news/2009/08-25/1833021.shtml，访问日期：2021-8-15。

### 教学反思

1. 针对水平参差不齐的班级，老师在教学实践中"区别对待"是必然的，然而如何保持一个班级不同水平学生互动的平衡，需要老师巧妙的细节处理。汉语为母语的学生未必能百分百准确回答相关专业问题，而二语学生在预习充分的情况下，却能够给予满意的答案。学生们各有千秋，在文化比较时发挥各自优势，这也许是混合班用心安排之所在。

2. 年俗活动安排应因地制宜，充分利用该校、当地的活动资源。以我所在的美国大学为例，学校有千余名中国留学生，每年春节组织举办China Night、China Week庆祝活动，一边吃年夜饭一边欣赏学生们准备的文艺节目，抽奖、发红包、写春联等活动必不可少；当地华人社团每年在农历新年期间举行全州的庆祝活动——亚洲节，到现在已持续了三十多年，类似新春庙会的形式，年味十足；学校还设有孔子学院，举办春节庆祝活动时，学生积极踊跃地参加中华历代服饰秀，与中国留学生一起排练、上妆、走台、互动，在美国进入难得的目的语——汉语环境。课堂以外有着无穷的可能性，需要老师用心发掘，提供课堂以外中国文化体验机会，让学生身体力行。

3. 在非目的语国家学习目的语文化，利用一切条件，把握好节日时机，为学生沉浸体验集中各方面资源。所谓"吃喝玩乐"只是手段，在这一红红火火闹新春的过程中，学生的参与是关键，为的是让学生真正体会中国的年节庆典，体验普通百姓的朴素祈愿——家和万事兴。授课在某种程度上是一门表演艺术，需要既定的台词脚本，还需要即兴发挥，根据学生的课堂反应，及时对授课内容做相应调整，但必须张弛有度，不可天马行空，要做到万变不离其宗（教学任务和目标）。

4. 课堂的时间非常有限，当地有条件一定要充分利用，没有条件尽量创造条件，除利用视频、影像等媒体材料外，把课堂延伸到日常生活之中。学以致用，体演文化教学的方法，让学习真实发生，学生沉浸其中，效果可事半功倍。

### 作者简介

戴岚，华东师范大学文艺学博士、比较文学与世界文学硕士。华东师范大学国际汉语文化学院汉语国际教育系副教授。自1994年起，为在华留学生开设中、高级汉语阅读课程及中国民俗文化课。2010年后前往美国、瑞士等国大学访学，并任华东师范大学外派孔子学院中方院长，访学期间开设中国民俗文化等课程。研究兴趣为中西文学比较、国际中文教学理论与实践、女性文学、童话研究等。

# 输赢的分寸
## ——从电影《28岁未成年》窥探中美职场文化

许尔茜

> **导读**
>
> 对于许多学生来说,学习中文的重要目的之一是毕业后在中国企业或美国的在华机构找到一份工作,与中国政府或商人打交道。因此,如何在职场中表现得体成为学生们非常关心的话题。众所周知,中美两国的职场文化存在着诸多差别。然而,目前除了个别学校开设了富有针对性的商务汉语之外,在一般的课程设置中较少涉及中国职场文化的相关内容。为了解决这一缺憾,我们在教学实践中每学期安排一至两次中国电影课,运用电影这一"万花筒"的角色,用视觉化的形式为学生展现社会百态。电影《28岁未成年》是2016年末在中国上映的奇幻爱情片,内容青春富有活力,非常符合大学生这一年龄群体的口味。虽然这部电影以爱情为主线,但是在教学中,我们根据实际教学需要,提炼出"职场文化"这一话题,引导学生讨论。

## ◆ 教学目标

1. 观看《28岁未成年》两个视频片段,让学生总结电影中通过人物对话与情节展示的中国职场文化。

2. 启发学生思考并讨论中美职场中一些行为文化的异同。讨论问题包括:在中国,员工与老板打球时,输赢有什么讲究?在美国有同样的情况吗?在中国和美国的企业文化中,有什么相同点和不同点?

## ◆ 课程设置及学生背景

本课是美国大学一年级华裔班综合复习课的一个环节。该华裔班主要为想快速提高中文水平的学习者开设,一般会用一学年的时间完成同类课程两学年的授课任务。每节课的授课时长约为一小时。本课重点是文化现象的描述以及跨文化视角的讨论。

学生由以下两类构成:

1. 初级水平华裔学生:入学前经过测试,汉字认读量为50字以内,但是具有较为娴熟的听力与口语能力。

2. 初、中级水平非华裔学生:汉字认读量一般不超过100字,具有一定的中文听说能力。有的曾在中国短期留学,具备了较好的听力与口语能力。

## 输赢的分寸
——从电影《28岁未成年》窥探中美职场文化

### ◆ 教学工具及材料

**（一）阅读材料：**

Rémy Cagnol. 2013. The differences between work cultures found in eleven countries.网址链接：http://www.deskmag.com/en/steelcase-maps-work-cultures-among-11-countries.访问日期：2021-9-1.

**（二）视频材料：**

电影《28岁未成年》（张末导演，2016年）片段。

**（三）教学材料：**

课程PPT。

### ◆ 教学步骤

**一、课前预习：**

1. 阅读上述英文新闻，了解"职场文化在不同国家之间的差异"这一现象，以此激活学生的知识储备（prior knowledge），同时也为教学环节做好铺垫。

> 背景材料选用英文的目的在于尽量排除学生的畏难情绪，帮助他们在自己熟悉的语境中了解话题的背景知识，同时考虑到这些学生认读能力较差，如果以中文文章作为课前预习作业，容易出现学习难度过大、花费时间过长等问题。
> 
> 小贴士①

2. 学生介绍自己的工作经历，每人准备两页的PPT，内容包括工作的地点、时长、性质，以及自己体会到的职场文化。

> 有的学生可能没有实习经历，这时老师可建议他们采访身边的朋友或家人。学生们听说能力强，可以用中文进行介绍。除了PPT这种形式以外，老师还可以利用很多在线平台让学生展示他们的课前准备成果，例如博客、Padlet、Canvas系统等。
> 
> 小贴士②

**二、课堂教学步骤：**

**（一）热身活动：**

1. 热身问题：你有没有看过中国电影？你在中国电影中看到过哪些有意思的和美国

电影不同的地方?

2. 电影简介：老师介绍电影《28岁未成年》的男、女主角；请学生根据电影的名字猜测剧情。

> 在正式进入课程主题之前，老师可以安排一些热身活动。用来热身的问题可以适当宽泛一些，给学生充足的空间回答问题。随后，根据影片名猜测剧情的环节可以引起学生对电影的兴趣，培养学生的想象力与独立思考的能力。学生在"28岁"+"未成年"这个看似矛盾的搭配中，猜测剧情的走向，体会一个好的标题给观众带来的艺术享受与思想冲击。同时，对题目的分析也启发了学生在今后的写作中模仿类似的写法。
> 
> 小贴士③

（二）课堂讨论：

1. 播放《28岁未成年》片段一（54：32—54：52）。

2. 基础问题：怎样理解男主角说的"待会儿打球的时候，一定要输得漂亮""咱们丢不丢人不重要，高总丢不丢人才重要"？

> 课堂场景重现一：
> 
> 在教学过程中，学生们热烈地讨论什么是"输得漂亮"。一个学生说："在男主角看来，员工既要'输'，也要输得有技巧，不能让老板觉得员工的球技太差，失去比赛的兴趣，也不能让老板输球，丢了面子。"
> 
> 在探讨了台词的深层意义之后，老师询问学生自己的看法。一个学生认为："如果我是老板，我希望我的员工有很好的球技，如果他一直输，我会觉得没有意思。"还有学生认为："我是老板，我在员工们面前输了会很没有面子。最好的做法是员工差点儿赢了，但是最后输了。"另一个学生说："我喜欢运动很好的员工，如果我的员工运动水平高，我觉得很有面子，我招到了这么好的员工。运动好的员工常常工作起来更高效，他们很会安排时间。"

3. 引申问题：如果你是老板，与员工比赛输了球，你会不高兴吗？

4. 播放《28岁未成年》片段二（54：52—58：20）。

5. 叙述任务：请学生叙述片段二的故事情节，注意使用合适的词语叙述事件发生的时间、地点、人物、动作等。

> 叙述故事的能力对于外语学习者来说至关重要。在全球通行的口语水平测试（OPI）中，叙述（narration）、比较（comparison）和描述（description）是口语测试重点考查的三种能力。老师在课堂上可以有意识地训练这三方面的能力，在课程设计中加入相关元素。
> 
> 小贴士④

输赢的分寸
——从电影《28岁未成年》窥探中美职场文化

6. 小组讨论：2—3人为一组讨论"员工应不应该让老板赢"这一话题，为下一步学生报告做准备。

（三）学生报告：

1. 老师提前准备世界地图，贴在黑板上。请学生在自己实习过的国家或城市的位置贴上小贴纸。

> 全班四十多位学生完成这一任务后，会有一张贴满"笑脸"贴纸的地图。这给学生们带来了视觉的直接刺激，激发了他们讨论多元化问题的兴趣。
>
> 小贴士⑥

2. 学生以座谈会的形式开始报告。每个学生陈述自己对"员工应不应该让老板赢"这一话题的观点，并结合自己或采访对象的实际经历，谈一谈职场文化在不同国家之间的差异。报告完毕后，鼓励其他学生自由提问。

> 课堂场景重现二：
> 学生的报告内容非常精彩。一个学生分享了自己在加利福尼亚州的实习经历。他酷爱打高尔夫，是大学高尔夫俱乐部的队员，这一运动技能也有效地助力了他的职场社交。老板并没有因为球技略逊一筹而恼怒，反而对他刮目相看。
> 另一个学生讲述了他父亲的工作经历。他的父亲是一位美籍华人教授，时常应邀回中国客座讲学。在中国访问时，随行的中方工作人员会主动帮他拎行李、开车门等，以此表达对客人的热情和对教授的尊重。这位学生认为这在美国是难以想象的。

◆ **教学反思**

1. 课堂话题的选择。

老师在选择课堂话题时，应该注意：第一，话题具有讨论性，无单一、标准答案，例如同一个问题，放在不同的地域或时代就会有不同的回答；第二，话题跟学生的生活息息相关。例如"职场文化"这一话题，大多数学生虽然没有完整的职场经验，但是他们有过实习经历，或耳闻目睹了父母或其他人的职场经历。这样的话题也与学生今后的工作联系紧密，容易引起他们的讨论兴趣。

2. 电影课的注意事项。

第一，运用翻转课堂的原理，要求学生提前准备报告内容，节省课堂上的准备时间，留出更多时间进行语言输出与互动讨论；第二，电影课切忌利用大块时间播放电影，老师应精细地构思电影课的教学内容，可以设计成影评类的课型，即学生讨论电影的主旨、人物、情节、拍摄技术等。另外，老师也可以从电影中提取某一个小主题，设计专题讨论类的课型。

## 作者简介

许尔茜，美国罗彻斯特大学课程与教学博士，美国国家科学基金委奖学金获得者，哈佛大学语言与读写方向硕士。曾任哈佛大学东亚语言与文明系教师，讲授初、中、高级华裔与非华裔课程，连续六年被授予"哈佛大学优秀教学奖"。主要研究兴趣为教育科技、人机交互、第二语言习得，特别侧重利用科技促进语言与读写能力的发展。研究成果多次发表于美国外语教学委员会大会、新英格兰中文教师协会大会、加州中文教师协会年会及普林斯顿大学汉语教学研讨会等。

# 陆家嘴遇上华尔街
## ——运用视频进行大学中级商业中文活动课

文采菊

> **导 读**
>
> 在商业中文课中，文化与语言同样重要。学习商业中文，就不得不了解中国的经济形势。学生们大都了解美国的华尔街及其背后的金融市场，也都知道上海是中国的经济中心，而对于上海的金融中心陆家嘴知之甚少，或者完全没听说过。所以本文以《创新之城：陆家嘴遇上华尔街》这一视频来吸引学生对上海金融中心的兴趣，通过课前任务、课堂讨论和小组活动，来了解和探讨上海这一金融中心以及背后所代表的中国经济。

## ◆ 教学目标

1. 通过观看《创新之城：陆家嘴遇上华尔街》，让学生对中国的金融中心有基本的认识。

2. 通过对比分析陆家嘴与华尔街，让学生对双方背后所代表的金融市场、金融人才、综合环境及法规政策等有更进一步的理解。

## ◆ 课程设置及学生背景

本课是美国大学三年级商业中文课中的一个活动课，授课时长为100分钟。

学生主要是有一定商业知识背景的中级汉语学习者和少数MBA学生（华裔及非华裔，学习中文三年，可以较为流利地用中文表达自己的一些想法）。

授课语言为中文。

## ◆ 教学工具及材料

（一）阅读材料：

学生自由选择跟话题相关的新闻材料（中英文均可）。

（二）视频材料：

《创新之城：陆家嘴遇上华尔街》，网址链接：http://www.yicai.com/video/4038007.html，访问日期：2021-9-1。

（三）教学材料：

课程PPT。

## 教学步骤

一、课前准备：

学生通过自行查找相关新闻材料，用中文回答老师提出的讨论问题，并将答案上传到本课网站上：上海的陆家嘴作为中国的金融中心，未来能否超过纽约的华尔街？（注意从以下几个方面分析：金融市场、金融人才、综合环境、法规政策）

> 上述的课前准备，主要是为了确保学生在上课前思考了本次教学活动所要讨论的话题，并且要求把答案上传到本课网站上方，方便学生之间互相交流讨论，也便于老师提前了解学生对这个话题的掌握程度，及时调整课上讨论的重点。
>
> 另外，让学生自行选择阅读材料，主要是因为活动课要区别于常规的课程，希望给学生更大的自由度，而不是一直被动地等着老师准备材料。

小贴士①

二、课堂教学步骤：

（一）问题热身：

请学生就课前问题发表各自的看法。

> 通过分享课前准备的问题，让学生快速熟悉本课所要讨论的话题。

小贴士②

（二）播放视频、深入讨论：

1. 播放视频中对两位嘉宾的背景介绍，一位是美籍金融专家，代表陆家嘴，另一位是中国某投资银行主席，代表华尔街。（05：00—06：16）

讨论问题：简单介绍两位嘉宾的背景，以及分别代表哪个地方。

2. 播放视频中陆家嘴代表的看法，他认为陆家嘴五年后会超过华尔街。（06：16—10：20）

讨论问题：陆家嘴代表谈了哪几个方面的看法？你同意还是不同意，或者哪些同意哪些不同意？为什么？

3. 播放视频中华尔街代表的看法，他认为陆家嘴将来有可能超越华尔街，但可能是二十年以后的事情，并且道路十分曲折。（10：20—14：18）

讨论问题：华尔街代表谈了哪几个方面的看法？你同意还是不同意，或者哪些同意哪些不同意？为什么？

4. 播放视频中的第二轮辩论，双方分别从周边的金融市场、综合环境、政府的政策法规以及人才的角度论证各自的观点。（14：18—15：38）

讨论问题：你同意哪一方的看法？为什么？结合自己课前所查的资料，进行更具体的对比及讨论。

> 这个部分是希望学生能把视频中所谈到的内容跟自己课前所查的资料相结合，能对上海乃至整个中国的金融现状、发展有更深入的认识和看法。同时，为下一步代入式讨论打下基础。
>
> 小贴士③

5. 播放视频中关于陆家嘴和华尔街金融白领的工作状态的介绍。（41：30—43：54）

讨论问题：你想去哪儿工作？为什么？如果我们期待上海陆家嘴未来发展成为国际金融中心，你会给出哪些建议？

> 通过视频中金融白领工作状态的介绍，学生对陆家嘴、华尔街有了更多感性的认识。另外，讨论贴近学生的生活，可能今后也会面临择业问题，代入性越强，学生的参与度越高。
>
> 小贴士④

6. 播放视频最后一部分，听一听其他金融专家的看法和建议，有人提到人才，也有人提到政府的政策。（43：54—完）

### （三）课堂小组活动：

1. 活动名称：企业宣讲大会
2. 活动步骤：

（1）学生分成三组：A组代表陆家嘴的一家金融公司；B组代表华尔街的一家金融公司；C组代表不同背景的金融人才。

（2）准备：A、B两组先分别讨论自己的公司有哪些特点或者优势可以吸引人才，C组讨论自己的工作优势、工作意愿。

（3）宣讲会：A、B两组宣讲各自的公司情况、招聘信息，C组听完这些宣讲介绍后提问，然后各自决定申请哪边的工作，并给出理由。

我们前面的讨论是对上海、对中国金融情况、金融环境的整体了解，设计这个活动正是把所了解的情况运用到具体案例中来。

小贴士⑤

◆ **教学反思**

1. 选择这个视频，有几个方面的考量：

（1）视频中一位美国人代表陆家嘴，让学生感觉新鲜，并且他的中文说得非常好，对学生也是一种激励。

（2）部分视频是以辩论的形式展开，相较于一般介绍性内容，更能引起学生的注意。另外，视频的播放以分段的形式与课堂讨论结合起来，一方面考虑到视频本身的节奏，另一方面也考虑到学生的语言程度和信息接收量。

2. 在阅读材料的选择上适当给学生一些自由度，增加学生在学习活动中的主动性，同时也能激发学生产生不同的观点。

◆ **作者简介**

文采菊，中国传媒大学应用语言学硕士。美国索思摩学院现代语言与文学系讲师。曾任教于宾夕法尼亚大学、布朗大学、伍斯特大学，也曾参与明德大学、普林斯顿大学的暑期中文项目。教授过多门初、中、高级汉语语言课程，并开设过中、高级商务汉语课程。

# 穿普拉达的杜拉拉
## ——从两部电影看中西方文化语境下职场女性的价值抉择

冯 莹

> **导 读**
>
> 商务中文课一直是对外汉语教学中的大热门，但是利用影视作品来介绍和展现中国现代职场文化和职场规则的课程却并不十分常见。一个国家的职场文化并不是凭空产生的，也不会凌驾于其民族文化、民族性格之上。中西方文化对于女性的定位和身份的认同，以及女性对于传统和现代文化的接受或批判，不但对职场女性的价值抉择产生深刻影响，而且也是了解职场文化的底层代码。中国电影《杜拉拉升职记》里的杜拉拉，和美国电影《穿普拉达的女王》中的安迪，已然成了职场女性的符号，她们的故事更是中西方职场女性的缩影。
>
> 本教案以一单元的美国大学高年级中文商务课为例，以职场励志电影《杜拉拉升职记》为切入点，并与在美国知名度极高的相似题材的电影《穿普拉达的女王》做比照，通过课堂讨论、电影续写，引导学生观察有趣的情节，了解并比较中西方现代职场女性的爱与恨、舍与得，尤其在面对爱情和事业抉择的时候，从而帮助学生思考中美职场社会和其背后的文化根源。

### ◆ 教学目标

1. 通过观看和讨论《杜拉拉升职记》，让学生对中国职场文化和职场规则有一定的了解。

2. 与《穿普拉达的女王》做比照，引导学生对"中美职场文化"这一话题进行对比，进而讨论中美职场文化差异背后的社会原因。

### ◆ 课程设置及学生背景

本课是美国大学高年级中文商务课中的一个教学单元，授课时长为3小时。授课重点是内容教学和跨文化讨论，兼顾中文语言教学。

学生主要是华裔及非华裔，学习中文三年以上，中文水平分布在中级—中、中级—高和高级三个层面。

授课语言以中文为主，阅读材料是英文的。

## 教学工具及材料

**（一）阅读材料：**

1. Amanda Weiss. 2011. "Go Lala Go!" and "Working Girl": The Chinese/American dream. 网络链接：https://www.popmatters.com/140408-go-lala-go-and-working-girl-the-chineseamerican-dream-2496040031.html，访问日期：2020-10-15.

2. Shenshen Cai. 2014. A cultural reading of a Chinese white-collar workplace bestseller and its film adaptation: Li Ke's A Story of Lala's Promotion and Go Lala Go! *Journal of Multidisciplinary International Studies*, 11 (1).

**（二）视频材料：**

1. 电影《杜拉拉升职记》（徐静蕾导演，2010年）。
2. 电影《穿普拉达的女王》（大卫·弗兰科尔导演，2006年）。

**（三）教学材料：**

课程PPT。

## 教学步骤

**一、课前预习：**

1. 人物卡片：每个学生在看《杜拉拉升职记》之前，都会分到一张电影人物角色卡，学生要在课上以第一人称介绍这个人物。从电影中收集到的关于这个人物的信息越多越好。

> 第一个预习作业，主要是为了督促学生在上课前观看并了解主要人物关系和故事梗概。给学生分配不同人物卡片，是为了能让学生在观看电影的时候有角色代入感。
>
> 小贴士①

2. 阅读上述两篇文章，比较两篇文章在观点上有哪些相同和不同的地方，可以使用英文。

> 第二个预习作业是阅读。阅读文章是英文的，主要是帮助学生集中精力思考比较深入的话题，为上课的讨论积累基础素材，因此没有要求一定用中文写作。
>
> 小贴士②

## 二、课堂教学步骤：

### （一）热身活动：

根据预习时候的人物卡片，学生被分配到不同的小组，介绍各自手中的人物。介绍人物的信息越多越好。

> 这个环节故意把杜拉拉排除在外，是因为杜拉拉作为主角，信息量很大，留作课堂讨论更合适。
>
> 小贴士3

### （二）了解人物关系：

1. 学生两人一组，老师给学生一组DB公司人物的卡片，卡片大小要合适，基本上保证学生可以在一张A4纸上排列出这些人物的职位图。要求学生在这些人物旁边标记出他们的职位和年薪。杜拉拉的卡片要准备三张，以用于不同的职位变化。

2. 学生把《穿普拉达的女王》中的人物，按照其在公司的级别，对应到DB公司人物关系图上。

3. 每两个小组一个单元，互相用中文解释一下自己的人物职位图。两组之间互相调整、补充自己的职位图。

> 这是进一步重组学生已经掌握的信息，使所有人物信息能整合在一起。此外，这一步骤最重要的目的，还是帮助学生熟悉公司的职位名称、组织架构、薪酬体系，积累相应的商务知识。用口头汇报的形式，使学生语言技能得以加强。
>
> 小贴士4

### （三）第一轮分析：比较两部电影的海报和小说封面

1. 展示《杜拉拉升职记》的电影海报和小说封面。引导学生从海报和封面中，寻找有意思的细节和信息。

2. 展示《穿普拉达的女王》的电影海报和小说封面。引导学生从海报和封面中，寻找有意思的细节和信息。

3. 比较两个电影的海报和小说封面，引导学生讨论异同。它们分别采用了什么颜色？什么字号？什么信息是最突出的？你觉得最有意思的不同是什么？

例如，从色彩分析，红色的使用可以看出两部电影主题都偏于女性，而红色在中西方文化中代表的含义是不同的。《穿普拉达的女王》小说封面使用了高跟鞋，而《杜拉拉升职记》的小说封面，用醒目的字体写着"比尔·盖茨"，可以看出这两部小说在自己的定位上是有区别的。

> 这个环节从信息密度比较高的海报和封面切入，引导学生深入观察和分析符号背后的文化含义。学生在这个环节往往可以打开思路，激发出好奇欲。
>
> 小贴士⑤

## （四）第二轮分析：比较两部电影的开头

① 《杜拉拉升职记》的电影是怎么开头的？你觉得为什么要以这种方式开头？想要给观众什么印象？

② 《穿普拉达的女王》的电影是怎么开头的？你觉得为什么要以这种方式开头？想要给观众什么印象？

③ 比较这两部电影的开头，你能得到什么结论？

> 电影的开头是一个电影的基调，对把握整部电影的节奏和内容很有帮助。
>
> 小贴士⑥

## （五）第三轮分析：比较两位老板的出场

比较两部电影中两个老板王伟和米兰达的第一次出场，思考为什么这样安排。

① 王伟第一次出场是什么场景？你对他的印象是什么？

② 米兰达第一次出场是什么场景？

③ 这两个老板的性格有什么相同的地方，有什么不同的地方？

## （六）第四轮分析：比较两位女主角遇到的第一个大难题

在电影中，杜拉拉和安迪都是在一家知名的大公司，从最底层开始干起的员工。思考她们在工作中遇到的第一个大难题是什么，她们是怎么解决的。

① 杜拉拉在进入DB公司以后，遇到的第一个大难题是什么？她是怎么解决的？

② 安迪进入RUNWAY公司以后，遇到的第一个大难题是什么？她是怎么解决的？

③ 从她们遇到的第一个大难题可以看出，在中国和美国职场上，什么是最困扰职场新人的问题？

④ 从她们处理问题的方法上看，这两个人物的性格有什么相同的地方，有什么不同的地方？

## （七）第五轮分析：对于爱情的态度

《杜拉拉升职记》和《穿普拉达的女王》中，都穿插了两个爱情故事：《杜拉拉升职记》中的杜拉拉、海伦；《穿着普拉达的女王》中的安迪、米兰达。

① DB公司不允许办公室恋情，你觉得有道理吗？为什么？

② 这四个人的爱情故事，相同和不同的地方有哪些？在这四段关系中，结局怎

样？谁做出了牺牲？为什么？

③ 这两部电影的结局，在爱情上都是非常乐观的，"有情人终成眷属"。你对这看似相似的结局，有没有不同的解读？

## （八）作业：续写

在分析和比较了这两部电影以后，学生对于职场女性有了更加深入的了解。请学生根据自己的理解和判断，选择一部电影，为它写一个续篇。要求在续写故事中，人物的基本设定和性格要与电影基本保持一致，但是故事的逻辑发展可以很"惊艳"。

> 续写电影的作业，跳出了故事本身，但是又没有脱离故事人物的设定，给学生一个充分发挥的机会。学生的习作往往是非常出彩的，老师应该给予学生开放式的机会去展现他们的才华和想象力。
>
> 小贴士⑦

## 教学反思

1. 本课的设计重在由浅入深。问题需要层层递进，并且讨论需要有具体的电影情节作为依托，否则学生很容易陷入"我没有什么想法"的困境。

2. 课堂讨论不要满足于浅尝辄止，要引导学生分析现象背后的原因，培养独立思考的能力。部分讨论的难度比较大，但是可以根据学生水平进行灵活调整。学生参与讨论，从没有想法到有了一些想法，再到能够比较深入理解，才是真正的学习过程。

## 作者简介

冯莹，中国济南大学古典文学硕士，美国明德大学中文教学硕士。美国宾夕法尼亚州立大学中文讲师。曾在多个知名项目任教，如CET对外汉语项目、明德大学中文项目、中文旗舰项目、美国关键语言奖学金项目等。美国外语教学委员会口语水平测试持证考官、语言能力表现评定持证考官。2019、2020年分别获得美国中文教师协会颁发的教学创新优秀奖、行动研究奖。所授课程包括初、中、高级汉语，商务中文，媒体中文，报纸新闻阅读等，研究兴趣包括计算机辅助语言教学、虚拟现实和外语教学、二语阅读策略研究、课堂互动模式等。

# "耳闻目睹"之体演文化
## ——由实例观察入手的中美跨文化教学

张 欣

> **导读**
>
> 有经验的外语老师都不会否认，在跨文化交际中语言和文化二者紧密相关，难以分开。但如何能不止步于泛泛而谈，做到在课堂上抽丝剥茧，让学生真切具体地领悟语言和文化间的相互作用，是外语文化教学的一大重点难点。本文介绍美国一所顶尖文理学院开设的东亚语言和文化习得课的跨文化观察作业（Performance Watch），以期给关注外语文化教学的老师们提供一个具有可操作性的教学思路。Performance Watch的概念最早由美国俄亥俄州立大学东亚语言文学系的野田真理教授提出，并作为教学手段运用到语言课程和海外留学项目中。我个人于2016年开始将此概念运用到中美跨文化教学设计中。Performance即下文提到的"体演文化事件"，指的是在特定文化中的一个可以由时间、地点、角色、观众及台词五个要素定义的交际行为片段。小到一个与熟人的招呼，大到一段公开演讲，都可视为一个体演文化事件。通过具体的教学设计和实例，本文展示如何引导不同文化背景的学生（如：英语母语者、华裔学生、中国留学生），通过观察、收集、体演、对比分析等层层递进的学习手段，认识到中国文化与以美国文化为代表的其他文化在多层面上的异同。本教学设计从近在身边的行为文化实例出发，加深学生对母语文化与外语文化的双重理解，对学生未来的跨文化交际实践具有指导意义。

### ◆ 教学目标

1. 通过对近在身边的日常行为文化的观察和分析，提高学生对具体文化情境下语言运用及其交际成效的敏感度。

2. 对比不同语言文化中表达同一交际意图的行为文化片段，引导学生理论结合实例，从情境、语言、行为、文化主题等不同层次进行中美跨文化比较。

3. 使用小组讨论、表演与展示、一对一指导、跨文化对比分析论文写作、教学课件制作等手段，引导学生转换社会角色及文化视角，深入理解不同文化对母语者语言、行为及思维的影响，为学生们未来实践中美跨文化交流打下重要的基础。

### ◆ 课程设置及学生背景

本课介绍的跨文化观察作业，是东亚语言和文化习得课的期中大作业。该作业的教学重点包括：对体演文化事件的定义，文化事件的观察收集方法，实例体演与解读，对中英两种语言行为背后文化主题的普遍性与独特性的比较，最后延展到对中美跨文化沟通的启发。

本文呈现的是首节讨论课，授课时长为100分钟，但实际阅读文献、收集文化事件实例、一对一指导，到最终的跨文化对比分析作业完成的时间跨度为三个星期，在前半学期分四个阶段完成。

学生包括华裔学生、非华裔学生、中国留学生，及小部分其他东亚国家学生。

授课语言为英语，学生观察并收集的文化片段以真实情景下使用的语言为准（汉语、英语或其他外语），需提供英语翻译。

## 教学工具及材料

### （一）阅读材料：

1. Walker, G. & Mari Noda. 2010. Remembering the future. In Walker G. (ed.) *The pedagogy of performing another culture*. Columbus, Ohio: National East Asian Language Resource Center at The Ohio State University.

2. Ochs, E. 1996. Linguistic resources for socializing humanity. In Gumperz, J. & Levinsons, S. (eds.) *Rethinking linguistic relativity*. Cambridge: Cambridge University Press.

> 这两篇文章为学生的文化实例观察提供理论基础。第一篇（Walker & Noda，2010）帮助学生熟悉什么是"体演文化事件"（Performance），构成体演文化事件的五个基本要素：时间、地点、角色、观众、台词，以及文化事件分类方法。第二篇（Ochs，1996）的讨论重点为不同文化表现出的普遍性和独特性。在实际教学中，老师应提前安排课堂时间讨论这两篇文章，特别是以上提及的重点。相较之下，第一篇对学生后续分析文化事件具有极强的实际指导意义，亦有中英双语版①可供老师选择，而第二篇如课堂时间有限，可酌情简略。
>
> 小贴士①

### （二）教学材料：

1. 课程PPT。
2. 跨文化观察作业要求指导。

---

① 中文版网址链接：https://chineseflagship.osu.edu/resources/lectures/remembering，访问日期：2021-8-15。

## ◆ 教学步骤

**一、课前作业：**

1. 阅读"跨文化观察作业要求指导"，根据"指导"中所列的步骤练习观察你身边的语言使用者是如何使用语言（汉语、英语或其他语言）互相交流的。

2. 复习Walker & Noda（2010）对"体演文化事件"的定义，记录一个你观察的体演文化事件，标明时间、地点、角色、观众和台词，带到课上与同学讨论。如果你选择的是非英语的文化事件，请提供英语翻译。

> 该课前作业旨在挖掘学生自身对可观察到的中美体演文化事件的兴趣点，没有选择老师认为的"标准""有代表性"的中美两国文化事件，而是让学生成为主动的"观察者""数据收集者"和"分析者"。这大大提高了学生的学习动力，也促使他们开始有意识地把语言运用看作一种可观察到的交际行为。由于大部分学生此前可能没有观察收集过语言数据，在"指导"中老师需具体写清楚对体演文化事件的选择、观察、记录及分析方式的要求。
>
> 小贴士②

**二、课堂教学步骤：**

**（一）热身讨论：**

1. 在PPT上展示英语文化事件的范例"主人与房客"。暂时借住在主人家中的房客是一位访问学者，每天在图书馆做研究至半夜才回家。主人借晚饭后一起洗碗的机会，提醒房客回家太晚会打扰到家人。主客均为美国人。请两个学生分别饰演这两个角色表演对话。

2. 讨论问题：

① 刚才的这段体演文化事件的时间、地点、角色、观众分别是什么？

② 如果你是主人或者房客，你对这段文化事件的记忆点是什么？根据这个记忆点，请给这段对话起一个标题。

> 热身环节用一个中美两国学生都相对熟悉的英语文化事件做引子。一开始的表演对话可以引起学生兴趣，帮助学生快速进入活跃状态。请学生表演对话时注意，学生不应只是读对话，而要尽可能表演出动作和神情，强调肢体语言也是非语言台词的重要部分，会对解读意义产生影响。热身问题的目的是激活学生对构成体演文化事件五要素的记忆，对具体例子的分析也能再次确保学生对五要素理解正确。起标题的练习目的是让学生进入情境，站在角色的角度思考，提炼出对这个事件的记忆点。令人印象深刻的点，往往正是解读不同文化产生的差异之处，方便引发讨论。
>
> 小贴士③

③ 如果将这个文化事件移植到另一国（例如中国、日本、韩国）文化中，该事件的时间、地点、角色、观众、台词这五个要素会不会变？怎么变？

3. 在PPT上展示中国文化中对应的"主人与房客"。情境与上一事件类似，暂时借住在主人家中的房客是一位访问学者，每天在图书馆做研究至半夜才回家。主人借晚饭后一起洗碗的机会，提醒房客回家太晚会打扰到家人。但这里主客均为中国人。请两个学生表演对话，同时在PPT上展示英语翻译。

4. 讨论问题：

① 对比中西方文化事件，主人想表达的意图分别是什么？在语言表达上有何异同？

② 在这两个文化事件中，你认为说话者的意图有没有被正确地传递？为什么这么说？

③ 这两个实例能反映中国与美国的哪些不同的传统文化主题（theme）？

> 以上的问题讨论引导学生进行文化置换的思考，为接下来的跨文化比较讨论做准备。在热身环节老师应该控制时间，活动目标是帮助学生打开思路，以五个体演文化事件要素为框架，列举出一些中美两种文化的异同，而不必穷极所有可能性。
>
> 小贴士④

## （二）分组讨论：

1. 全班分成2—3人的小组若干，汉语学习者和汉语母语者搭配分组，并尽量保证每组学生观察到的例子有汉语文化事件也有英语的。

2. 小组讨论活动：

（1）请每个同学分别向小组成员介绍自己观察到的（汉语或英语）文化事件和五要素，小组成员共同讨论该事件里的沟通意图及文化主题。

（2）如果在另外一个国家（中国或美国）类似的情境中想表达同样的沟通意图，文化事件的五要素会怎么改变？请小组成员共同设想出一个新的文化事件。

（3）你们会给这两个文化事件分别取什么题目？

（4）这些具体的实例能体现中国和美国哪些不同的传统文化主题？这些例子对帮助你理解跨文化沟通时可能遇到的文化的普遍性和独特性有何启发？

> 小组组员的分配尽可能做到平均，确保让每个学生都有机会讨论自己收集到的文化事件，并从不同文化视角得到反馈。以上讨论问题是本课教学的重点，也是帮助学生进行跨文化对比分析论文撰写的重要环节。老师在这一环节应该参与到每组的讨论中，归纳学生普遍遇到哪些困难、有哪些理解的误区，在下一环节的全班讨论中适时提出并总结。根据以往的经验，学生经常拿不准怎么给文化事件取一个适

合的题目。老师可以提醒学生从形成记忆的角度思考：什么样的题目能够让人记忆深刻？从对话参与者还是旁观者的角度？是否能反映中美传统文化主题的异同？

小贴士⑤

（三）表演与展示：

1. 每个小组选择一个刚讨论过的文化事件，在黑板上列出题目和所涉及的中美传统文化主题。

2. 在全班面前分角色表演两个对话。

3. 向全班展示讨论结果，比较中美文化类似情境下语言表达和意图上的异同，其他小组给出反馈和意见。

这一环节老师应根据班级大小、授课时长做出调整，若时间有限可以挑选几组进行，无须为了给每组展示的机会而缩短全班讨论和反馈的时间。表演对话是一个很受学生欢迎的部分，可以帮助其他学生很直观地理解在某个交际情景下发生了什么。与此同时，老师也应强调五要素中的"台词"并不只是"文本"，也包括肢体动作、表情等某一个文化特有的非语言类行为。在课程结束的时候，老师应该根据学生展示的实例进行总结，重申本课重点，提示学生在这节课上他们已经通过讨论和表演的方式对自己观察的文化事件进行了初步分析，打开了思路。最后提醒学生参照"指导"进行该作业的下一步。

小贴士⑥

## 三、课后延展：

学生拍摄的中美文化事件视频截图

1. 学生根据"指导"的要求和课上的讨论，各观察记录一件汉语和英语的文化事件，并进行初步跨文化对比分析。

2. 老师与学生进行课后一对一指导分析。

3. 学生撰写跨文化对比分析论文，有兴趣将该作业进一步完善成期末论文的学生进行视频拍摄及文化教学课件制作。

### ◆ 教学反思

1. 相较于传统意义上的中文课，本课的学生群体更加多元化，包含英语母语者、华裔学生、中国留学生，甚至小部分其他东亚国家学生，这是由本课跨文化交际的课程目标决定的。但学生群体多元化恰恰也反映了近年高年级中文课程的一个趋势：越来越多的美国大学中文项目在设计高年级文化课程的时候，把中国留学生列为目标学生群体之一。本课也是这方面的一个尝试，一则给班上的汉语学习者提供中国文化和语言上更多元的输入，二则帮助初到美国求学的中国留学生观察分析美国文化，打磨表达跨文化交际意图的策略。在教学语言的选择上，想在高年级中国文化课上借鉴该模式的老师们应根据自己的教学重点和各校实际的学生构成决定使用汉语还是英语，如两者结合该如何分配比例。

2. 在实际教学中，本文展示的实例讨论课对整个文化实例观察作业的完成至关重要。学生即使在已经收集了文化事件以后，仍需要老师通过及时的反馈和指导才能更好地理解这个作业应该如何着手进行，以及该作业背后的目的和意义。除此以外，讨论课课后的几个阶段组成了一个完整的教学设计。其中学生对自己的两个文化事件进行初步分析以后，老师的一对一指导也是整个课程作业安排的重要一环。在以往的教学里，一对一指导往往能弥补学生理解上的欠缺，释疑解惑，启发不同分析的角度和深度，也有督促学生按时完成进度的作用。

3. 学生的最终成果除了一篇中美文化对比分析论文之外，我们也进行了新的探索，学生可以选择将自己收集到的中美文化事件拍摄成视频，并以此为基础设计一堂跨文化沟通的课程，撰写辅助教学材料和教案。一方面学生在设计教学的过程中学会从"老师"的视角进行展示和深入思考，另一方面学生的成果也能整合成未来教学和研究的素材。

## 作者简介

张欣，美国俄亥俄州立大学东亚语言文学（中文教法学方向）硕士、博士。昆山杜克大学语言文化中心助理主任（主管中文作为第二语言项目）、中文与跨文化交际助理教授、昆山杜克大学第三空间人文研究室主任之一。安德鲁·梅隆基金会博士后奖学金获得者，欧柏林大学中文客座助理教授。曾担任美国关键语言奖学金中文项目主管、俄亥俄州立大学暑期留学项目主管、跨学科东亚语言教学法论坛组委会主席。专长领域为中文语言教材编写、外语培训课程设计、跨学科语言习得理论在教学中的运用等。多个项目获得俄亥俄五校联盟、美国现代语言教师联盟、美国中文教师协会、美国小语种协会等组织的奖项。参与多本体演系列教材编写，开设初、中、高级汉语，以及东亚语言文化和习得等课程。合编专著 *The Third Space and Chinese Language Pedagogy*（New York: Routledge，2020年）和教材《体演广州》（青岛：青岛出版社，2019年）。

# 中国式谦虚遭遇日耳曼高傲
## ——日常场景中的汉语初学者跨文化教学

范小青

> **导读**
>
> "你汉语真好！""是啊，谢谢！"
>
> 有没有觉得哪里不对？如果稍加留意，我们也许会发现欧美学习者中存在一个值得琢磨的现象：初学者对"你汉语真好！"这句褒奖往往坦然受之，尽管他们的汉语水平一般，但并不妨碍他们带着饱满的自信，用发音还不够标准的"谢谢"热情洋溢地回应你的这句鼓励；而那些真正的汉语高手，他们会摇头摆手，面带一丝歉意两分惶恐，用一句"哪里哪里"恰到好处地回应。明明汉语水平已经很不错了，却偏要谦逊一番，自我评价明显和真实水平相悖，这种回应模式令欧美背景的汉语初学者尤为困惑。这些日常生活中多次出现的小场景提醒我们反思以下问题：在汉语情景中，面对他人的表扬和赞美，学习者应该怎样回应？涉及自我评价时，"我最棒"还是"哪里哪里"？对这个问题进一步扩展，当问答的角色互换时，学习者应该怎样回应中国式客气和谦虚？从老师的角度来思考，该怎样展示给学生汉语文化的谦虚实际是一种低调的自信？本文以德国某大学一节初级汉语文化课为例，通过多个情景展示和示范，引导学生体会中国文化与日耳曼文化的不同，学习与中国人交往中被动回应与主动评价、自我介绍与介绍他人等礼貌技巧，初步体验提倡谦抑含蓄的中国文化。

◆ **教学目标**

1. 学习"哪里"作为谦抑应答词的用法，和"不好意思""对不起"作为无错道歉语的用法。

2. 通过句型操练和情景练习，学习中国人对赞美和表扬的应答，以及如何礼貌地评价自己、解释说明等。

3. 让学生体会中西方日常交际文化的不同。

◆ **课程设置及学生背景**

本门课程是德国杜伊斯堡—埃森大学东亚经济系研究生的指定选修课，从研究生一年级开始持续到二年级，连续讲授3个学期，每学期16周，每周8课时。本课主要内容为零起点基础汉语教学，课型为综合课。

学生构成分为以下两类：

1. 德国本土学生。

2. 其他国家留学生。主要是欧洲其他国家来德国的留学生，另有一名越南学生，英语为通用语言，德语也很好。

授课语言：英语和汉语。

授课时长：90分钟。

## 教学工具及材料

生词卡片：哪里、对不起、不好意思。

## 教学步骤

### （一）热身问题：

师生互相问候。

老师说："穆乐，你今天看起来很帅。"学生回答："谢谢老师，哪里哪里。"（老师板书：哪里）

老师说："斯特凡，你的花帽子好漂亮！"学生回答："真的吗？谢谢。"（老师板书：谢谢）

老师说："清姮，昨天和你在一起的男生是你男朋友吗？听说他足球踢得很棒。"学生回答："他还可以吧，谢谢老师。"

受到老师夸奖的学生纷纷开始夸我："老师，你今天很漂亮。""老师，你的裙子很美。""老师，你的新手机很美。"我都回答："哪里哪里。"

> 从日常问候和寒暄开始，自然引入今天的教学主题。寒暄时使用的词汇和句型应是最近学过的，并且和今天的教学内容相关。可以配合问题，通过略带夸张的表情、动作或语气引起学生注意，并用满意点头、眼前一亮、疑惑惊讶等对学生的回答做出反馈，适当加重读音或重复关键词引起学生的好奇心，引发他们探究学习的欲望，从而顺理成章地引入本节课的主题。

小贴士①

### （二）引入学习内容之一："哪里"

1. 复习已知用法：

卡片展示生词："哪里"，读音（注意三声连读变调），用法（疑问代词，对方位、处所进行提问，可以简单说成"哪儿"），例句（哪里有银行？）。

## 中国式谦虚遭遇日耳曼高傲
——日常场景中的汉语初学者跨文化教学

> 学习生词可以用温故知新的方式，从复习已知用法开始，通过知识再现来巩固学习加深记忆，同时也方便学生把新学的知识添加到已知系统中，形成较为清晰的脉络，而不只是零散的知识点。
>
> 小贴士 2

2. 引入新用法：

引导学生注意刚才的回答和板书：哪里。提问：老师为什么说"哪里"？你觉得"哪里"是什么意思？请刚才用"哪里"回答的学生穆乐说一说。

展示课文对话中的例句片段。齐读，轮读。讲解含义。

通过问答、讨论，老师最后总结："哪里"，用于回答赞美和表扬，表示客气和礼貌，可以连用为"哪里哪里"。

3. 文化对比：

在你们国家，怎么回答表扬和赞美？

翻开学生课前上交的作业，随机表扬学生"你汉字写得有进步""你昨天的作业全对"等等，让学生首先按自己的习惯用自己的母语回答，再让他们用汉语"哪里哪里"回答。

在对比时，让学生注意每个人的表情，特别是注意对比德国学生穆乐满脸自信直视老师的表情和越南学生清姮面带谦逊、转移目光的不同。

通过实例向学生说明，中国人用"哪里"回答表扬和赞美，是为了表示客气和礼貌，是中国式的谦虚。亚洲学生面对赞扬时，往往会有和中国人相似的谦虚反应，而在座多数学生受日耳曼文化为代表的西方文化熏陶，面对赞扬会自信地说"谢谢"。

提醒学生注意，德国学生在说"谢谢"的时候，有一个轻微的抬头动作，流露出"理所当然"的表情；越南学生回应赞美时，会有轻微低头、转移目光等动作，由以上细微动作的差别可以看出文化差异对交流方式的影响。

4. 句型操练：

请学生和同桌互相赞美并回答，注意使用"哪里哪里"。选出一两组到讲台前表演对话。其他学生从词汇的使用、表情的配合、表演的流畅度等方面对表演进行评价。最后老师点评。

> 自由练习阶段老师应注意巡视全场，关注每个学生的表现，鼓励他们大胆开口。表演时注意抓住学生自觉使用"中国式谦虚"的表情和语句，提出重点表扬，以帮助学习者进一步加强理解。
>
> 小贴士 3

5. 文化延伸：

老　师：你足球踢得怎么样？

学生A：（骄傲地回答）很好，我常常赢了。（注意：这个句子在语法上是错误的）

老　师：那你的汉语怎么样？

学生A：（自信地回答）也很好。

老　师：你觉得学生A说得对吗？

学生B：不对，他足球很好，汉语不好。

老　师：那你的汉语怎么样？

学生B：还可以，比他好。

老师提示，在日常生活中，我们除了回应他人的表扬称赞，有时候还需要主动评价自己。作为说话人，中国人对自己的评价要降一级，即使很满意、很好，也要说"还可以，还行吧"，以此表示自我谦虚、不自满。作为听话人，对中国人的评价你可以升一级，当他说"还可以，还行吧"的时候，你要理解为"很好"。

## （三）引入学习内容之二："不好意思"和"对不起"

1. 情景导入，复习"不好意思"和"对不起"。

对话一：

老师：你昨天怎么没来上课？

学生：老师，我病了，不好意思。（老师板书：不好意思）

对话二：

老师：上课迟到了，应该怎么说？

学生：对不起，我迟到了，可以进来吗？（老师板书：对不起）

简单复习"不好意思""对不起"用于道歉的用法。

2. 引入新用法：

展示一张中国家庭招待客人的图片。给出例句：

① 不好意思，没什么菜。

　　提问："没什么菜"是什么意思？菜真的很少吗？

② 对不起，菜做得不好。

　　提问：这些菜真的做得不好吃吗？

提示学生，中国人在没有错误、不需承担责任的情况下主动使用"不好意思""对不起"，是为了表示谦虚，是一种礼貌。

3. 情景模拟:

学生四人一组,分别扮演中国爸爸、中国妈妈、中国学生和外国同学,表演外国同学受邀到中国人家里吃饭的情景,要求使用中国式谦虚。

提醒学生注意,可以使用以下句子表达中国式谦虚,并鼓励他们模仿造句:

① 不好意思,没什么菜。
② 对不起,不知道你爱吃什么,做得不好。
③ 我们家孩子学习不好,请你多帮助他。

4. 讨论、点评和总结:

首先请全班同学讨论,刚才的表演中哪些合适,哪些不合适。然后,点评刚才的情景模拟,对其中地道的中国式谦虚提出自己的看法。最后总结全课内容,简单回顾"哪里"作为回应语,"对不起""不好意思"作为无错道歉语怎样体现出中国式谦虚,提醒学生在和中国人交往时,注意正确理解和灵活运用。

> 经过情景模拟,大多数学生会灵活使用"哪里""对不起""不好意思"以及降级评价来谦抑地表达自己,回应他人。老师需要做的是观察,在练习中随时记下好的表达,并通过最后的点评予以肯定。对于不太合适的表达,适当予以说明和纠正,不必花太多精力一一纠正,可以在最后点评时做概括说明。
>
> 小贴士④

## 教学反思

1. 初级汉语语法不难,难在文化观念的差异上。由于文化之间存在较大区别,来自非中华文化圈的初学者有时会出现不得体的表达,或者对说话人的真实含义把握不准,造成交流上的困难。本门课程的学习者均为东亚经济系的研究生,不乏和中国工商业人士交往的经历。他们的疑问在于,明明我说的句子都是对的,我清楚地表达了自己的意思,为什么中国人会误会我?他们说的句子我听懂了,听得很清楚,为什么我的回答让他们露出奇怪的表情?学生们那些令人啼笑皆非的交往经历生动地说明,语言教学不能脱离文化教学,不仅仅中高级阶段需要文化教学,初级阶段也需要文化教学,文化不单指高雅的琴棋书画和诗酒茶,也包括渗透日常生活的衣食住行人际交往,学语言从零起点开始就应重视学文化,以实现得体的交往。

2. 和中高级阶段相比,在初级阶段进行文化教学要注意度的把握。

第一是深度。初级阶段学习者受语言水平的制约,老师不宜大段灌输高深、抽象的中华文化理论,而应选取可感性强的内容,让学习者在点滴接触中慢慢感受。上课前放一小段中国古典音乐,和喝咖啡的同学交流一下中国的茶叶,用上课前后几分钟时间聊一聊生活，这些都是文化教学。通过日积月累，中华文化在学习者心中自然会形成比较丰满的形象，而不仅是书本上的理论和交往中的教条。在脱离语言环境的海外汉语教学中，这一点尤为重要。

第二是结合度。文化教学不宜脱离生活，照本宣科。当学生在实际交往中因为文化差异造成困扰，向老师寻求帮助时，他们提出的问题往往正是良好的教学契机。本次课程的灵感就来源于学生的疑问，为什么中国人总说自己不够好，你提出帮助他，他又拒绝你。来自实际交流需求的例子最具有学习价值，也最容易引起学习者的兴趣。我们在设计课堂教学中的对话和情景模拟时，也要注意选取贴合学习者需求的例子，从他们的日常生活中寻找话题，让初级阶段的文化教学来源于生活，贯穿于生活。

## 作者简介

范小青，武汉大学语言学与应用语言学博士，华中地区对外汉语教师协会成员，华语文教师协会成员（中国台湾地区）。武汉大学讲师。2004年起执教于武汉大学国际教育学院，2007年德国特里尔大学校际交流一年，回国后担任国际教育学院专业汉语课部教学副主任。2015—2017年德国杜伊斯堡—埃森大学鲁尔都市孔子学院国家公派教师，担任教学督导，主要为研究生讲授汉语综合课，并为杜伊斯堡市市政官员及跨国公司高级管理人员讲授商务汉语、短期语言及文化培训课程。目前主要致力于零起点至HSK4级水平的综合课讲授、智慧课堂在线教学和文化类课程。参编教材《普通话2》，著有《面向第二语言教学的汉语成语研究》。

# 我为什么要知道你的年龄？
## ——年龄在中国人际交往中的文化含义及作用

秦轶罂

> **>> 导 读**
>
> 中西方文化的差异，在进行跨文化交流的第一步就体现出来了。初次见面，中国人很可能会谈论到的一个话题就是年龄。在中国打听别人的年龄是一件很普通而且很正常的事情，其实是出于对对方的关心。两个陌生人初次见面时，一般在双方交流很短时间内，便会以某种方式说出自己的年龄或打听对方的年龄。然而，在西方文化中，年龄是非常隐私的信息。在西方人的交往中很少有人会主动打听别人的年龄，或主动说出自己的年龄，尤其在对方是女性的情况下，更是如此。
>
> 本文讲授如何用中文说自己的年龄或询问他人的年龄，以及年龄在人际交往中的作用、影响与其背后的文化内涵，让外国大学生学习如何更恰当地和中国人打交道，更加深入地了解中国文化。

## ◆ 教学目标

1. 让学生学习如何用中文正确地说出自己的年龄，还能够询问对方的年龄。
2. 让学生了解年龄在人与人交流互动中的作用。
3. 通过角色扮演来加深理解，让学生知道如何运用适当的方式询问他人的年龄。

## ◆ 课程设置及学生背景

本课程是为威尔士三一圣大卫大学酒店和旅游管理专业的大三学生开设的中文课程。授课时长为1个小时，以语言教学为主，兼顾讲授中国文化中与年龄相关的内容。

学生全部是零基础汉语学习者，有英国本土学生，也有来自非洲、南美洲和欧洲其他地方的学生。

教学使用中英双语。

## ◆ 教学工具及材料

**教学材料：**

1. 课程PPT。
2. 角色卡，包括姓名、年龄、国籍等信息。

> 角色卡除上述内容外，还可以包括如电话、地址等信息。
>
> 小贴士①

◆ **教学步骤**

**（一）复习上节课内容：**

1. 100以内的数字表达：让学生用中文读出各个数字并完成连线练习。

PPT左边列出10个数字，如20、30、53等；右边用中文及拼音以不同的次序列出，如三十 sānshí、五十三 wǔshísān、二十 èrshí等，然后让学生们逐个到屏幕前来连线。

2. 对话练习：让学生们根据PPT提示完成对话，适当变换人名和国籍。

对话包括"你好！""你叫什么名字？""你是哪国人？"等内容，用来复习以前学的，也为后面的对话练习做准备。

**（二）语言学习：**

1. 老师先教生词"岁""了""几""多大"等，再引导学生用中文说出自己的年龄，如："我21岁了"。

2. PPT上给出10个不同的数字，带领学生练习用中文说出相应的年龄。

3. 讲授两个询问年龄的句子："你几岁了？"和"你多大了？"，再做练习。

4. 练习后，老师指出年龄背后的文化内涵和作用。

（1）语用方面，"你几岁了？"适用于年龄在10岁以下的儿童；"你多大了？"则适用于年龄在10岁以上的人。

（2）文化方面，无论学生是否会问为什么有两种方式，或这两种方式能否混用，老师都要说明，以适当的方式询问对方的年龄是对对方的尊重。

**（三）课堂练习：角色扮演1**

1. 老师拿出角色卡，卡片上有姓名、年龄等信息。逐个展示给学生看，并要求学生根据不同的年龄用中文说出"你几岁了？"或是"你多大了？"。

2. 给每位学生发两张角色卡，要求学生做双人练习。学生要用中文以正确方式询问对方的年龄，同时对方要用中文准确地说出角色卡上的年龄信息。

3. 完成上述练习后，要求学生完成角色对话练习。对话包括"你好！""您好！""你叫什么？""您贵姓？""你几岁了？""你多大了？"等。

## 我为什么要知道你的年龄？
——年龄在中国人际交往中的文化含义及作用

> 角色扮演中，学生可以在教室内走动，随机和任何人做对话练习。由于英国学生比较大胆，学生很可能主动来找老师做对话练习，所以老师手中也要有角色卡。
>
> 小贴士2

### （四）文化学习：

1. 讲解不同的年龄询问方式：

这部分主要是给出更多的年龄询问方式，这里粗略地分为直接询问和间接询问。如下表所示：

| Age Group（Age） | Directly | Indirectly | |
|---|---|---|---|
| Children（0—9） | 你几岁了？<br>How old are you? | 你上几年级了？<br>Which year group are you in? | 你的生日是哪年？<br>When is your birthday?<br><br>你属什么的？<br>What is your Chinese Zodiac? |
| The youth（10—18） | 你多大了？<br>How old are you? | 你上几年级了？<br>Which year group are you in? | |
| Adults（19—59） | 你多大了？<br>How old are you? | 你哪年上大学的？<br>When did you go to college?<br>你哪年毕业的？<br>When did you graduate? | |
| The old（≥60） | 您高寿？<br>How old are you? | 您哪年退休的？<br>When were you retired? | |

> 这个表格主要是给学生展示年龄询问方式的多样性，让学生有个初步的了解，并不要求全都记住。在做进一步的对话练习时，这个表格还要为他们提供参考。
>
> 小贴士3

2. 解释年龄与行为准则：

我们为什么要用这么多的方式来询问年龄？因为中国人在得知对方的年龄后，会从很多方面以不同的方式对待对方，比如称呼、互动方式等。如下表所示：

| | Pronouns you should use | Others, like making order or a speech, or meeting at an entrance |
|---|---|---|
| Age < You | 你 you | You first |
| Age ≈ You | 你 you | You first or after her/him |
| Age > You | 您 you | After her/him |
| Age >> You | 您老 you | After her/him |

当然，在当今社会交往中，还要遵循"女士优先"的原则。而且，上述互动情况只考虑年龄因素，不考虑其他社会地位。

3. 解释年龄影响中国人际交往的原因：

（1）出于对知识尊重的需要。

中国长期处于农业社会，老人或年长者有更多的生产、生活的知识和经验，所以尊重年长者就是尊重知识。人与人之间交往时，如果年龄差距很大，从外表就很容易分辨出谁年长些，谁年少些；但是如果不能从外表判断出对方的年龄，那么使用适当的方式询问就显得很重要了。

（2）出于相互关心的需要。

中国文化建立在集体主义基础之上，个人是集体中的一员。在人与人的交往过程中，个人会将与其相关的其他人也看作集体的一部分。在这种环境下，打听对方的个人情况，是表示对其他人很感兴趣或很关心。所以中国人往往会问到比较隐私的问题，比如年龄、职业、收入等。但是，英国人比较注重保护自己的隐私，所以在一般的社会交往中相互询问年龄、职业、收入等是比较忌讳的。

（3）受到儒家文化的影响。

儒家文化的核心思想之一就是等级制度，讲究长幼有序。所以中国人两千多年来在其影响下，自然会形成这种在年龄上的等级意识，从而将年龄作为划分等级的标准之一。在不考虑社会地位等其他因素的情况下，年长者具有优势地位。所以，根据年龄的高低，在社会交往中找到自己适当的为人处事的方式是十分必要的。

（五）课堂练习：角色扮演2

再发给学生1张新的角色卡，新角色卡上面的年龄超过60岁，让学生们再次根据对方出示的角色卡来以适当的方式询问对方。此处练习也可以将年龄跨度设计得大一些，比如3岁至80岁。

具体过程如下:

1. 在PPT上再次给出对话练习,包括"你好!""您好!""你叫什么?""你几岁?""你多大?""您高寿?"等。

学生从手里已有的3张角色卡中随意出示1张与其他同学做对话练习。当看到年龄超过60岁时,鼓励学生用"您高寿?"来进行询问。

2. 在学生们完成对话练习后,鼓励学生到讲台上来做展示。

在展示过程中,鼓励学生使用第四部分讲到的表格里的内容来询问对方的年龄。因为这个表里的内容比较多,有些内容学生还没有学过,由老师给出相应的拼音来辅助练习,目的是加深学生对中国文化内涵的体验,在这部分的练习中语言教学并不是重点。

> 这次进行角色扮演练习时,一定要将询问年龄方式的表格展示在屏幕上,方便学生使用里面的句子。另外,难度较大的句子还要加上拼音。
>
> 小贴士 4

### 教学反思

1. 通过这次课,学生们对中国文化有了更多了解。中国人询问年龄,是出于对对方的关心,并非是要打听别人的隐私。有些人会因为文化背景不同,从而误认为中国人不礼貌。所以在语言课上适当地加入一些中国文化教学是十分必要的。听课的学生是旅游和酒店管理专业的,多了解一些中国文化,对他们将来的工作也非常有益。

2. 在这次课的课堂练习中,使用角色扮演的方式为学生创造语境,并根据在课上刚学习的内容及时演练,加深印象。角色卡上可以包括更多的内容,以便将来课上使用,比如身高、职业、爱好等。

3. 本课没有涉及数字"二"和"两"的区别,为了教学内容的严谨,应该将这一部分补充进来。

### 作者简介

秦轶犟,北京联合大学教师,英国威尔士三一圣大卫大学孔子学院公派汉语教师。2015—2019年在英国讲授汉语,为中学生、大学生讲授HSK一级、二级中文课程,英国普通中等教育证书(GCSE)中文课程,以及旅游和酒店管理中文课程等。研究兴趣包括第二语言习得、计算机辅助语言教学。

# 从"吃饭"到"吃亏"
## ——多维度、多媒体考察中国饮食文化

朱 琳

> **导 读**
>
> 中国饮食文化在高级汉语课中常常是必谈话题,然而,传统的语言文化课多以"介绍+体验"式课程设计为主。本文以一个150分钟的教学单元为例,在介绍了《中国饮食文化》课文、生词后,我们力图在语言学习的基础上深化文化学习,全方位展现中国饮食现象背后丰富的文化外延。

## ◆ 教学目标

1. 通过观看《舌尖上的中国:主食的故事》中包饺子的片段,让学生对中国不同地区节日的饮食特点展开讨论;通过观看《宅男美食:玉米热狗》,让学生对美国不同地区节日的饮食特点展开讨论,由此对中美饮食文化形成初步认识。

2. 通过学习《跟"吃"有关的表达》,进一步了解中国人的"吃文化"。

3. 学生在知乎上回答他们对中国饮食文化的体验和认识,通过网络互动来扩充并深化课堂上对中国"吃文化"的认识及体验。

## ◆ 课程设置及学生背景

本课是美国中文旗舰项目汉语高级课程中的一个文化教学单元,课程为"中文媒体与新闻播报",授课总时长为150分钟。本课的教学重点是以语言教学为基础的饮食文化介绍,以及文化现象的多角度剖析。

学生是高级汉语学习者,非华裔,在美国大学中文旗舰项目强化学习过一年半,大一暑期在上海留学八周,可以较为流利地用中文表达观点。

全中文授课,阅读材料《跟"吃"有关的表达》以中文呈现,允许开启英文翻译。

## ◆ 教学工具及材料

（一）阅读材料:

1. 课文:第七课《中国饮食文化》,出自Kunshan Carolyn Lee, Hsin-hsin Liang, Liwei Jiao & Julian K. Wheatley. 2010. *The routledge advanced Chinese multimedia course: Crossing*

cultural boundaries (《文化纵横观》)。

2. 文章：艳君、小璐（2015）《和"吃"有关的表达》，网址链接：https://www.slow-chinese.com/podcast/136-he-chi-you-guan-de-biao-da/，访问日期：2020-6-15。

3. 知乎回答问题"中国的饮食文化是怎样？"

（二）视频材料：

1.《舌尖上的中国：主食的故事》，网址链接：https://www.youtube.com/watch?v=LDl0Q-XmiSk，访问日期：2020-6-15。

2.《宅男美食：玉米热狗》，网址链接：https://www.youtube.com/watch?v=reAQqt_Gh50&t=143s，访问日期：2020-8-4。

（三）教学材料：

课程PPT。

### 教学步骤

一、课前预习：

1. 观看视频《舌尖上的中国：主食的故事》最后包饺子的部分（43：30—完），回答以下三个讨论问题：

① 白波说"从小吃惯什么东西，它会一直留在你的身体里面"，对白波来说，这样的食物是什么？他为什么觉得好吃？

② 对你来说，有没有这样的"一直留在你的身体里面"的食物？

③ 根据视频内容，想一想中国人为什么要在过年的时候吃饺子？

2. 阅读文章《和"吃"有关的表达》，回答三个问题：

① 中国有句俗话"好马不吃回头草"，你同意这种观点吗？你觉得"吃回头草"一定是一件坏事吗？

② 你觉得"兔子不吃窝边草"有道理吗？

③ 你吃过"哑巴亏"吗？有的话，给我们举个例子。如果没有，你能不能说说怎样才能避免吃亏？

3. 从文章中选择三个与"吃"有关的表达，各找出一个在现代媒体中使用和在日常生活中使用的例子，上课给同学们介绍。

二、课堂教学步骤：

1. 回顾视频《舌尖上的中国：主食的故事》：

视频主要介绍了春节期间摄影师白波一家在北京团圆包饺子的故事,白波提及那"留在你的身体里面"的食物,就是母亲做的焖面,还介绍了饺子背后"更岁交子"的含义。

老师提问:

① 视频的主人公叫什么名字?他和他家人一起做什么?在什么时候?在哪儿?视频里还有什么细节?

② 白波所提到的"一直留在你的身体里面"的食物是什么?这句话是什么意思?你的生活里有没有这样的食物?饺子的寓意是什么?

2. 复述视频内容:

老师给学生5分钟准备时间,把视频调成静音,让学生以叙述者口吻复述视频里发生了什么。

3. 模仿创作《宅男美食:玉米热狗》:

视频里一个美国大学生用中文展示了俄亥俄州嘉年华活动上的传统美食——玉米热狗的制作方法,让学生想一个自己家乡或者节日里的特色美食,参考《舌尖上的中国:主食的故事》和《宅男美食:玉米热狗》里的叙述方式,现场准备一期烹饪节目《宅男/宅女美食:××》。学生们有10分钟的准备时间,然后上台展示。

4. 学习讨论《和"吃"有关的表达》:

(1)老师提问:文章里提到了哪些跟"吃"有关的表达?

(2)深入讨论:学习了这些跟"吃"有关的表达后,你对中国人的"吃文化"有什么新的思考?

(3)请学生们分享自己课前准备好的例子。

(4)老师用PPT展示几则新闻标题,请学生描述新闻中可能发生了什么,用了哪个与"吃"有关的表达,并用它再举一个日常生活中的例子。

5. 协作式写作任务:

老师向学生展示知乎写作题目:中国的饮食文化是怎样?学生要根据所学在40分钟内完成300—600字的写作任务。

(1)前10分钟学生在电脑上完成文章框架、每段的主旨句,老师在旁答疑、反馈。

(2)后40分钟学生完成创作,并发表在知乎网站上。(学生事先已经注册好知乎账号)

### 教学反思

1. 《舌尖上的中国》作为中国近年来最受欢迎的美食类纪录片，课程中所选片段不但能帮助学生了解饺子的制作过程，更能从听觉、视觉等多维度体会包饺子背后的思乡、团圆等文化内涵。

2. 汉语课上，写作任务多被布置为课后作业，本文将写作带入课堂，老师在一旁答疑、协助，实现启发式写作。另外，写作任务也创新地使用了知乎平台，不再局限于"学生—老师"的单向"写作—反馈"模式，而是把学生的创作发表到网上与网友互动，通过网友的回复和反馈，促进学生反思与修改，实现互动式、协作式写作。由于学生知道自己在给中国网友解答问题，也赋予了学生更强的责任感和"使命感"，学生的习作有了广大读者群，写作的积极性自然提高。

3. 在写作的话题上，我选择与上课内容直接相关的开放式问题"中国的饮食文化是怎样？"在介绍写作要求时，强调让学生结合在华经历和感受，引发学生的真情实感进行创作。另外，学生在该课之前阅读过知乎的文章，对于"知乎体"有所了解，因此，在具体的创作过程中，会跳脱普通课堂写作形式，在写作中主动加上图片、粗体字等视觉效果，以期满足真实语境下的创作。

### 作者简介

朱琳，美国密西西比大学应用语言学专业博士，卡耐基梅隆大学二语习得专业硕士，中国华东师范大学对外汉语专业本科。美国杜兰大学亚洲研究系中文语言项目主任、教学教授。曾任密西西比大学中文旗舰项目中文讲师、密西西比大学—上海大学暑期留学项目驻地主任。主要负责杜兰大学中文项目课程设置，教授3000—4000级高级中文课程。研究兴趣包括对外语言与文化教学、课程设计、网络介入教学等。

# 赤道上的"中国饭店"
## ——中国美食文化走进肯尼亚学生课堂

车春晖

> **导 读**
>
> 在海外的初级汉语文化教学中,中国的饮食文化一直是学生非常感兴趣的话题,而传统的关于中国饮食的文化课,老师通常采用课件或播放视频的手段以视觉方式向学生"讲述"中国饮食文化,这种讲述不如让学生在了解中国饮食知识的基础上,亲自动手制作、亲口品尝美食更为直观,所获得的文化体验更为深刻。通过对味蕾的直接刺激,可以极大提高学生对中国饮食的兴趣,进而提高对中国语言、文化的学习热情。本文是一节面向肯尼亚初级汉语水平的大学生的中国饮食文化的实践课,以"经营一家中国饭店"为主题,通过课前作业、课堂讨论、课堂实践(包括制定中国饭店的菜单、制作美食、学生角色扮演、中国饭店营业)三大环节展开中国饮食文化的体验之旅。

### ◆ 教学目标

1. 通过课前作业及课堂讨论,学生对中国八大菜系的特点及代表菜肴、中餐烹饪方法、中国餐桌礼仪有初步的了解。

2. 通过课堂实践,学生学会中国菜几种烹饪技巧——蒸、煮、煎、炒,学会包饺子、清蒸鱼、酸辣土豆丝三道美食,激发学生的学习兴趣,能利用所学的中式烹饪技巧做出适合肯尼亚人口味的中国菜。

3. 学生扮演饭店服务员、顾客,能够使用"欢迎光临、请进、请坐、请喝茶、您要吃(喝)什么?"等句完成点餐任务。

### ◆ 课程设置及学生背景

本课是一节以"经营一家中国饭店"为主题的实践课,实践课之前老师已经讲授了中国饮食文化的相关知识。本课时长为3小时。

学生背景:肯尼亚肯雅塔大学初级汉语水平的大学生,部分学生专业为旅游管理。

授课语言:以英文为主。

## 📌 教学工具及材料

1. 场地：实践课场地选在学校一个对外营业的餐厅，该餐厅是旅游学院学生的实践基地，厨师、服务员都由学生扮演，厨房用品一应俱全。我们事前已与旅游学院沟通好，既为我们的中国文化实践课解决了实践场地问题，也为旅游学院增设了"中国美食"这一主题周，达到双赢的效果。

2. 材料：饭店装饰品，如中国结、气球等，中餐调料，相关食材。

> 老师应善于利用任教学校的资源，根据实践内容灵活选择合作对象。如中华才艺的实践课——唱歌、跳舞、书法、篆刻等，可与艺术学院合作，不同学院之间的交流必定会碰撞出新的火花。
>
> 小贴士①

## 📌 教学步骤

### 一、课前作业：

1. 调查中国菜的烹饪方法，并进行中肯烹饪方法的比较。
2. 经营一家中国饭店，我们要提前准备什么？
3. 中肯餐桌礼仪有什么区别吗？

### 二、课堂教学步骤：

#### （一）课堂讨论：

1. 请2—3个学生分享自己课下调查的结果，由老师做总结：中国的烹饪方法非常多，最多可以有24种，炒是最基本的一种。肯尼亚饮食偏西式，烹饪方法较为单一，主要为炖和炸。

2. 老师提问：如果我们要开一家中国饭店，你们是厨师，提供胡萝卜、鸡蛋、面粉、鱼、土豆、洋葱等食材，还有一些基本的调料，你们可以做哪些中国菜？提示学生要包括主食和热菜。

将学生分成三组展开讨论，讨论过后每组制定一份菜单，请每组代表上台展示自己组的讨论结果。

> 选择食材时，老师应对当地的食材、口味、饮食禁忌等有初步了解。本文所选食材是肯尼亚学生最常见的，物美价廉，并考虑到有的学生不吃猪肉，所以我们没有提供猪肉。
>
> 小贴士②

各组都把主食定为饺子，热菜各有特色。老师总结各组讨论成果，提出我们实践课要学做的美食：饺子（胡萝卜鸡蛋馅儿）、清蒸鱼、酸辣土豆丝，并向学生讲授每道菜的基本做法。

> 本次实践课选择的三道美食包含一道主食和两道热菜；烹饪方法有煮、蒸、炒、煎。肯尼亚对鱼和土豆的烹饪方法一般为炸鱼、炸薯条，我们所选择的这几道菜充分考虑了中肯烹饪方法的差异，会给学生带来新奇感。
>
> 小贴士③

3. 老师提问：我们的中国饭店已经初具规模。如果我们招待肯尼亚来宾，我们需要向他们介绍什么？你了解的中国的餐桌礼仪有哪些？中肯餐桌上主人和客人的座次有没有差别？

请2—3个学生发表看法，最后老师做总结：如果我们经营中国饭店，我们应该向客人介绍筷子的用法、基本的中国餐桌礼仪，注意中国餐桌座次是有讲究的。

> 饮食礼仪也是饮食文化的一部分。不同国家的餐桌礼仪不同，中国的餐桌礼仪包括座次、点菜、吃菜、喝酒、倒茶、离席很多方面，里面渗透着很多中国文化方面的知识，学生对这部分的讨论非常感兴趣。尤其在进行中肯餐桌礼仪对比时，他们的兴致非常高。
>
> 小贴士④

## （二）课堂实践：

1. 集体学习包饺子：

本课选用胡萝卜鸡蛋馅儿，营养丰富且做法简单，只需要将鸡蛋煎好切碎，胡萝卜切碎，加入调味料即可。和面、擀皮儿对学生来说非常简单，重点在包饺子上。老师展示包法，学生动手实践。

> 馅儿的选择非常多样，老师可提前了解一下学生当地相似的食物。肯尼亚有一种类似中国春卷的油炸食物，叫samosa，三角形状，馅儿是用牛肉、洋葱等制成的，这种馅儿便可包饺子。
>
> 小贴士⑤

2. 分组学习另外两道菜：

将学生分成两组，分别由两位中国老师负责教授。学完一道菜后两组交换。老师操作前带学生共同回忆课堂讨论的这两道菜的制作流程、烹饪方法，先由老师操作学生观看，再由学生尝试烹饪，最后老师及同学试吃并给出评价。

# 赤道上的"中国饭店"
## ——中国美食文化走进肯尼亚学生课堂

老师向学生演示饺子皮儿的制作过程

学生展示自己包的饺子

> 学生做好后,让其他学生试吃并给出评价,这一部分可设置小组美食成果PK,本次实践课因时间有限未设置此环节。
>
> 小贴士6

酸辣土豆丝学习中

3. 老师点评:

两组学生实践完毕,老师对学生的作品综合评价,给学生提出意见以便改进。然后将学生分成三组,分别完成饺子、清蒸鱼、酸辣土豆丝,老师旁观,必要时进行指导,并鼓励学生利用现有的食材发挥想象做一些适合肯尼亚人口味的菜,前提是要用新学会的中国烹饪方法。准备迎接"中国饭店"的开业。

4. 中国饭店营业:

(1)中国饭店开门营业前,进行角色扮演。

首先由学生扮演服务员,老师扮演顾客,让学生熟练使用"你好""请进""请喝茶""您要吃(喝)什么?""请稍等""谢谢"等常用句。然后分别请三组学生分角色扮演。要求学生在饭店营业时,教不会说汉语的肯尼亚顾客说"你好""谢谢",并教他们筷子的使用方法。

(2)中国饭店开门营业。

中国饭店一开业,中国美食便引起了学校老师、学生的极大兴趣,纷纷前来品尝。首先学生教顾客学习说"你好""谢谢",然后学生将提前制作的中国菜单展示给顾客,向他们介绍今日菜品及筷子的使用方法,并向顾客介绍中国的座次文化。

中国饭店迎来了第一批客人

学校老师、学生慕名而来，中国饭店开业大吉！

### ◆ 教学反思

1. 本次实践课的亮点在于中国饮食文化的实践课与学校旅游学院的学生餐厅实习进行联合，我们的课堂有了实践的场地，而旅游学院的学生也体验了中国美食，双方合作实现双赢。虽然仅仅是一次实践课，但这次实践课过后，旅游学院增设了"中餐日"，每周定期供应中国美食，这在一定程度上宣传了中国的饮食文化，实践课的文化宣传作用得到延伸。汉语老师在进行相关文化宣传活动时，应开创思路寻求合作，不仅能使我们的课堂更加生动有趣，而且使文化的宣传作用扩大化。

2. 老师在思考教学生做什么具有代表性的中餐时，可以提前调查了解当地食物，找到相似的食物进行对比，能让学生更快掌握制作方法。

3. 中国饮食的实践课需要老师对整个流程进行把控，包括时间的合理安排、学生的安全事项、如何在动手实践中穿插语言教学，这都需要老师提前设计好。

4. 中国的饮食文化博大精深，学生通过亲手制作，发现平日最常见的炸鱼、炸薯条经过中国烹饪方法摇身一变，变成了健康、低脂、美味的食物，并且这种食物得到了很多人喜欢，学生获得的成就感和满足感使这次实践课的文化体验更加深刻。

## 赤道上的"中国饭店"
——中国美食文化走进肯尼亚学生课堂

作者简介

车春晖,武汉大学汉语国际教育硕士。2012—2016年在肯尼亚肯雅塔大学孔子学院担任汉语教师志愿者,主讲汉语语法、阅读及中国文化等,所指导的肯尼亚学生获得2013年肯尼亚区"汉语桥"比赛一等奖。2018—2019年担任美国圣文森学院汉语教师志愿者。目前就职于青岛某公立学校,担任语文教师。

# 非诚勿扰
## ——当代中国社会的电视相亲与婚恋文化

唐晓飞

> **导 读**
>
> 汉语教学中语言与文化紧密相连,尤其体现在高年级。高年级语言课程要求学生运用已有的语言能力拓展对中国文化的认知,表达自己对中国文化的理解与看法,在学习探讨文化现象的同时继续提高语言水平。
>
> 美国大学生期待了解中国当代社会,他们这个年龄阶段对中国当代恋爱婚姻观念与现状尤其感兴趣。作为中国当代文化的重要组成部分,婚恋观既反映中国传统文化价值,又直接体现中国当代社会现状,是了解中国文化的有利切入点。本文依据我在美国大学高年级《中国新象》的教学实践,探讨如何组织与引导课堂讨论和课后写作,来深化学生对当代中国婚恋文化的理解。

### 教学目标

1. 通过观看和讨论相亲节目《非诚勿扰》视频片段,让学生对中国当代的电视相亲形式有一定的了解。

2. 结合课文中对中国婚恋观的学习,启发学生深入探讨中国当代婚恋观,比较中美婚恋观的异同。

3. 通过课前准备、课堂讨论和课后写作,锻炼学生成段成篇地表达自己对中国当代婚恋观的看法与见解。

### 课程设置及学生背景

本课是美国大学高级中文课的一个教学单元,授课时长为80分钟。教学重点是在语言知识学习的基础上,深入进行文化讨论。

学生为高级汉语学习者,包括华裔与非华裔,学习中文两年以上,能较为流利地用中文表达自己的想法。

授课语言:以中文为主。

## 教学工具及材料

**（一）阅读材料：**

第五课课文《中国人婚恋观念的变化》，第六课课文《当代中国青年人婚姻面面观》，第六课补充阅读《当我再次登上相亲节目时……》，出自《中国新象》（上），吴素美、于月明编著，卡耐基梅隆大学内部教材。

**（二）视频材料：**

相亲节目《非诚勿扰》2018-8-18期视频片段，网址链接：https://www.youtube.com/watch?v=rQ71xseOUtA，访问日期：2020-9-1。

**（三）教学材料：**

课程PPT。

## 教学步骤

**一、课前准备：**

1. 在掌握相关生词的基础上，阅读第五课课文、第六课课文及补充阅读，用中文为三篇文章各写一段话（100字左右），总结文章大意。

2. 在阅读文章的基础上，提出1—2个自己对中国婚恋观想要深入了解的问题。

> 上述两个课前预习作业，主要是为了让学生复习巩固本单元的生词和课文，为课堂的深入讨论做准备。让学生提出一到两个问题是为了督促学生思考文章内容，激起学生了解中国婚恋观的兴趣，鼓励他们从自己的角度去看中国婚恋观。
>
> 小贴士①

**二、课堂教学步骤：**

**（一）热身提问：**

1. 通过提问解释重点词汇：

父母之命　媒妁之言　门当户对　传宗接代　单身贵族

男大当婚　女大当嫁　剩男剩女　高富帅　白富美

提问例示：你能用自己的话说说"父母之命，媒妁之言"的意思吗？"门当户对"是什么意思？什么是"剩男剩女"？

2. 让学生自愿提出自己感兴趣的问题。先由其他人简单回答，老师引导大家在接下

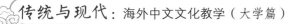

来的讨论中不断完善问题的答案。

**（二）观看《非诚勿扰》视频片段：**

因为补充课文中批判了部分女嘉宾的拜金言论，这里选择了一个不太有争议的片段，可以给学生展现完整的电视相亲过程。实际教学中，老师可以按具体情况，选择近期有意义或有趣味性的节目片段播放。

**（三）课堂讨论：**

1. 集体讨论：

① 这个男嘉宾的条件怎么样？他是高富帅吗？
② 女嘉宾们对他的印象怎么样？
③ 最后牵手成功的男女嘉宾是不是门当户对？
④ 什么是完美爱情？
⑤ 这个电视相亲的形式和规则怎么样？
⑥ 电视相亲是一种好的择偶方式吗？为什么？

> 问题中包含了课文中的关键词"高富帅"和"门当户对"，既能让学生运用所学词汇，又能引导学生对节目中反映出的中国婚恋文化进行探讨。问题中还包括对电视相亲这种择偶方式的讨论，结合了课本阅读材料中的相关介绍。
>
> 小贴士②

2. 小组深入讨论：

在课堂集体讨论之后，把学生分为几个小组，三四个学生一组即可，对中国婚恋观进行更深入的讨论。每个小组中有一个学生负责记录讨论要点。讨论的问题主要包括：

① 中国婚恋观中的门当户对好不好？
② 从《非诚勿扰》节目中你觉得中国年轻人选择恋爱和结婚的对象时重视什么？
③ 中国当代婚恋观和你们国家的有什么相似点和不同点？相似和不同的原因是什么？

> 小组深入讨论可以给一些不擅长课堂发言的学生充分表达自己的看法的机会，学生之间互相补充，深化对问题的理解。
>
> 小贴士③

3. 讨论总结：

在小组讨论过后，每组由一两个学生简单总结自己小组的讨论重点，总结时要简明扼要，抓住重点。老师和其他小组可以对每个小组的讨论结果进行点评，可以提出问题，也可以表达自己的观点。

4. 学生问题回顾：

老师和学生一起把上课前学生提的问题再次回顾一遍，对有新的补充的学生给予口头表扬。

（四）课后写作（通过网上论坛的形式提交）：

在这一单元的课后，让学生用中文写一篇短文（300—500字）表达自己对中国当代婚恋观的看法，学生可以表达自己对《非诚勿扰》这种电视相亲形式的看法，也可以结合所读文章和课堂讨论总结自己对中国婚恋文化的看法。

每个人把自己的文章发到班级网上论坛，同时阅读其他同学的文章，最少给另外两篇文章回帖评论。回帖评论可以是很简短的两三句话，表达出自己对文章内容的看法即可。

> 通过课后写作，学生可以巩固自己所学的内容，提高书面表达的能力，也可以让课堂上不擅长发言的学生充分表达自己的观点。发帖和回帖可以锻炼学生用中文在网络上进行讨论，丰富自己的看法。老师阅读每个学生的文章，给出语言和内容上的意见反馈。根据学生的语言水平，可以要求学生在老师的意见基础上修改自己的文章，提高写作能力。
>
> 小贴士④

### ◆ 教学反思

1. 高年级的一大教学挑战是既让学生提高语言水平，又让他们扩展对中国文化的认识。本课的设计是在学生基本掌握了这一单元语言要点的基础上，用电视相亲节目片段引导学生对婚恋观进行讨论，在强化语言能力的同时拓展文化视野。

2. 本课选择《非诚勿扰》的视频片段，一方面是利用这样的相亲节目提高学生兴趣和参与度，另一方面也是让学生直接了解中国最新的文化与社会现象。我们在教学实践中发现，学生对《非诚勿扰》这一节目以及反映出的中国婚恋观有极大的兴趣。

3. 本课结合课前预习、课堂讨论和课后写作，把学习和学生之间的互动交流扩展到课外，以达到更好的授课效果。本课的重点是对婚恋观的探讨，如何利用婚恋观这一话题引发学生对中国当代文化的方方面面进行学习讨论，是今后课程设计的一个方向。

## 作者简介

唐晓飞，美国卡耐基梅隆大学二语习得博士。匹兹堡谢迪赛德学校中文教师。曾任费城泉边栗树山学校中文教师、卡耐基梅隆大学兼职中文教师。研究兴趣包括汉语语用教学和电脑游戏教学，研究成果在多个英文期刊发表。

# 无酒不成席
## ——如何将商务文化与语言训练结合起来

史中琦

> **导 读**
>
> 商务汉语文化，是商务汉语教学的重要组成部分，同时也是教学上的一个难点。之所以难教，是因为不容易跟语言的训练结合起来，结果就是把语言课变成了普及性的知识讲座。学生虽然感觉得到了一些跟中国文化相关的信息，但是却无法提高在真实场景中得体地运用汉语进行交际的能力。对此，我们进行了一系列的教学尝试，力图在讲练语言的过程中渗透中国文化的内容，让学生在体会领悟中国人行为习惯的同时，能够有大量的机会练习词汇和语法，从而达到语言和文化教学的结合。本文将要展示的课堂案例，就是其中的一种教学尝试。需要说明的是，商务文化内容丰富、角度多样，既包括一般的中国社会文化知识，也包括商务情景下特有的行为礼节，我们肯定无法通过一个案例涵盖各种内容，本文所涉及的酒席文化，偏重中国人交际的语言行为习惯。

## ◆ 教学目标

1. 通过学习课文，掌握两个重点语法结构，包括"好不容易V""宁可A，也不能B"。

2. 通过讨论课文，理解跟酒席相关的文化观念和行为习惯，包括如何表示尊敬、面子文化等。

3. 通过阅读课文，掌握几个用于酒席场景的常用表达方式，其功能涉及推辞、劝酒劝菜、敬酒等。

## ◆ 课程设置及学生背景

本课内容设计授课时间为100—120分钟，分两次完成。根据学生的学习动机、学习强度、语言水平和具体需要，也可以延长到180分钟，分三次完成。

参加本课程的学生至少已在大学阶段完成两年的汉语学习（从零起点开始），或者达到相似的语言水平。学生不必有从事商务活动的背景，也不必是商务或者经济专业。当然，如果学生曾经有过类似的交际经历，对于学习本课会有很大的帮助。

授课语言：中文。

## ◆ 教学工具及材料

**阅读材料：**

  本课选自《卓越汉语：公司实战》（外语教学与研究出版社，2010年）中的第四单元。该单元包括三个部分：课文对话《希望我们合作成功》，文化阅读《酒席文化》，小知识《敬酒的时候说什么？》。

## ◆ 教学步骤

### 一、课前预习：

1. 学生预习本节课涉及的生词，要求能够认读或者书写。
2. 学生针对以下情景设计方案：

  情景：假设你是ABC公司派到中国上海的代表，你要请一家中国公司XYZ的副总经理吃午饭。你觉得这顿饭怎么安排会让这位副总经理满意？（提示：考虑去哪里吃、点什么菜、点什么酒等）

  要求：学生以书面报告的形式准备请客方案。

>   设计请客方案的作业目的是将学生带入课文涉及的情景——酒席，同时让学生思考安排酒席时应该考虑哪些因素。学生未必有很好的答案，但这并不要紧，相反，如果学生意识到自己还不太了解这个题目，出现了认知差，那就可以激发学生的求知欲和学习动力。
>
> 小贴士①

### 二、课堂教学步骤：

#### （一）热身讨论：

1. 学生2—3人一组，分享自己的情景设计作业。老师巡视，提示学生归纳：有哪些因素是请客或者安排酒席的时候应该考虑的？

2. 讨论结束，老师请每个小组报告本组发现的因素（比如饭店的档次、客人的饮食习惯、上海当地风俗等），并由老师板书。

>   该活动的目的是给学生创造交流的机会。学生的答案会千差万别，这恰恰是非常好的状态。因为有差异，所以学生可以互相了解对方的想法；因为有差异，所以学生必须进行"意义协商"（meaning negotiation）。老师的提示也很关键，可以将学生的注意力集中到共同的问题上来，而这些问题往往就是课文将要解释的重点。
>
> 小贴士②

## （二）导入课文：

请学生分角色朗读对话《希望我们合作成功》。朗读的时候，老师要提醒学生注意人物的身份和语气，必要的时候老师应该提供示范。

## （三）文化教学：

1. 读完以后，老师提问：课文中的潘厂长是怎么安排座位的？同时，用投影仪显示一个酒席座位的图片（如下），并让学生判断谁应该坐在哪个位置上。

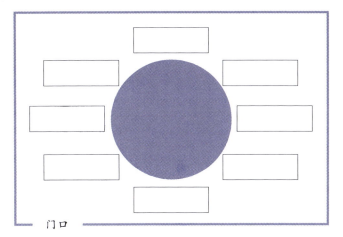

给以下人物安排合适的座位：

潘厂长

高经理

刘秘书

胡中信

> 课文的对话中提到了安排座位，但并没有详细解释，这种设计给学生留出了思考的空间。在这一步，老师不要着急去解释，而应该让学生去预测。

小贴士③

2. 在学生回答的时候，老师可以问学生为什么这样安排。在大部分人都思考之后，老师请学生跳到《酒席文化》第三段。

3. 学生读完以后，老师请学生再安排一次座位，并解释为什么。

4. 在确认学生理解了座次这个问题以后，老师可以设计若干人物角色，让学生判断这些人应该如何落座。

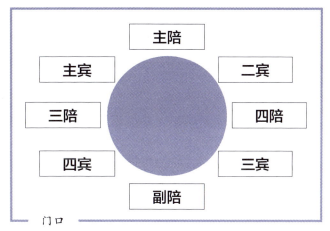

> 有了座位图，学生可以很快明白文中的意思，同时，也可以锻炼学生根据图片进行说明的能力，从而把文化学习跟语言学习结合起来。

小贴士④

**（四）语言训练：**

1. 根据课文，老师提问：在刚才的对话中，潘厂长为什么一定要点一些"特色菜"？学生可能会说，为了表示热情，为了让高经理觉得受到了尊敬等。由此，老师可以让学生注意课文中潘厂长的理由——不但因为高经理是客人，而且因为他们"好不容易才来一趟"。然后老师请学生用自己的话解释这句话的意思，并根据学生的回答引出语法结构"好不容易V"。

2. 老师请学生看课文的语法解释部分，通过其中的例句，让学生体会"好不容易"的意思和用法。然后请学生独立完成语法解释部分的练习。

3. 在确定学生理解了该语法的基本意思和用法以后，老师进一步说明该结构的语用特点：虽然"好不容易"表示做一件事情不容易，或者某种情况很难出现，但是这个结构常常用来实现其他功能，比如劝说、埋怨等。说明以后，老师可以给出几个情景，让学生想想可以怎么说。比如期末考试结束后，你想说服同屋跟你去看通宵电影。

4. 在完成对"好不容易V"的练习以后，老师可以继续提问：点菜的时候，除了要点一些特色菜，中国人还有什么习惯？同时，提示学生看《酒席文化》第二段，并引导全班读出关键句子"中国人还习惯多点一点儿，宁可吃不了，也不能刚刚够"。

5. 老师板书"宁可A，也不能B"，并加以解释：为了说明说话人非常不喜欢或者不能接受B，先摆出一个虽然也不好但是可以接受的情况A。讲解时要注意帮学生分析为什么A同样也是一个不怎么好的情况。

6. 为了帮助学生更好地理解以上两个语法结构，老师还可以设计多个情景练习。

**（五）扩展练习：**

1. 根据课文，老师提问：在对话中，潘厂长是怎么劝大家喝酒的？因为课文再次用到了"好不容易V"，所以这种引导式复现可以更好地帮助学生理解这个语法结构。接着老师可以提问：你知道在劝酒的时候，一般会说哪些话吗？敬酒的时候呢？

2. 在文化阅读和小知识部分，有一些劝酒和敬酒的套话可以让学生一起读一读，或者老师先示范，学生再跟读。老师要说明这些话的使用条件，特别是要注意对象和场合等。比如，给其他公司的领导敬酒一般是以祝福为主，给自己的领导敬酒一般以感谢为

主，对年纪大的人一般是祝身体健康，对年轻男性一般是祝事业兴旺，对年轻女性一般是祝青春永驻。

3. 在完成以上教学环节以后，还可以设计很多有意思的活动，比如几个老友重聚、几个新入职的员工请自己的上司聚餐，或者几个人请自己以前的老师聚餐等。学生可以自己指定想扮演的角色，然后将整个酒席的过程表演出来。

> 商务文化所涉及的内容丰富而复杂，一篇课文往往是不可能全面展示的，因此，要善于利用辅助材料，去更加立体地帮助学生了解什么情况可以说什么话。
>
> 小贴士 5

### ◆ 教学反思

1. 本案例所依据的教材是《卓越汉语：公司实战》，本教材在体例编排上采用了对话和文化分别处理，而内容上保持关联的方法。比如在这个单元，课文对话是一个请客吃饭的场景，通过人物展示了一些中国人常用的酒席套话，老师很容易把学生带到场景中，先接触鲜活的语言材料。接着，在文化阅读部分，对中国人的酒席言行做了必要的解释和说明。具体来说，谈到了中国人如何选饭店、如何点菜、如何安排座次、如何敬酒、如何劝酒等，从而利于分析行为背后的文化因素。这样的设计，要求老师对于课文不同部分的重点做到心中有数，对于如何关联提前做好准备。

2. 本教学案例旨在尝试如何把课文、语法结构、文化知识融为一体，在教课文的过程中，引出语法结构或者文化知识，在练习语法结构的时候，又能照顾到课文的内容。实践证明，这种跳进跳出的操作对于老师来说，颇具挑战性。我虽然教授商务汉语十余年，但在进行这种跳跃式教学的时候，总是战战兢兢、如履薄冰。希望老师们能够集思广益，丰富我们的教学模式。

3. 本文涉及的大部分课堂活动，都着意于让学生明白不同的身份、不同的对象、不同的场合需要匹配不同的表达方式。课文中提供的例子很清楚地说明了这一点，因此老师需要在讲解对话的时候，提醒学生注意是谁在跟谁说话。如果身份改变了，那么语言形式往往会发生变化。因此，在讲解此类课文的时候，可以提供给学生更丰富的语言表达形式，让其感觉不同形式之间的差异，而不必拘泥于课文提供的语言片段。

4. 如果能够找到合适的商务酒席的视频片段，相信也会让学生有更直观的感受。当然，老师必须对视频中人物的身份和关系做一些讲解，否则，学生不会真正理解语言和行为背后的逻辑。

5. 准备这样一堂课，老师要做很多准备工作，除了语言练习方面的，还要对酒席文化有较多了解，以供学生提问。以前老教师常说，给学生一滴水，老师得有一桶水，就是这个道理。

##  作者简介

　　史中琦，美国哥伦比亚大学教育心理学博士，中国北京语言大学硕士、学士。哥伦比亚大学东亚语言文化系高级讲师，美国中文教师学会理事。自2005年起，在哥伦比亚大学东亚语言文化系任教至今，负责中、高级汉语及商务汉语课程，曾担任商务汉语实习项目主任。研究兴趣包括第二语言教学及教学法、学习动机理论、面向专业用途的汉语教学等。主编及参与编写的商务汉语教材包括《卓越汉语：公司实战》（外语教学与研究出版社，2010年），《理解中国》（北京大学出版社，2014年），《商务中文案例教程·策略卷》《商务中文案例教程·文化卷》（中国对外翻译出版公司出版社，2015年）等。

# 传统与现代：

## 海外中文文化教学（大学篇）

文化产物类

# 书画之妙，汉字之美
## ——一节面向美国学生的文化体验课

汪海霞

> **导 读**
>
> 琴、棋、书、画是古代中国读书人必备的四种技艺，"书画同源"，很多优秀的书法家常常也是杰出的画家。当古代文人推崇的书画艺术走出国门，对中国书画艺术完全陌生的活泼好动的美国学生，是否也能产生吸引力呢？
>
> 根据笔者几年来的多次实践经验，可以肯定地说，中国的书画艺术即使对于初学者也能产生很大的吸引力。本文主要展示的是，向美国学生介绍中国书画艺术的一节文化体验课，注重互动性、可操作性和可展示性。根据美国外语教育关于文化的定义，书画教学从文化产物（笔墨纸砚）、文化实践（尝试书法和国画）、文化视角（试着比较中西方绘画的特点，从审美角度欣赏）三个层面层层递进，可以积极地调动学生的好奇心，培养学生的动手能力、模仿能力和创造能力。

### ◆ 教学目标

1. 让没有中文背景的中学生简单地了解汉字的特点和书画工具。
2. 在老师引导下尝试创作，先从模仿开始，然后发挥自己的想象力和创造力，通过作品创作和展示，切身了解并体验中国的书画文化传统。

### ◆ 课程设置及学生背景

限于篇幅，本文只集中展示一节关于书画艺术的文化体验课，特别适合短期的夏令营、社区和学校的文化展示，对于推广中文项目、丰富节日活动也有帮助。

授课时长为2小时，根据学生人数和课程情况，可以灵活调整。

学生为汉语初学者。授课语言以英文为主。

### ◆ 教学工具及材料

（一）教学材料：

课程PPT。

（二）课堂活动工具及材料：

一部完整的书画作品的创作，离不开"文房四宝"——笔、墨、纸、砚，这是具体可触的文化产品和艺术工具。学生对于毛笔、宣纸非常感兴趣。

> 书画课准备的材料非常多,除了每人一支毛笔、裁好的宣纸,还可以准备两个小纸杯,一个装墨,一个装水(用于改变墨色的浓淡)。最好还能准备一个调色盘,用于绘画调色。最重要的是提醒大家小心,带上报纸铺在桌上,不要打翻墨水。

小贴士①

### ◆ 教学步骤

**(一)汉字知识介绍:**

1. 利用动画视频《三十六个字》①介绍汉字的基本知识。《三十六个字》将36个最基础的汉字用讲故事的方式串联起来,介绍汉字的字形、字义和变化。让学生跟着视频将汉字(主要是象形字)画出来。

2. 视频播完后,请学生把自己记下来的图案画在黑板上,大家一起来猜猜是什么汉字。

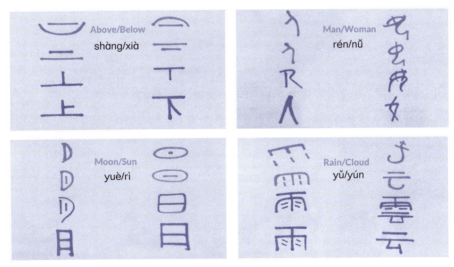

学生的汉字作品

**(二)书法体验及文化教学:**

1. 体验教学:

老师用实物展示介绍文房四宝,向学生提问"What is the Four Treasures of the Study in China?",然后用PPT展示笔、墨、纸、砚的材质、特点和产地,了解什么是湖笔、宣

---

① 网址链接:https://v.qq.com/x/cover/ivop8crzqvar53v/g1420hvx5kw.html,访问日期:2020-9-1。

纸、徽墨、端砚。比如毛笔分狼毫和羊毫，著名的有浙江湖州的湖笔；宣纸的手工制作步骤，纸张韧性和吸墨的特点，著名的有安徽宣城的宣纸等。

接着老师当堂示范书写简单的汉字，教授拿毛笔的手法、书写姿势及执笔方法。特别注意示范运笔方法，比如提笔、停顿、转折，以及笔画顺序，先横后竖、先上后下、先左后右。学生练习时，老师观察，单独纠正。

> 第一次尝试时，最好用水写纸。因为上面有印好的字和笔画，学生可以直接描。最实用的是，用水写字简单方便，不会弄脏桌面，也可以反复使用，之后可以用墨汁在宣纸上书写。

小贴士②

课堂上学生的书法作品

2. 文化教学：

老师介绍书法作品在现代社会的用途和使用场合。展示代表性的书法名家作品，介绍不同的字体、书体及如何欣赏书法作品。也可以充分利用网络上和中国书法文化相关的专题，给学生们播放一些书法家现场创作的视频，以加深理解。

### （三）绘画体验及文化教学：

1. 体验教学：

练习绘画时，先给学生发绘画材料。从可以直接模仿的、简单易学的开始，比如画熊猫。画熊猫通常是学生最愿意尝试的主题，然后加上竹子。介绍并且示范用墨的五色：焦、浓、重、淡、清淡，初学者尤其要注意领会浓淡干湿的变化和轻重缓急的用笔技巧。也可以使用国画色彩，为水墨画加点儿颜色。画画部分能调动学生的积极性，因为有的学生之前练习过画油画和素描，现在使用不同的工具，比较有新意。而且，绘画作品是没有好坏之分的，每个作品都有自己的特点。这恰恰能发挥学生的想象力和创造力。

2. 文化教学：

在介绍中国国画的常用主题时，适当地引入文化内容，比如梅、兰、竹、菊四君子为何在国画中反复出现，其中的文化含义是什么。例如竹子代表虚心与有节。在画鲤鱼和金鱼时，也可以介绍年年有余的谐音、鲤鱼跃龙门的典故和金鱼代表富贵吉祥的文化含义。这样能增加学生的学习兴趣，拓宽文化理解的视角。

# 书画之妙，汉字之美
——一节面向美国学生的文化体验课

学生的绘画作品，是在同一节课完成的

**（四）讨论并展示作品：**

寻找合适而且有趣的讨论切入点有一定难度。在美国课堂，要把某一个中国文化专题讲清楚，往往不能只是概念陈列和简单解释，除了多种多样的教学手法，也需要寻找合适而且有趣的教学素材。我的解决方法是：学会充分利用互联网资源，比如讲到中国国画专题，可以在互联网搜集大量的中国国画图片和西方绘画图片，然后让大家去分析和对比，找出可能的异同；也可以在网上找中国水墨画的动画放给学生看，让学生直观了解中国绘画的特点；找出齐白石作品的图片，让大家欣赏、比较分析中国绘画审美的特点和文化含义。

高中暑期班展示书画作品

**（五）课程延伸：**

如果老师想和其他课程联系起来，多方位展示学习内容，可以和

学生在练习简单的字和画

其他学科的老师合作，比如和艺术课老师合作。我曾连续三年到一个私立高中的艺术课堂介绍中国书画。任教老师是位美国人，她不会中文，但是她在教东亚艺术时，对中国的书画艺术产生了浓厚的兴趣，也想让学生体验一下。

学生在这位美国老师的艺术课上，可以创作陶瓷作品，自己做坯、上釉、烧制。在上了书画体验课之后，学生可以运用书画课上学到的中国元素，比如太极图和十二生肖，先绘制在陶器上，再上釉烧制。这样与其他课程的交集，可以拓宽语言老师的眼界，加强与其他课程老师的交流，互相丰富教学内容。

### ◆ 教学反思

1. 在书画文化体验课中，要强调文化体验和文化教学相结合。如何抓住学生的兴趣是文化课的一个挑战，个人认为课堂讨论和师生互动很关键。学生是课堂活动的主要参与者，老师是协调者，让大家都参与进来，小组互助式学习和讨论很有效果。

2. 可能有老师有疑问，如果自己并不擅长书法绘画，能否教好书画课呢？看看那位教东亚艺术的美国老师，她不懂中文，也不会书法和国画，仍然可以收集相关材料介绍给学生，让学生来模仿与创作，并用其他的艺术形式（比如陶瓷）表现出来。还有一点，请充分相信高中生的学习能力和创造力，只要给他们提供足够的素材，他们的作品总是超出预期，让人惊喜。当然，如果是一学期的深入课程，老师需要有一定的书画基础和素养，但是对于一次文化体验课，对外汉语的老师都是可以胜任的。

3. 中国有五千多年悠久的历史和文化，从某种程度来讲，很多文化专题，比如中国书法、绘画、宗教、哲学等属于比较深奥难懂的内容，如果是纯知识性的介绍，照本宣科，学生很快就会对此丧失兴趣和继续学习的信心，产生抵触情绪。所以如何把深厚的文化专题讲得生动有趣，能吸引学生的眼球，显得非常重要。我的解决方法是：把抽象的、复杂的、难懂的文化专题分解开来，同时用各种教学材料使之具象化、形象化、简单化，让学生可以参与进来，自己动手，体会成就感。

 **作者简介**

汪海霞，美国匹兹堡大学教育学博士。卡耐基梅隆大学高级讲师，匹兹堡大学亚洲研究中心教学主管，西宾州中文教师协会董事会成员。有多年中、美大学的语言及文化教学经验，研究方向包括社会文化学、语言教育及文化传播。合编/著有《当代媒介素养教程》（合肥工业大学出版社，2007年），《北美故事：美国一线汉语教学案例与反思》《跨文化交际案例：汉语教师海外工作实训教程》《生存攻略案例：汉语教师海外生活实训教程》（北京大学出版社，2021年）等书。

# 中国文化画廊
## ——运用网上画廊形式进行零起点班的文化教学

赵 冉　杜乃岩

> **导读**
>
> 　　在初级汉语课中，由于学生的目标语表达能力尚未达到足够的水平，如何在不使用英文的情况下保证一定程度和范围的文化教学对汉语教学是一种挑战。针对这一挑战，老师们惯常采取的策略是在课堂上见缝插针地使用体现中国文化的图片、视频等材料。囿于不能使用英文这一约束，老师们对于文化的教学只能点到为止，难以深入。另外一个策略就是为文化教学在课内或课外另辟领地和时间，在那一特定的文化天地，师生可以在教学与交流中使用英文。
> 　　本文将分享我们试验过的一种网上文化画廊（Online Culture Gallery）的办法，尝试解决如何在零起点班使用目标语的同时，能够将文化教学进行到一定的深度和广度，并在这个过程中尽量培养学生自主学习和协作学习的能力与习惯。

### 教学目标

　　1. 通过师生共建的网上中国文化画廊，培养学生自主学习和分享中国文化知识的热情。

　　2. 通过课堂上用目标语对文化图像的简单问答，提高学生使用中文介绍与讨论中国文化的基本语言能力。

　　3. 通过期末反思，引导学生加深对中国文化的理解和思考。

　　4. 通过在高年级开展同样的课题，比较学生在初、中、高级各阶段在文化习得方面是否取得进步以及取得了哪些进步。

### 课程设置及学生背景

　　本文讨论的是美国大学中文一年级第一学期的课程，每周5课时，每课时50分钟。课程目标是初级汉语和文化知识的传授以及听说读写技能的训练。

　　学生均为非华裔，可进一步细分为以下两类：

　　1. 零起点，之前完全没有学过汉语；

　　2. 之前学过一些汉语，但是水平不够上第二学期的课程。

　　授课语言：课堂上除了答疑用英文之外，师生全部使用中文。

## 中国文化画廊
——运用网上画廊形式进行零起点班的文化教学

文化产物类

### ◆ 教学工具及材料

中国文化画廊，网址链接：https://padlet.com/ZhaoLaoshi/9h9txwkrxeoy，访问日期：2020-9-4。

### ◆ 教学步骤

**一、课题说明（通过Padlet向学生说明这一贯穿整个学期的课题的教学目标、具体要求和范例）：**

1. 老师先把网上的画廊空间准备好，在Padlet上开设一个板块，取名为"中国文化画廊"（The Chinese Culture Gallery）。

> 虽然网上资源很多，但是在遴选过程中，www.padlet.com以其简单好用、设计新颖而胜出。这个网络资源目前是免费的，而且学生不必注册即可发帖。人机互动体验也非常好，学生们的反馈都很正面。最新版的Padlet增加了版式，便于老师直接选取画廊模板。学生上传图片之后，版式会自动调整为最佳视觉效果，错落有致，十分美观。
> 
> 小贴士①

2. 在板块的文字说明部分用英语简单注明课题的要求：We will use this space to curate images that represent the Chinese culture. Please post one image per week with a brief caption/description in Chinese.

> 文化画廊的说明看上去非常简单，这是有意为之，目的在于给学生最大的自主空间。不过，向学生明确课题的目标和评分标准也是必要的。每当老师在课堂上打开文化画廊进行语言学习或练习的时候，学生们就自然而然受到了文化的浸染，同学之间也会不知不觉地相互激励。
> 
> 小贴士②

3. 老师给学生提供一两个范例，这样不用太多英文解释，学生就可明白老师的期望和要求。

> 不只是图片需要例子，图片下方的标题或者说明文字也需要老师给出范本，这样学生对文字的长短、语言质量比较有概念。另外，随着学生词汇量和语法知识的增加，老师也要适时地第二次给出范例，帮助学生在挑选图片时打开思路，在文字说明上从一两句话扩展到一个段落，并且帮助学生意识到课本上学到的词汇、语法可以应用到全新的语境中。
> 
> 小贴士③

241

Erik Song

竹楼 (zhu2 lou2) (bamboo house)

Daje Brinson (毕戴杰)

明天是万圣节（wan4 sheng4 jie2-Halloween）。我喜欢万圣节，可是我不喜欢假扮（jia3 ban4-dress up/disguise）.

学生作品

## 二、课堂教学（如何充分利用学生课下营建的文化画廊）：

1. 课前徜徉画廊：

老师一般会提前5分钟进入教室做一些必要的准备，比如打开电脑、投影仪等教学设备，发还学生作业、考卷等。这个过程中老师一般会跟学生用中文聊聊天，建立良好的课堂气氛。在零起点班能够聊的话题一般比较有限，无非是今天怎么样，这个星期忙不忙之类的。文化画廊则可以为这样的聊天创造真实且丰富的话题。

> 文化画廊的网页一般是最先打开的。这个时候，老师一边进行其他必要的准备工作，一边就可以请同学们浏览画廊上有什么新增的图片或视频。看到有能够用到学生已预习的生词和语法的图片就可以马上利用。这个时候学生一般也会主动问一些"那是什么？""他叫什么名字？"等符合实际语境的问题。

小贴士4

2. 与语言教学充分结合：

文化画廊为语言教学提供了丰富、真实的情境和道具，是一个可以充分开发的宝库。图片是学生找到的，如果老师选取某个学生的图片作材料为全班同学所用，一定可以增加学生的参与感和成就感。

这当然需要老师在备课的时候，提前浏览学生们分享的图片和视频，才能将材料巧妙设计到课堂操练和活动中去。根据可用图片的数量，课堂上对画廊的使用少则几分钟，多则半个小时。学生贴出的新图也不必一出即用，老师完全可以根据教学目标与内容灵活掌握。

> 这也是一个关于网上作业的建议，如果老师想要学生重视课外的网上作业，就一定要把网上作业的成品拉回到课堂上以某种方式重复利用，或者至少在课堂上让全班同学共同浏览点评。这一步非但不必担心重复，反而提高了学生高质量完成网上作业的热情。如果网上作业在课堂上完全没有了踪影，学生就会认为这些作业只是边缘化的，并不真的重要。
>
> 小贴士 5

3. 小组分享：

课程进入后半学期，学生的语言能力达到一定水平时，某一个单元的口试可以采用三位同学在小组内分享文化图片的方式进行。

> 这里要注意，虽然这是一项整个学期的课题，但是对学生完成情况的评估不必等到期末才进行。老师完全可以根据所学单元的内容，灵活利用画廊内积累的材料设计不同的评估任务。学生在图片下提供的文字说明也可以作为对写作能力的评估依据。
>
> 小贴士 6

4. 期末总结：

学生要从整个学期挑选的众多图片中选取三至五张自己认为最能代表中国文化的图片，并深入解释为什么。这一步骤是为了让学生对中国文化的认识不是流于表面热闹，而是深入思考，帮助学生在直观的文化产物和文化实践背后认识到文化视野的内在作用，在看到文化中的"什么"和"怎么"的同时，还可以看到"为什么"，因为后者才是文化学习的高层目标。

> 一般到了期末，学生的学业负担非常重，因此这一看似可有可无、锦上添花的步骤非常容易被舍弃。但是最好能够坚持，否则这个课题的深度和功效可能将大打折扣。因为对于大学生来说，在网上找几张图片很容易，但是能够在众多图片中看到关联和不同就必须调用批判性思考，运用分析与综合的能力。加上最后整合反思的一步，这一课题才能够在难度上符合大学教育的水平。中小学的课程中可以酌情调整。
>
> 小贴士 7

**教学反思**

1. 画廊形式的一大好处是对目标语的水平要求低，因为一图胜千言，图片的信息量巨大，一张图可以用一个词语或者一句话来描述。这就使得这种方式在学生只掌握了基本课堂用语还在学习拼音的阶段就可以开始引入。比如一张大熊猫的图片就可以引出"这是什么？""这是人吗？""这是马吗？"这样的问题，还有"这不是马，这是大熊猫"这样的回答。因为"大熊猫"这个生词会用拼音标注，所以学生在学习拼音阶段就可以用这一图片和图片说明来练习"这是/这不是……"的句型和"人、马"这类的词语，以及认读"xióngmāo"这样的拼音。有了图片的帮助，使用目标语进行的文化教学在零起点班的第一周即可开始，一点儿都不需要延迟。

2. 之所以将图片以画廊的方式呈现，是为了将文化表征艺术化，将文化习得审美化。这一名称与形式给予学生足够的心理暗示，引导学生在选取图片时关注中国文化中美的一面。这种策略性的引导对于初学者来说是利大于弊的。

3. 采取学生主导的方式，增加了学生自主学习和协作学习的机会。学生人数众多，所以在自主文化习得的过程中也为老师提供了丰富的语言教学素材，可谓一举多得。学生既是文化知识的寻求者，又是自己语言学习的贡献者，真正在自己的语言和文化学习中扮演了举足轻重的角色。

4. 使用图片教文化有很多好处，但也有一个很大的局限，就是图片呈现的大多是文化产物，其次是文化实践，很难有文化视野，因为文化视野是抽象的，大多以文字表述而不是以图像定格。虽然初级班的学生尚难用中文描述文化视野，但是通过英文表达可以弥补这方面的不足。

5. 从语言文化习得进阶的角度来看，这一课题形式具有跟踪学生从低年级到高年级文化理解的进步与深化。我们的期待是，高年级的同学在选取中国文化图片以及对图片进行说明时，会表现出更广的知识面以及更深入且成熟的理解。

 **作者简介**

赵冉，美国卡耐基梅隆大学现代语言系第二语言习得博士，北京外国语大学英语语言文学系硕士。弗吉尼亚大学东亚语言文学文化系副教授、中文项目主任，美国中文教师学会理事。自2004年起，在弗吉尼亚大学东亚系任教至今，曾开设多门初、中、高级汉语语言课程。曾获多项科技与教学方面的研究资助，近年专注于钻研初级汉语阶段各方面的教学策略、K—16教学衔接与整合教育理念。

杜乃岩，美国密歇根州立大学博士，同时担任日语系和语言学系助教。研究方向为语音学、音系学和语言教学。

# 趣味中医药,"姜还是老的辣"
## ——大学汉语高级班文化教学

萧 映

>> 导 读

中医药文化是美国学生觉得既陌生又感兴趣的话题。本文以"趣味中医药"专题的美国大学高年级汉语文化课为例,以"姜还是老的辣"这一俗语为切入点,通过课前预习、课文教学和学生讨论,探讨如何将中医药文化以趣味性和实践性的方法介绍给学生。

## ◆ 教学目标

1. 通过俗语"姜还是老的辣",了解中国人的养生传统,体会食材入药的中医药文化。

2. 引导学生对"趣味中医药"这一专题展开讨论。讨论问题包括:哪些日常的食材可制成中药?喝中药是否能加糖?中药的药效是否明显?

## ◆ 课程设置及学生背景

本课是美国大学高年级汉语课中的一个文化教学单元,授课时长为150分钟(每节课75分钟)。授课重点是俗语介绍和中医药文化讨论。

学生构成:高级汉语学习者,非华裔,学习中文三年以上,可以较流利地用中文成段表达自己的想法。

授课语言以中文为主,阅读和教学材料中英双语。

## ◆ 教学工具及材料

(一)阅读材料:

《姜还是老的辣》,出自《趣谈中药》,薛建国、徐桂华、王晶主编,墨尔本:Macmillian Education,2013年。

(二)视频材料:

《一碗姜糖水》,网址链接:https://www.youtube.com/watch?v=S5LK_VYav8o,访问日期:2021-1-6。

## （三）课堂活动工具及材料：

洗净的鲜姜和老姜各4块（每块约50克），电磁炉2个，小汤锅2个，黑糖500克，纸盘20个，纸杯20个，小刀10个，小勺20个等。

### ◆ 教学步骤

#### 第一课时

**一、课前预习：**

1. 阅读《姜还是老的辣》（中文版），列出几种中国人烹饪时常放姜的食物的名称。
2. 阅读《姜还是老的辣》（英文版），用中文提出两个相关的问题。
3. 用中文回答老师提出的问题：
① 你知道哪些中药的名称？
② 你知道哪些与中药相关的成语、俗语？

> 前两个预习作业通过学生两人一组互问互答的方式检查。第3个预习作业在课堂上由学生写在黑板上，一方面，可以让学生进行汉字书写训练；另一方面，通过不同学生展示的不同回答，让全班学生了解更多中药名称和与中药相关的文化知识。
> 
> 小贴士 1

**二、课堂教学步骤：**

**（一）热身问题：**

1. 播放视频《一碗姜糖水》。
2. 学生根据视频内容回答问题：
① "落汤鸡"是什么意思？
② 姜糖水是怎么做的？
③ 姜糖水可以治什么病？
④ 苏珊为什么想当医生？

> 播放的视频有中英文字幕，所以对学生来说，理解上并没有太大难度，但根据这个视频提出的热身问题，一定要和课文教学、文化讨论的内容紧密相关。如"落汤鸡"是一个惯用语，姜糖水的做法对应课文教学中的姜糖水制作环节，"姜糖水可以治什么病"对应后面文化讨论中的中国人关于姜的食用与药用问题。
> 
> 小贴士 2

## （二）课文教学：

1. 学生两人一组用中文朗读《姜还是老的辣》，训练学生的口语和听力。

2. 学生两人一组，就前两个预习作业进行互问互答。

3. 姜糖水制作：老师在课前准备好洗净的鲜姜和老姜，以及黑糖、纸盘、纸杯、小刀、小勺、电磁炉、小汤锅等。在课堂上，学生自己动手做姜糖水，并品尝姜糖水的味道。在这个过程中，指导学生通过摸、闻、尝的方式，了解鲜姜和老姜在颜色、味道、水分等方面的不同，以及喝姜糖水的感受。

4. 布置下一节文化讨论课中的专题讨论：中国人和美国人关于姜的食用与药用的比较。由学生自愿分成两组，A组做"中国人关于'姜'的食用与药用"的讨论准备，B组做"美国人关于'姜'的食用与药用"的讨论准备，两组均需准备PPT，每组报告时长为10分钟。

> 在做姜糖水之前的一周，老师给学生发邮件，建议过敏体质的学生联系自己的医生，确认是否可以接触姜；提醒全体学生，无论鲜姜还是老姜，味道都比较辛辣，在接触时会刺激皮肤，在喝姜糖水时会刺激肠胃，请学生根据自身情况自愿报名参加。
>
> 小贴士③

# 第二课时

**课堂教学步骤：**

## （一）文化讨论：

1. 让学生将自己知道的中药名称以及与中药相关的成语、俗语写在黑板上。

2. 自由讨论：让学生介绍自己写在黑板上的词语是什么意思，并鼓励学生讨论与中药相关的话题。

3. 专题讨论：中国人和美国人关于姜的食用与药用的比较。

> 这个自由讨论的环节，主要用于鼓励学生自己发现和探讨与中医药相关的话题，同时也借此了解学生对中医药文化的关注点。课上有两个学生提到了"听说中药喝起来很苦，而且还不能放糖"的问题，于是，全班学生就"喝中药能否放糖"展开了讨论。
>
> 小贴士④

A组做"中国人关于姜的食用与药用"的发言，并回答B组就此发言提出的三个问

题；然后，B组做"美国人关于姜的食用与药用"的发言，并回答A组就此发言提出的三个问题。

> 高级汉语文化教学的一个重要环节就是跨文化比较，让学生在比较中发现两种文化的异同，并对这些异同进行反思。上述专题讨论就是为了实现这一教学目的。
>
> 小贴士⑤

（二）翻译与造句练习：

1. 英译汉：

① Wisdom comes with age.

② Ginger is not only one of the most important seasonings in Chinese cuisine, but it is also a common traditional Chinese medical material.

③ A turnip in winter and some ginger in summer keep the doctor away.

2. 造句：

① 得当

② 在……的同时

③ 姜还是老的辣

（三）课程拓展：

鼓励学生在课后做一个关于"中医药知多少"的调查问卷，调查对象可以是学生的家人、朋友、老师或同学。由学生自己设计调查问卷，并将统计结果以及就统计结果所做的分析与老师和其他同学分享。

◆ 教学反思

1. 作为文化教学中的"趣味中医药"专题，尽量从可制成中药的日常食物（例如：姜、枣、花生、橙子等）入手，从而减少学生对中药的陌生感，进而让学生了解中医药所蕴含的中国人对生命和健康的认知理念。

2. "趣味中医药"的文化专题教学，主要通过介绍与中医药相关的成语或俗语，让学生逐步了解中医药的文化知识；在学习与中医药相关的成语或俗语时，也可引导学生讨论中国人的日常生活方式。但在这个专题中，不建议过多介绍中医药的理论，也无须在意学生是否认同中医药文化。

## 作者简介

萧映，武汉大学中国现当代文学博士。武汉大学文学院教授，武汉大学汉语写作研究中心副主任。中国写作学会秘书长，美国西宾州中文教师协会董事会成员。自2000年起，在武汉大学任教职，其中2009—2011年，2014—2018年担任美国匹兹堡大学孔子学院中方院长，并在美国圣文森学院担任访问教授，曾开设多门初、中、高级汉语语言课程，以及面向高级汉语学习者的中文文化课程，内容涉及中国现当代文学、汉语阅读与写作、中医药入门等。研究方向包括中国现当代诗歌、文体写作、汉语国际教育。著有《苍凉时代的灵魂之舞——20世纪40年代中国现代主义诗歌研究》（北京师范大学出版社，2008年），主编教材《写作》（北京大学出版社，2009年）。

# 雅士不做匠人
## ——中国传统绘画的哲学

张榴琳　俞巧娜

> **导　读**
>
> 绘画作为一种视觉艺术，在中西方表现出了迥然不同的风格和特点，并且反映了中西方文化各自的审美习惯和哲学传统。在高年级中国文化课中，哲学是不得不谈的关键性内容，然而因其抽象、深邃，对老师的专业素养与语言能力都提出了极高的要求。本课另辟蹊径，以绘画作为切入点，通过对比中西方绘画的内容主题、风格技法及与其他艺术形式（主要包括文学和书法）的关系来介绍中国艺术"以神统形"的基本追求、中国文化"天人合一"的基本观念，以及相对于西方哲学，中国哲学重整体、重综合的思维方式。

### ◆ 教学目标

1. 通过展示一些有代表性的中西方名画，让学生了解中西方绘画在内容主题上的差异。

2. 结合古代文人对于绘画理论的论述，引导学生对比中西方绘画的技法，中国绘画同文学、书法的关系，进而探索中国传统绘画中"神"与"形"的关系处理，对"匠气"和"灵气"的态度。

3. 跳出绘画本身，引导学生从历史、社会、哲学的角度，分析中国传统艺术追求的成因。

### ◆ 课程设置及学生背景

本课是美国大学三年级中国文化课中的1课时，授课时长为75分钟。授课重点是内容教学和跨文化讨论，培养学生的批判性思维。

学生构成分为以下两类：

1. 美国大学高年级学生（对中文水平没有要求）。

2. 汉语为母语的中国留学生（在美国留学两年以上，英语口语和写作流利，对美国社会文化及中美文化差异有较深入的了解）。

授课语言以英语为主，阅读和教学材料中英文混杂。

## 教学工具及材料

**教学材料：**

1. 自编讲义。
2. 课程PPT。

## 教学步骤

一、课前预习（通过论坛讨论的形式提交作业）：

学生用关键词"水墨画名作（famous ink wash painting）"和"西方名画（famous Western painting）"在搜索引擎（谷歌、百度等）上搜索图片，然后每人在论坛发一个帖子，初步比较中西方传统绘画的区别，并配以至少两张图片（一张中国水墨画、一张西方油画）作为例子。

> 上述预习作业，主要是让学生对中国和西方的绘画有一个初步认识，尤其是没有学过中文或者中国艺术的美国学生，往往对中国绘画（水墨画 ink wash painting）知之甚少，所以布置该预习作业时务必提供中英文的搜索关键词；另外，该活动实际上也是为接下来的课堂教学提供图片素材。在设置网上论坛的时候，建议设置为"需要自己先发帖才能看到别人的帖子"的模式，并鼓励学生们相互评论，也就是让他们看到更多的绘画作品，同时相互启发，发现更多中西方绘画的不同。

小贴士①

二、课堂教学步骤：

（一）中西方绘画的内容主题：

1. 老师对学生在论坛中的发言给出一定的反馈，选一些被评论次数较多且有代表性的图片放入课程PPT中，与全班一起分享讨论。

2. 热身问题：

① 西方有哪些代表性的名画？中国呢？

② 中外名画展示，例如达·芬奇的《蒙娜丽莎》、拉斐尔的《西斯廷圣母》、齐白石的虾、徐悲鸿的马。

③ 中外名画常见的内容主题归纳。先让学生根据已经欣赏过的画作，凭直觉做一个归纳，然后相互交流。

从学生的课前讨论入手，有助于提高学生的积极性。此处的关键，是要揭示西方油画描绘人物的比例远远高于中国水墨画。提到西方油画，最负盛名的要数达·芬奇的《蒙娜丽莎》《最后的晚餐》、拉斐尔的《西斯廷圣母》等，无一例外都是人物画；而说到中国水墨画，20世纪中国的水墨四绝包括李可染的牛、齐白石的虾、徐悲鸿的马、黄胄的驴，人物却不在其列。事实上，在宋朝以后，工笔人物画的地位便远逊于花鸟山水。

小贴士②

3. 深入讨论：中国水墨画为什么青睐花鸟山水？

（1）学生搜索"水墨画"，对前五十张水墨画按照"花鸟（包括各种动植物）""山水（画面布局主要为山水）""人物"进行快速分类统计。

（2）组织学生讨论：水墨画经常描绘花鸟山水（以"花中四君子"为例），实际上是要表达什么？

（3）中国水墨画上常配有文字，以《墨梅图》《山居秋暝》为例，详细解释图上文字的意思，帮助学生理解中国绘画、书法和文学的关系，介绍"文人画（literati painting）"的概念。

《墨梅图》上题诗：

黄金布地梵王家，
With gold everywhere on the ground,
 this is Brahma's home.
白玉成林腊后花。
White jade spread like forest—
this is the plum blossoms blooming after the last month.
对酒不妨还弄墨，
Drinking is not so fun without sprinkling ink.
一枝清影写横斜。
With a branch of a solo shadow,
the ink is depicting its tilted shape.

《山居秋暝》上题诗：

明月松间照，
The bright moon shines between the pines.
清泉石上流。
The clear spring water flows over the stones.

> 这个部分的核心在于明确揭示中国绘画常见的内容主题，实际上也是中国文学的常见意象，进而让学生了解它们（比如"花中四君子"）在中国文化中的隐含意义。虽然是讲课为主，不过要注意老师和学生的互动以及学生之间的互动。由于学生的构成包括美国学生和中国学生，而中国学生大部分已有这部分知识基础，所以不妨以一种跨文化讨论的形式来开展——先问美国学生，看到这些意象有哪些感受，会想到人的哪些品格，再让中国学生加入讨论，探讨中西方文化中的常见意象有什么相同和不同。

小贴士③

### （二）中西方绘画的画法技巧：

1. 在PPT上放一些之前没有出现过的中西方画作，让学生辨识哪些是中国的，哪些是西方的，并且组织学生讨论为什么。

2. 欣赏Joseph Turner的"Fishermen at Sea"和马远的《寒江独钓图》。在相同主题下，问学生有什么不同的印象。结合学生在上一题中的答案以及前面呈现过的画作，让学生试着概括中国绘画在画法技巧上的特点。

3. 请学生阅读下面一段宗白华在《中西画法所表现的空间意识》中的论述，和前面他们自己提出的观点作比较。

> 西洋画在一个近立方形的框里幻出一个锥形的透视空间，由近至远，层层推出，以至于目极难穷的远天，令人心往不返，驰情入幻……中国画则喜欢在一竖立方形的直幅里，令人抬头先见远山，然后由远至近，逐渐返于画家或观者所流连盘桓的水边林下。《易经》上说："无往不复，天地际也。"中国人看山水不是心往不返，目极无穷，而是"返身而诚"，"万物皆备于我"。

> Western artists visualize a perspective space in a cubic frame. Their work lays out from the near to the distant, and finally ends at the remote skyline, driving people's minds into the faraway imagination…In contrast, Chinese artists like to work in a vertical rectangular space, making the audience first see the remote mountains on top. From the remote mountains, the audience's attention is later retrieved to the bottom of waterside or woods where the painter or viewer is positioned. *The Classic of Changes* says, "No go, no return—this is the principle under the heaven." The way Chinese people view mountains and water is not going without return, but "returning to ego" and "everything completed at me".

> 这一部分承上启下十分关键，既回应了本课伊始对于中西方绘画表现内容主题的比较，又为引出中国绘画的审美追求做铺垫。在这一部分，因为学生对于中西方绘画的直观感受常常只是"像"和"不太像"的差别（基于这个标准，学生往往可以很容易辨识出中西方绘画），老师切忌流露出任何个人偏好，务求客观、开放地介绍中西方绘画的画法技巧和空间意识。

小贴士④

## （三）中国传统水墨画的艺术追求：

1. 结合下面一段当代著名画家何家英在《何家英：绘画最怕匠气》中的论述，让学生分组讨论中国绘画为什么"不像"。

工笔画是中国绘画的早期形式，是一种工致的艺术表达方法，随着人类的发展必然向着更加灵动、趣味的审美方向发展，特别是中国的审美、文化思想、哲学思想都崇尚黑白、崇尚简约。同时，工笔画存在匠气因素，所以，有着更高标准的文人们会追寻更加单纯、简约的绘画方式，自然就增加绘画中的写意因素——这是绘画的必然。

The traditional realistic Gong-bi technique represents the early form of Chinese painting. As people's aesthetic taste is bound to develop towards spiriualism, especially in China, aesthetics, culture and philosophy all value black-and-white simplicity. In the meantime, the Chinese traditional realistic technique inherently pertains to some craftsmanship, so scholars with higher standards would undoubtedly seek a purer and simpler style. Therefore, the increase of interpretative and freely expressive elements become a must.

2. 先请学生们阅读下面一段清朝画家邹一桂在《小山画谱》中的论述，结合前面欣赏过的中西方画作，分组讨论中国画家眼中的"匠"和"画品"分别是什么意思，然后老师概括学生的讨论结果，结合文本阐释"匠"和"画品"的含义，分析中国文人对绘画的审美追求。

西洋人善勾股法，故其绘画，于阴阳远近不差锱黍。所画人物屋树，皆有日影。其所用颜色与笔，与中华绝异。布影由阔而狭，以三角量之。画宫室于墙壁，令人几欲走进。学者能参用一二，亦具醒法。但笔法全无，虽工亦匠，故不入画品。

Westerners are good at geometric methods, so their paintings do not deviate even a little bit from the real things in terms of distance and lightening. Figures, houses and trees all have shadows in their paintings. The colors and brushes they use are also radically different from our Chinese way. From broad to narrow, their settings are measured by set squares. The palaces painted on the wall feel inviting. Scholars can take their works as references. However, there is absolutely no skill in the brush stroke. Simply as workers or craftsmen, though laborious, Western paintings can never measure up to the (Chinese) standard of painting.

> 这个部分的目的是揭示出"不像"是中国文人的主动追求而非能力局限，在中国传统画家看来，一旦画得像了，就是"匠气"，是一种"低标准"，"不入画品"。相对地，高标准是（自信的）笔法、灵性，是画作表达的精神和感情。这里老师需要充分结合前面对于绘画内容主题和画法的描述，建议讲这个部分的时候把PPT退回前面，比如画竹必定要直，画梅必定要奇，而"寒江独钓"的精髓在于"独"。

小贴士5

### （四）拓展讨论：

1. 辩论：基于学生的喜好（喜欢西方油画或者喜欢中国水墨画），把学生分成两组，展开自由辩论。

2. 介绍两个词"天人合一（the harmony between nature and mankind）"和"以神统形（spirit guides form）"。"天人合一"是哲学内核，而"以神统形"是其在艺术中的表现。

> 辩论环节的目的并不在于甄辨定论哪一种绘画形式更好（事实上我们反对对艺术评判高低优劣），而在于检验和总结学生在这堂课中学到的知识，因此老师务必保持一种中立而开放的态度，完全基于学生展示出的知识能力来评判。后一部分的扩展延伸需要老师随机应变灵活处理，如果该课程在此前介绍过中国的历史和哲学，那么这里就是一个绝好的复习机会——本质上，中国绘画的艺术追求和封建社会"士农工商"的四民体制紧密相关，画家追求"士"的认同，而"匠"则为"工"，当然，在西方文艺复兴之后，中国在科学上逐渐落后，同样也与这种追求有关；在哲学方面可以联系的知识更加丰富，"士农工商"的划分背后本身是儒家思想与等级观念，而西方绘画可以上溯到古希腊的理性主义，后来又与基督教紧密联系，鉴于基督教的特点，"像"便成了西方绘画的一个基本追求。
>
> 小贴士⑥

### ◆ 教学反思

1. 在本课教学过程中需注意由浅入深、层层递进：绘画的内容主题是最具体的方面，可以量化统计；"像"与"不像"是直观的感受，一目了然；而"灵气"和"匠气"却需要用心感受。所以后面一层必须建立在掌握前面一层的基础上。

2. 由于我们任教的学校是文理学院，文理学院教育的本质目标是"培养更加完善的人"，所以本课的设计侧重知识的深度和广度，跨文化意识和批判性思维的培养，而尽可能避免意识形态的宣传。

3. 本课最后的拓展讨论，可以延伸的深度和广度有极大的弹性，老师可以根据课程设置和时长灵活调整。总体而言，拓展讨论部分是链接中国文化其他知识的极佳切入口。老师可以根据教学大纲的设计酌情把握，充分发挥。

 **作者简介**

张榴琳，美国夏威夷大学马诺分校东亚系博士，中国武汉大学中文系硕士。苏州大学讲师。曾于美国匹兹堡大学贝德福德分校、夏威夷大学马诺分校、杜鲁门州立大学任教，开设各阶段汉语及中国文化课程。研究兴趣包括认知语言学、构式语法、心理语言学、语言习得等。

俞巧娜，美国夏威夷大学马诺阿分校东亚语言文学系博士，中国北京大学对外汉语教育学院硕士。美国维克森林大学东亚语言文化系助理教授。曾于国内北京大学、清华大学，美国夏威夷大学、普纳荷学校、明德大学蒙特雷暑校等学校任教，所授课程包括各级汉语语言、商务汉语及认知语言学课程。研究兴趣包括汉语作为第二语言的习得与发展性评估、计算机辅助语言教学、任务型教学法等。

# "中国的棋里有整个宇宙！"
## ——文化教学之用五子棋讲阴阳哲学

李文珠

> **导 读**
>
> 　　阴阳哲学是中国传统文化中非常重要的一个部分，但因其艰涩深奥，在文化教学中容易被归类为令人"望而生畏""心有余而力不足"的内容。如何将阴阳哲学深入浅出地介绍给学生，引起他们进一步了解阴阳哲学的兴趣，是值得我们海内外文化教学工作者思考的问题。
>
> 　　五子棋是中国古代传统黑白棋种之一，其棋具蕴含着中国古代天文学和阴阳哲学的奥义。同时，与规则复杂的围棋相比，五子棋的规则更易于讲解，更具可理解性。因此，在以激发学生了解棋文化和阴阳哲学的兴趣为目标的初级文化教学课中，五子棋是一个很"天然"的切入点。
>
> 　　本文所介绍的正是用五子棋寓教于乐，将阴阳哲学介绍给学习者的尝试。本文描述的教学方案在教学实施后，获得了许多学生的好评，老师通过课下与学生交流得知，有学生在上完这堂课后给自己未选修中文课的同学介绍，是这样形容的："中国的棋里有整个宇宙！"

## ◆ 教学目标

　　1. 通过老师的讲解，学生能对中国的五子棋和阴阳哲学有初步了解，掌握几个与棋相关的成语。

　　2. 通过现场对弈的小组活动，学生能掌握五子棋的玩法。

## ◆ 课程设置及学生背景

　　本课程在大学班和高中班均有实践，课程性质分别为语言课中的文化教学课和一月一次的文化活动体验课，授课时长均为1小时。本文选取大学班的教学实践作介绍。授课重点是对五子棋背后的棋文化以及由此引申出来的中国阴阳学说的介绍，以及与棋有关的成语教学。

　　本文所涉教学对象是以英语为母语的美国大学生，在该学期之前没有任何汉语学习经历。本课实践之时，该班已经进行了一个半月的初级汉语教学，在对汉字、语音等有基础性了解之后，学生开始希望能了解一些关于中国文化的知识。

　　授课语言以英文为主，PPT和板书中英文混合。

"中国的棋里有整个宇宙！"
——文化教学之用五子棋讲阴阳哲学

### 教学工具及材料

（一）教学材料：
　　课程PPT。

（二）课堂活动工具：
　　1. 五子棋（实物）。
　　2. 五子棋单机版游戏程序文件。

### 教学步骤

（一）导入：用以旧带新的方式引入本课的新内容
　　1. 以问问题的形式复习之前学过的数字文化：中国人喜欢的数字有哪些？为什么？中国人不喜欢的数字有哪些？有没有例外？（上一节课讲到了中国人喜欢"2"，有"好事成双"之意。中国人不喜欢"4"，因为谐音不吉利，但中国人很喜欢用四字短语，给事物分类也有四个为一组的习惯。）
　　2. PPT展示"梅兰竹菊""笔墨纸砚"和"琴棋书画"，引导学生快速地讲出花中四君子、文房四宝和文人四友各指什么。

（二）棋文化讲解：
　　1. 中国的棋由棋盘和棋子组成，常见的棋有围棋、象棋、五子棋。
　　2. 棋盘中蕴含的古人智慧：初期的五子棋棋盘与围棋棋盘一样，是由纵横各19条线组成，19×19形成了361个交叉点，代表着361天，中间的那一个交叉点叫"天元"，也代表着天空最高点或宇宙中心，以中心往外扩散的四个正方形区域分别代表春夏秋冬四个季节，这些都体现了中国古代朴素的天文观。尽管现在通行的五子棋棋盘是改良后的15×15格，中国棋里蕴含着中国古人的智慧这一点是永恒不变的事实。
　　3. 棋子所代表的阴阳哲学：五子棋棋子分为黑白两色，代表的是阴阳两性。简单来说，阴阳是指世界由相互对立又能相互转化的两个部分组成，一部分叫阴，一部分叫阳。阴阳的变化其实就是对立事物的相互影响和转化。阴阳看似玄之又玄不好理解，但其实我们日常生活的许多事情都是阴阳转化的体现。例如黎明前的黑暗、太阳落山前的余晖、四季的轮换；又如长期熬夜，身体就会从健康变成不健康，保养得好又会慢慢恢复等。
　　4. 介绍几个跟棋有关的成语，比如"举棋不定""一着不慎，满盘皆输""当局者迷，旁观者清"等，介绍它们的读音、含义、用法。

## （三）五子棋游戏规则讲解：

1. 对局双方各执一色。

2. 黑先白后，交替下子，每次只能下一子。

3. 最先在棋盘横向、竖向或斜向形成连续的相同色五个棋子的一方胜出。

## （四）学生实战：

两人一组，对战五子棋。

第一轮先让大家试玩。第二轮车轮战，最后赢的人有小奖励。

## （五）总结讨论：

老师先用简洁的语言总结今天所讲内容，再由学生发表感想，并和大家一起讨论。

### ◆ 教学反思

1. 在传统文化教学内容选择上，不论是已经实践过的还是正在计划中的文化教学活动，比较常见的形式都是一些有固定的物质载体的活动，如剪纸、包饺子等，而中国古代的哲学思想这一类精神传统文化却一直"被冷落"。这也不难理解，包饺子这些活动因为早期宣传力度大等原因在外国人心中声名久远、识别度高，而且因为办得多，对老师而言可借鉴的先例多，可操作性也更强，因而总能在老师们做文化活动策划时成为被优先考虑的选项。而古代哲学思想这一类精神文化，却因其本身的深奥性和复杂性令许多老师望而却步，老师不好讲，学生也没那么好的基础学。尽管如此，我还是认为，没有讲不了的内容，只有合不合适的方法。古代哲思是很深奥，但只要课程性质不是专门讲中西方哲学思想对比，老师就没有必要把简单的事情搞复杂，当然并不是说很随意、很肤浅地介绍深奥的东西，只是作为老师，首先要克服畏难心理，发挥自己的能动性，积极主动地去探索把哲学思想和活动结合得更好的方法。

2. 中国的棋文化跟中国古代的天文观、宇宙观、阴阳学说等有很紧密的联系，办文化活动或进行文化教学的时候如果能将这两者结合，既能解决活动因只有活动没有深层次意义而流于肤浅的问题，又能避免文化太深奥而不好操作的缺点。五子棋虽不是"琴棋书画"中"棋"的正主，但同样也为中国棋类之一，背后与阴阳哲学的关系并不比围棋浅，且其规则较围棋而言，更易于在短时间内讲解清楚并使学生快速掌握。在不违背文化事实的前提下做出灵活的教学抉择也是老师必备教学素养之一。

3. 如果时间允许，还可以增加中美棋类活动对比的环节。这就需要让学生提前准备自己文化中的棋的知识了。比如让他们组队准备，在中国棋结束之后展示美国棋（当然也不只限于美国棋),然后讨论各种不同的棋的相同点和不同点,总结他们的收获。

4. 老师在设计本课的时候,可以把眼光放宽至整个学期的文化教学目标,看看自己这一课可以与哪些已经讲过的相结合,又可以为哪些自己计划要讲的做铺垫。比如这一课既有对文房四宝、文人四友等文化内容的复习,同时也为后面的筷子文化体验课做了铺垫。

## 作者简介

李文珠,北京师范大学汉语国际教育硕士,美国匹兹堡大学孔子学院2017—2018年汉语教师志愿者。任教于艾尔弗尼亚大学、奥尔布赖特学院等学校,开设初、中级汉语语言及文化课程。

# 婵娟共语，月是中秋的圆
## ——面向汉语初学者的一堂中秋文化体验课

柯灵燕

> **导 读**
>
> 如何将中国诗词美学中的具体意境传授给学生，是长期以来对外汉语教学的一个困境。高悬茫茫夜空的皎洁月华，转瞬即逝的圆满之美，为何能寄托古今诗人的千古心事？寄托的又是一份怎样的情思？本课试着从中国的传统节日——中秋节讲起，通过听音乐、冥想，师生一起构建属于每个个体独有的情感体验，而这种宝贵的文化体验将会为学生进一步理解中国文化做好铺垫。

## ◆ 教学目标

1. 学生通过课前预习、课堂讲解，能对中国中秋节传统习俗、神话故事、文化内涵等有基本了解。

2. 通过听音乐、冥想，体会中文诗词中中秋明月的那份意境美，让学生冲破时空的界限，感受中秋情愫。

## ◆ 课程设置及学生背景

本课是美国大学一年级汉语初级水平的一门综合课，授课时长为50分钟。

授课中心是内容教学和文化体验。学生是汉语初级水平学习者。

授课语言以英文为主，教授一些基本中文词汇。

## ◆ 教学工具及材料

（一）阅读材料：

1. 后羿射日和嫦娥奔月的故事（英文版）。

2. 苏轼《水调歌头》和李白《月下独酌》（中英文版）。

（二）视频材料：

纯音乐《龙心》（班得瑞乐团，《雾色山脉》专辑）。

（三）教学材料：

课程PPT。

## （四）课堂活动工具及材料：

茶具、茶和月饼。

### ◆ 教学步骤

一、课前预习：

1. 搜索有关中秋节的知识，做笔记，带到课堂与其他同学分享。

2. 阅读后羿射日和嫦娥奔月的故事。

3. 预习《水调歌头》《月下独酌》，对两首诗所描写的情景有大体印象。

二、课堂教学步骤：

（一）热身：

1. 复习上节课的数字与日期，导入今天的节日——中秋节。

2. 沏茶，分发小块月饼让学生品尝。

> 老师提前几分钟到教室，布置好茶具，切好月饼，将PPT放好，可节省课堂时间。分发月饼前需说明月饼馅儿的成分，以免学生过敏。
>
> 喝茶吃月饼，可能已有些老掉牙，却依然是海外中文教学不可缺少的中秋课堂项目。对于初次接触中文的学习者，他们或多或少对中国的美食感兴趣。对于不同的节日吃什么食物，也通常是他们的兴趣点。所以看似平常的喝茶吃月饼，其实是一场很有意义的体验活动。

小贴士①

3. 问题：

① 中秋节是几月几号？（可以简单介绍阳历、阴历的区别）

② 中秋节人们吃什么？

③ 中秋节人们通常做什么？

④ 节日的文化内涵是什么？

⑤ 关于中秋节有哪些传说？

⑥ 月亮在中国人心目中的意义是什么？

> 这六个问题可以作为一节课的大纲先简单过一遍，让学生明白这节课的主要内容，后面详细讲解时再逐一展开。
>
> 这些问题循序渐进，一方面方便学生记忆，另一方面又使他们可以跟随老师的节奏，由易到难，集中注意力。

小贴士②

## （二）词汇学习和故事讲解：

1. 中秋节相关的重要词汇：中秋节、月、月饼、赏月、团圆。
2. 通过图片提示，讲解后羿射日和嫦娥奔月故事的大致内容，让学生复述。

> 在讲解之前先提问学生，检查他们搜查资料的情况。
>
> 通过图片集中教简单关键词，方便学生日后能够串联记忆。复述故事时尽量插入一些图片，增加课堂的趣味性，也有助于学生理解故事内容。
>
> 小贴士③

## （三）冥想体验：

1. 展示明月图片，问学生看到满月时的感想，逐渐进入月亮意境主题。
2. 让学生原地或起身找合适的位置盘腿静坐，循环播放轻音乐《龙心》两遍。音乐结束后，让学生缓缓睁开眼睛。

> 歌曲的选择带有个人的偏好，可根据自己的经历或对音乐的感觉做出选择，在其后的分享环节向学生解释选择的缘由。
>
> 音乐起初30秒，跟随音乐，用轻柔语言帮助学生静心、放松。导入情景后，便不再干扰他们。每个人对音乐的理解和想象都是不一样的，所以在音乐冥想的过程中最好不干涉太多，尊重学生的想象空间和独特体验。同学生一道去玩味和回忆，去沉醉其中，去超越其外。
>
> 音乐结束，先静默半分钟，让学生的神志恢复到课堂状态。
>
> 小贴士④

3. 师生围成一圈坐，问学生刚刚在冥想过程中的所思所想，分享体验。

（1）老师解释选择这首曲子的缘由和自己在冥想中想到了什么。

（2）提问：在刚刚的冥想过程里，你的思绪去了哪里？自己一个人，还是和家人朋友一起？看到了什么？心情如何？

> 提问可以根据学生的描述多样化。如，有的学生描述说他一个人开着一辆车，在一个荒漠上。你可以据此问"当时天气怎么样？""下雨了吗？""是白天还是晚上？""还有其他景物吗？"等等。
>
> 老师与学生一起敞开心扉分享，是增加彼此友谊的美好时刻。冥冥中，师生双方都进入了一种诗词意境，为接下来中国古诗文的明月诗词意境讲解做好铺垫。
>
> 小贴士⑤

## （四）讲解诗词：

1. 找学生分别朗读英文版李白的《月下独酌》和苏轼的《水调歌头》。

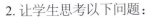
——面向汉语初学者的一堂中秋文化体验课

2. 让学生思考以下问题：
① 两位诗人遥望明月时的心境，和你们刚才冥想时的状态相似吗？
② 《月下独酌》中诗人为什么要邀请明月？
③ 怎么理解"但愿人长久，千里共婵娟"？
④ 月亮和太阳一样吗？哪里不一样？月亮给过你安慰吗？
3. 分组讨论，分享看法。

> 讲解这两首诗是希望学生体会月下诗人的心境，能和自己的所思所感联系起来，所以可以不追究每句诗词背后的深远含义，点到为止。
> 告知英文版与中文原版有差异，激发学生将来看原版的学习动力。
> 小贴士⑥

（五）复习、布置作业：
1. 复述故事，自学吴刚砍树的故事。将你最喜欢的一个故事与朋友或家人分享。
2. 写生词：中秋节、月、月饼、赏月、团圆。
3. 赏月或忆月，写下自己所感受到的，至少100字。

> 对大部分学生来说，课堂节奏比较紧凑，内容充实，而作业是在消化课堂知识的同时再创造的过程。布置赏月或忆月，是为了通过一个简单易行的任务，触发他们自行完成一次属于自己的文化体验。
> 小贴士⑦

◆ **教学反思**

1. 在美国快节奏的生活里，如何营造一个慢节奏的课，让学生得以体会片刻宁静所带来的启示，依然是一个摸着石头过河的过程。设计的层面还在浅层，有诸多的问题需进一步探究。例如，如何成系列地让学生在循序渐进中加深对中国诗词意境的把握？如何更好地以点带面？

2. 这节课的教学恰逢紧张的第一个月月末，学生课堂反馈很好，但预习情况明显不足。所以在课前作业的设置上可以更加具体化或以小组合作的形式完成，效果兴许更佳。

3. 冥想后的分享很重要，是了解学生一个很好的契机。有意思的是学生的冥想场景基本还设定在美国。如果希望学生进一步打开想象的空间，可以适当做些场景引导。

4. 做好相关的教学准备，会让课堂显得从容不迫。如学生会问，为什么一定要在中秋望月，中秋的月是一年中最圆的吗？这些都是很有意思的问题，一时没有很好的答案也不要紧，与学生一起探讨，发散他们的思维，也许能让这堂文化课更有意义。

5. 诗词的学习通常情况是在高级阶段进行，但有时也不妨越级一下，情感的共通性有时可以跨越语言与文化的边界。对于意境的构造，同时又具有独一无二性，没有高低美丑之分，每个人都有自己那份对于月色的想象，对月亮的形状、外观的理解都不尽相同。倾听他国他人故事，有时也是文化交流的一种方式。

作者简介

柯灵燕，加拿大西安大略大学比较文学博士。写作本文时，任教于美国约翰卡罗尔大学，开设初、中、高级汉语语言和文化课程。

# 国土之上，国粹之泱
## ——文化教学之京剧

杨小艳

> **导读**
>
> 学习任何一门语言，都不能和文化孤立开来。对具有初级汉语水平的美国大学生来说，学习中国文化不仅能满足他们对中国悠久文明的了解欲望，而且有助于提高语言知识和技能。京剧因其深奥、古典而并不受多数年轻人的喜爱，但其体现的历史底蕴和文化内涵让它成为中国十大国粹之首。只要经过精心的设计，让晦涩的解释说明和学生动手创造相结合，让语言点和文化点无缝衔接，让古典与现代有机融合，那么课堂的效果还是可以惊艳众人的。

## 教学目标

1. 通过词汇的学习，能够准确掌握以下生词的读音、含义和用法：白色、黑色、红色、蓝色、紫色、绿色、黄色、橙色、灰色、颜色、最。

2. 通过学习京剧的基础知识，学生能够了解京剧的来历、角色和表演技巧，并产生继续学习中国传统艺术的愿望。

## 课程设置及学生背景

本课是美国大学初级汉语班的一次文化课，中文是他们的选修课，以学习语言为主，文化课在每单元考试之后进行，不计入考核范围。授课时长为100分钟。

学生学习汉语不到一年，水平为初级，词汇量达到150词左右。

授课语言以英文为主，课堂用语（如："早上好、上课了、打开书"等）用中文。

## 教学工具及材料

（一）教学材料：

课程PPT。

（二）课堂活动工具及材料：

面具、颜料、笔刷、调色盘等。

画脸谱过程不算复杂，但必须小心翼翼。除了基本的工具之外，还要提前打印好脸谱图，让学生做参考。另外，还需要垫上报纸，保护桌面和地毯。在上课之前，老师应自己动手实践一次，以检查有无缺漏的环节。因为我的学生是大学生，所以让他们用面具和颜料画脸谱；如果是小学生，可以简化为给图案上色。

小贴士①

### ◆ 教学步骤

**（一）颜色词学习：**

1. 生词学习：因为京剧脸谱的不同颜色代表了不同的角色性格，而之前课本中并未涉及颜色的基本词汇，所以这次是学习的好机会。通过PPT展示、带读、点读、齐读、强记、互问等方法，让学生记住常用颜色词。

2. "萝卜蹲"游戏：黑板上写下"白萝卜蹲，白萝卜蹲，白萝卜蹲完绿萝卜蹲"，标注上拼音，教学生至少三遍，让他们念熟。然后让学生排成一排，选择自己的"颜色萝卜"，开始游戏。说错或者做错的学生退出，坚持到最后的学生获胜。

用游戏辅助词汇学习是一个很好的办法。游戏开始前，应把规则解释清楚，并示范一次，确保每个学生都清楚规则了再开始。学生们非常喜欢这个游戏，既练习了颜色词，又调节了课堂气氛。

小贴士②

**（二）京剧介绍：**

1. 讲解京剧的基本知识：

（1）播放了三首融合京剧元素的现代歌曲《霍元甲》《新贵妃醉酒》《One Night in 北京》①，引起学生的兴趣。

（2）以问答形式考查学生对京剧的了解有多少。

（3）介绍京剧的历史、主要角色、主要技巧以及脸谱的种类和颜色。

选择流行歌曲作开场，是希望用歌曲的生动性和趣味性抓住学生的注意力，让他们知道国粹并不是曲高和寡，只适合束之高阁、装点门面，而在与现代艺术结合中，能起到深化内容、画龙点睛的作用。而讲解过程中穿插讲述中国历史人物的故事，同样可以使课堂变得有趣。

小贴士③

---

① 歌曲《霍元甲》，网址链接：https://www.youtube.com/watch?v=wr-6wwt8RXk，访问日期：2021-9-1。
歌曲《贵妃醉酒》，网址链接：https://www.youtube.com/watch?v=-5YFaTrZiAg，访问日期：2021-9-1。
歌曲《One Night in 北京》，网址链接：https://www.youtube.com/watch?v=IwL3l6rcUJ0，访问日期：2021-9-1。

2. 播放京剧片段《霸王别姬：劝君王饮酒听虞歌》①：

（1）播放视频前先简单介绍霸王别姬的故事。

（2）播放视频。因为没找到带有英语字幕的视频，所以中间有多次停顿，解释大概内容。

（3）播放完后，先让学生们讨论以下问题并交换问题的答案，再集体讨论。

① 视频中的两个主要角色分别是什么？生？旦？净？末？丑？

② 视频中两个演员分别用了哪些表演技巧？

③ 视频中霸王的脸谱有哪些颜色？代表什么含义？

> 寻找合适的视频资源是一个费时费力的过程，但绝不能随便抓一个就用。好的视频除了不能有不适宜的画面之外，还必须符合以下三个条件：1.学生汉语水平有限，视频最好带有中英双语字幕；2.画面清晰程度高，最好是高清；3.在合适的时间里能最大限度地展示相关的内容。
> 
> 小贴士④

（三）动手画脸谱：

1. 看视频 *Making a Chinese opera mask*②，学习画脸谱。

2. 布置桌子，领笔刷、颜料和调色盘。

3. 选择脸谱图，开始动手画脸谱。

> 脸谱图以简单为主，少数复杂，因为第一次尝试，大多数学生有一定畏难情绪，加上时间有限，只能从简单的做起。但是个别学生有一定美术基础，喜欢挑战有难度的图案，所以两种最好都准备一下。
> 
> 小贴士⑤

（四）作品展示及复习：

1. 到下课还有10分钟的时间，大部分人已画好脸谱。我选取了其中一个进行课堂展示，通过提问复习颜色词及脸谱颜色代表的角色性格。如果时间足够，可以让每个学生带着作品到讲台展示。

2. 复习词汇时可以提问以下问题：

① 这是什么颜色？

② 这个颜色在京剧脸谱中代表什么意思？

③ 你最喜欢什么颜色？

④ 你最不喜欢什么颜色？

---

① 网址链接：https://www.youtube.com/watch?v=UeE35YJqbrc，访问日期：2021-9-1。

② 网址链接：https://www.youtube.com/watch?v=Yao4N1lNH_k，访问日期：2021-9-1。

### 教学反思

1. 文化课一直是我的学生最感兴趣的课，但是如何把课上得既有趣又有深度和广度对我来说是一大挑战。所以必须在上课前做充分的准备，结合学生的特点和需求，在教学实践中一次一次地改进，力求不负学生众望。

2. 如何平衡语言和文化的教学也是汉语老师的一个挑战。我所教授的初级汉语是学生的选修课，以语言学习为主，每个单元结束后便是一个文化专题。一般来说，文化点的选择要么与本单元的内容相关，要么与当地节日相关。在初级阶段，我选择的文化点都是中国传统文化，而到了中级阶段，我更多地选择现当代的文化现象，让学生对中国的古今文化有更全面的认识。

3. 文化课要形式多样化，将语言学习、游戏、歌曲、讲解、视频、讨论、动手实践等环节相结合，一动一静之间，连续不断地抓住学生的注意力，激发学生的兴趣和思考。

4. 关于本次京剧文化课还有诸多不足。比如："萝卜蹲"游戏时间过长，导致最后脸谱展示的时间太少；未能引出跨文化比较的讨论；PPT制作不够精美；颜料的颜色太少，制作出的脸谱不够多彩。这些都需要在日后的教学中不断改进。

### 作者简介

杨小艳，武汉大学博士，对外经济贸易大学硕士。武汉大学国际教育学院讲师。写作本文时，在美国匹兹堡大学孔子学院工作，任教于圣文森学院，教授初、中、高级综合汉语和中级汉语阅读。研究兴趣包括英美文学、语言教学等，已发表论文数篇。

# 美国人为什么要练太极？
## ——一门少长咸集的中国文化体验课

朱培培

> **导　读**
>
> 　　在美国教育体系中，体育一直占有举足轻重的地位，而这一教育理念也渗透到了美国人的日常生活中。太极，作为一门既可强身健体，又能颐养性情的中国传统武术，在美国各个年龄层中广受好评。近年来，随着世界范围内掀起的汉语学习热潮，太极作为中国传统文化的一部分，亦有大热之势：大学选修课、社区文化课、小学兴趣班……我们的太极课程覆盖了老中小各个年龄层。
>
> 　　然而，多数美国人对太极"知其然，而不知其所以然"，对于太极中所蕴含的中国传统哲学知识的讲授，就显得十分必要了。本文是大学选修课中的第一节，通过观看视频、教师展示及课堂提问等方式，引导学生层层深入，在了解中国传统哲学的基础上，对太极动作要领（轻灵、缓慢、刚柔相济）产生更为精确的理解和体验。

### ◆ 教学目标

1. 通过播放视频以及老师的介绍和示范，让学生对太极有初步了解。
2. 简单讲解太极动作要领以及太极背后的文化内涵。
3. 学习"二十四式简化太极拳"前三式，即：起式、左右野马分鬃、白鹤亮翅。

### ◆ 课程设置及学生背景

作为大学体育的选修课程，本太极课程共有32课时。由于篇幅限制，本人只选取第一节进行介绍。授课中心为简单介绍太极文化，教授太极招式及其中文表述。

授课时长：1小时。

授课对象：来自世界各地的国际学生（含中国留学生）、学校教职工。

授课语言：以英文为主，动作口令为中文。

### ◆ 教学工具及材料

（一）阅读材料：

陈思坦《二十四式简化太极拳》和张广德《养生太极扇》（第一套）动作口令中英文对照表。

## （二）视频材料：

陈思坦《二十四式简化太极拳》、张广德《养生太极扇》（第一套）。

## （三）教学材料：

课程PPT。

## （四）教学工具：

太极扇。

## ◆ 教学步骤

### （一）太极简介：

1. 分发太极简介文稿。

> 用不同字体对文稿层次加以区分，用不同颜色对重点内容加以标注，这都是应提前做好的准备工作。要知道，大学相对自由、散漫的学习环境，以及学生"体育就是解压课"的心理预设，使得太极课不能从根本上引起学生的重视。但是，"投我以木桃，报之以琼瑶"，老师认真负责，定会换来学生的尊敬与重视。
> 
> 小贴士①

2. 老师讲解：

（1）太极是什么？

可以先让学生来说一说，然后老师再进行讲解，主要从它的特点、分类、文化理念等方面展开。值得注意的是，太极的分类可以从多个角度进行。结合我们本节课的学习内容"陈氏/二十四式/简化太极拳"，可以做如下分类：

根据流派的不同，可分为陈氏、杨氏、武氏、吴氏、孙氏等；

根据创编招式的多少，可分为十六式、二十四式、三十二式、四十八式等；

根据表现形式的不同，可以分为太极拳、太极扇和太极剑。

（2）练习太极的意义？

向学生提问："为什么中国人练太极？"根据学生的回答，老师作总结、补充，主要从强身健体、修身养性两个方面，并做到有理、有据、有节。例如：太极要求练习者平心静气、排除杂念，这有利于缓解练习者的不良情绪，增强神经系统的自我调节、控制能力，从而达到修身养性的目的；太极要求练习者充分放松身心，这有助于疏通气血，改善大脑的供氧、供血能力，减少心脑血管疾病的发生；太极动作舒缓而连贯，且富于变化，这有利于锻炼学习者的肢体协调能力，以及身体的灵敏度和沉稳性。

## （二）太极展示：

1. 播放视频：陈思坦《二十四式简化太极拳》、张广德《养生太极扇》（第一套）。
2. 老师亲身示范，激发学生的模仿欲与学习欲。

> 相对于太极拳而言，绝大多数学生对太极扇、太极剑表现出更加浓厚的兴趣，因为他们觉得开扇、出剑的动作着实很酷。因此，在第一节课展示太极扇是十分必要的，有利于激发学生的学习兴趣。另外，条件允许的话，上课最好穿正式的太极服。虽然我们不是专业练太极的，但专业服装一上身，无形之中会为我们的专业形象加分。

小贴士②

## （三）讲解太极动作要领，剖析其承载的文化内涵：

1. 讲解太极动作要领：刚柔相济、以静制动。

结合动作示范，分步讲解，让学生切身感受。请一名学生上前，老师做出"双峰贯耳"的招式与之切磋；其他学生两人一组，根据老师的讲解模仿台上的动作，感受太极"看似轻柔舒缓，实则坚劲有力"的特点。

2. 借助PPT，剖析太极的文化内涵。

（1）问题导入：我们都知道，太极是一门中国功夫，那它为什么叫太极呢？在汉语中，太，即大；极，指极点、尽头。物极则变，变则化，太极即为天地万物的本原。这一思想来源于中国传统哲学——道家学说。

（2）请学生观察太极图片，并思考：你看到的太极图是怎样的？

太极图

（3）从学生的回答切入，讲解太极中所蕴含的中国传统文化。以下仅作参考：

对话一：

学生：两条鱼儿一上一下，一黑一白，首尾相合。

老师：一上一下，一黑一白，即为一阴一阳；上下相称，黑白相合，阴阳相转，变化即在其中。太极，讲求顺势而为，以不变应万变，即"无为而无所不为"，具有朴素的辩证法思想。我们前面所说的"以静制动"，便是这个道理。

对话二：

学生：两条鱼儿分明是静态的，看起来却像是在游动一样。

老师：动极而静，静极复动，一动一静，互为其根。太极讲求"刚柔相推，动静相生，含阳刚于阴柔之中"，也是这个道理。因此，在练习太极时，我们应平心静气，充分放松身心，"用意不用力"。

对话三：

学生：一黑一白两条鱼儿组成了一个圆。

老师：一上一下、一黑一白的两条鱼儿，本是对立的，却又和谐地共生在一个圆中，其中体现的便是中国传统文化中"天人合一"的思想，即讲求人与天地、自然的和谐统一。其实，太极中有很多动作，也都像是在"画圆"，比如"云手"（同时示范）。

（4）建议：有兴趣的学生可以课后查阅相关资料，有任何想法或疑问，欢迎随时与老师交流。

太极第二式

（四）分解教学：起式、左右野马分鬃、白鹤亮翅：

1. 老师完整演示前三式，对于即将要学的内容，让学生做到心中有数。

2. 解释前三式对应的英文名称及动作口令。

3. 动作分解教学。由于我们的太极课有两位中国老师，因此可以做到一位老师在前面示范教学，一位老师在下面纠正，力求动作标准。

（五）成果展示及总结：

1. 采用多种展示方式，如：分组展示、轮流展示等。

2. 学生互评：点评他人的表现，其实也是对自己的一种审视，这是一个非常重要的学习过程。

3. 老师总结应客观公正，以鼓励为主。

> 在平时的教学活动中我们发现，外国学生的自尊心是极强的。老师的肯定、鼓励和赞扬，会让他们更加积极地参与到学习中来。
>
> 小贴士3

### 教学反思

1. 作为一名太极课老师，我们显然还不够专业，很多动作难以做到尽善尽美。例如，"右蹬脚"总是达不到相应的高度，这时就需要借助教学视频了。

2. 外国学生的律动感很强，单纯的口令教学会让他们觉得枯燥无比，因而合适的音乐是非常好的教学辅助手段。

3. 因为这一课程是大学体育选修课，所以对于文化部分没有过多地展开。如能把太极作为文化体验课来教授，则可加入中外传统哲学思想的对比。

### 作者简介

朱培培，武汉大学汉语言文字学硕士，深圳蛇口育才教育集团育才学校教师。2016—2017年任武汉大学国际教育学院对外汉语教师，2017—2018年任美国匹兹堡大学孔子学院汉语教师志愿者，西宾州中文教师协会成员。

# 掌中出功名
## ——布袋戏的语言及文化教学

吴素美

> **导　读**
>
> 　　中国的民间演艺传统与文学艺术、语言文化、社会思想、戏剧表演等密切相关，包含丰富的语言和文化学习材料。学生虽然对此感兴趣，但因为相关课程的资源比较缺乏，无法就感兴趣的课题进行深入的学习和研究。本文聚焦中国民间演艺传统中的布袋戏，从其深入民间社会、体现当地语言文化、呈现庙会节庆信仰等特色入手，将其融入对外汉语教学中。借助多元化的教学内容以及创新式的课内外活动，将布袋戏这一主题设计成一个兼顾语言学习和文化内容的教学单元，鼓励学生积极参与跨领域、多元化的讨论活动。

### ◆ 教学目标

1. 通过课文学习和讨论，学生能够初步认识、了解布袋戏。
2. 通过论文阅读，引导学生对这一文化活动所呈现的语言文学、文化艺术、表演技巧，及其与当地民间庙会信仰之间的关系等问题进行思考与讨论。
3. 通过学生分享个人不同的心得与体验，进行更深入的跨文化比较与讨论。
4. 提高学生对中国民间艺术的欣赏能力。

### ◆ 课程设置及学生背景

　　本课为美国大学四年级中文课"中国民间演艺传统"中的一个教学单元，授课时长为三周，每周两节课，一节课80分钟。授课重点是语言学习、内容知识介绍和跨文化的讨论与思考。

　　学生是高级汉语学习者，包括华裔及非华裔，学习中文三年以上，可以用中文成段表达。

### ◆ 教学工具及材料

　　考虑到本教学单元除了要介绍布袋戏的内容与知识外，还要兼顾提升学生汉语听说读写的能力，所以授课语言、阅读和教学材料大多是以汉语为主。又因相关资源很难找到，所以大多数教学资料都是我根据对布袋戏的调查与研究编写出来的，主要包含简繁体课文、拼音、英文翻译、生词及思考题，还有专门为此开发的适合汉语学习者的布袋戏语言文化学习网站。

## （一）阅读材料：

1. 布袋戏网站：

(1) Glove Puppetry，网址链接：http://www.xinterra.com/puppetry/bdx-intro.html，访问日期：2020-9-1.

(2) Chinese Folk Performance Traditions，网址链接：http://www.xinterra.com/folkpage/，访问日期：2020-9-1.

2. 布袋戏学术论文：

(1) Wu, Sue-mei. 2003. Hand puppet theater performance: Emergent structures and the resurgence of Taiwanese identity. In Paul R. Katz & Murray A. Rubinstein (eds.), *Religion and the formation of Taiwanese identities*. New York: Palgrave Macmillan Publisher. 99-121.

(2) Wu, Sue-mei. 2011. Hand puppet theater (Budaixi) & excerpts From a temple festival performance. In Victor H. Mair & Mark Bender (eds.), *The columbia anthology of Chinese folk and popular literature*. New York: Columbia University Press. 282-287.

(3) Wu, Sue-mei & Sandi Ward. 2018. A preliminary study of local people's views on Taiwan hand puppet theater in the context of its modern evolution. *Art Vision Journal*, vol.15.

## （二）课堂活动工具：

戏偶、布袋戏小舞台等。

◆ 教学步骤

## 第一周：布袋戏的认识与介绍

一、课前预习：

1. 浏览以上两个布袋戏网站，熟悉课文、生词。
2. 完成网上练习，并准备几个思考讨论题。

> 上述提到学习网站中有丰富的文本、录音、照片和多媒体视频等材料，是专门为适合不同学习者的文化背景、语言程度、学习方式而设计的。虽然此课是一个高年级中文课，但学生差异较大，华裔学生的阅读能力较非华裔学生好得多，他们就可以多看中文材料来深入了解布袋戏，而非华裔学生可多利用英文、拼音和视频等资源来辅助了解布袋戏基础内容，这样每个学生都能利用此学习网站，各取所需。
>
> 小贴士①

> 学生课前先通过自学掌握基本的语言与内容知识，这样课堂上能把时间多用在解答问题、思考讨论、互动提问等高层次的语言学习活动上。
> 
> 小贴士②

## 二、课堂教学步骤：

### （一）学习课文：

1. 学生为主导，两人一组，每组负责阅读一段课文内容，然后用自己的话概括。老师以问答的方式检查学生的预习情况，同时加强学生对内容的理解。

2. 生词练习，既可以通过纸上小测验，也可以分组做造句或问答练习。

3. 带学生完成课文后的理解练习，检查学生对课文的理解程度，练习题里有选择题、是非题、填空题、问答题等。

> 填空等练习可以两人一组互动问答，也可全班抢答，让课堂活动尽量活泼起来。
> 
> 填空练习例子：
> 
> 在中国台湾地区，布袋戏与维系社会阶层的稳定性有相当_____的关系。（Glove Puppetry in Taiwan of China has a _____ relation for the stabilities of the society.）
> 
> a. 紧密　　　　b. 流传　　　　c. 蓬勃
> 
> 小贴士③

### （二）布袋戏初探：

1. 为什么叫"布袋戏"？让学生回答，以此引出对布袋戏的介绍。

2. 介绍偶师操纵戏偶的基本技巧，并让学生也实地操纵一下戏偶。

3. 学生分组，简单介绍布袋戏起源和历史。

学生在介绍时，需要使用课文中的重点词语和结构，如：起源于……；然后……；在……流传。

4. 介绍布袋戏的语言。

布袋戏是在福建、台湾等地流行的一种民间表演艺术，地方色彩浓厚，比如布袋戏表演时所使用的语言是闽南语。授课老师可以借此简单介绍闽南语的情况及与普通话的不同，也可简单介绍中国的方言分布情况、民间演艺传统在地方语言使用上的特色等。

我一般会带小舞台与一些戏偶，给学生讲解一些简单的操偶技巧，学生对这个特别感兴趣。这样，他们可以感觉到实地操偶的真实与乐趣，也可以感受到操偶师"台上一分钟，台下十年功"的辛苦与磨炼。

小贴士④

## 第二周：介绍布袋戏演出与当地社会文化、民间信仰等关系

### 一、课前预习：

阅读上述三篇布袋戏研究论文，并进行总结。

### 二、课堂教学步骤：

1. 课前把论文分配给各组学生，每组准备5分钟口头报告和2—3个问题，以方便大家思考讨论。

2. 在学生互相讨论时，老师可适时利用网站上的资料，放一些布袋戏表演视频，展现戏偶与照片，以帮助学生理解。

3. 老师最好能把课上讨论的思考问题整合一下，为接下来要做的跨领域、跨文化比较做铺垫。

在课堂上讨论时，尽量要求学生用新学过的生词及句式来表达，尤其是高级的表达方式，如此才能帮助他们提升汉语水平。讨论中也应多鼓励学生分享自己的观察与经验，因为我们有些学生是来自不同的专业，课上提出的问题与想法多种多样，很适合进行跨领域、跨文化的比较与讨论。

小贴士⑤

## 第三周：布袋戏跨领域、跨文化深入研究

### 一、课前预习：

学生用英文写出前两周的学习及讨论心得，并提出2—3个中文问题。老师可以将这两周在课堂上讨论的问题综合整理后发给学生，以作第三周课堂讨论的参考。让学生把预习作业都提交到学校的课堂管理系统Canvas上，方便全班事先看到每个人的心得报告及所列的问题。

### 二、课堂教学步骤：

#### （一）课堂讨论：

学生分组讨论，着重谈谈自己的心得及问题，并做好记录。

老师继续介绍布袋戏的偶戏名剧，如耳熟能详的七侠五义、包青天、三国演义中的剧目等；操偶大师，如李天禄、许王、黄海岱等名家的故事；观看现在比较新颖轰动的金光布袋戏、霹雳布袋戏等。

（二）课堂表演：

1.课堂上的表演活动，如：

（1）操偶表演：选择一个耳熟能详的短小剧目，让学生参与简单的操偶表演；也可以表演上述论文提到的野台布袋戏里的一小幕，寓教于乐，效果也不错。

（2）角色扮演：可以分配学生扮演角色，如文化采访记者、偶师、观众、庙会节庆主办者、偶师家人、徒弟、后台乐师、政府官员等。学生事先准备自己的角色与问题，并互相以中文采访。

2.若时间允许，可以做一个后续的专题研究，如：

（1）访谈交流：安排学生去校内或校外进行访谈，介绍布袋戏，或者采访周围人对布袋戏的看法。

（2）制作文化教育短片。我们曾组织全班学生一同参与，分别负责录音、剪辑、访谈、翻译等工作，一起制作了一个布袋戏学堂的微电影①，在学期结束时举办了一个小型的成果展。

◆ **教学反思**

1.作为一个创新的内容主题式教学，教材欠缺，教什么，怎么教，教到何种程度等，都是有待进一步讨论的。我们研究及制作的学习网站，开放给志同道合的老师们使用，让丰富的知识资源得到共享。

2.文中示范的几个课堂活动与作业布置等，仅是我们教学中的一些参考模式。在每次教课时，所设计的课堂活动常会因学生的组成不同而进行一定的改动。这对任课老师来说，虽有一定的开放性与灵活性，但挑战性也不小。

3.中国民间演艺传统深植人心，深入民间，是很接地气的文化资产，符合对外汉语文化教学需要。在播放教学视频时，可以分段穿插在课堂活动中，借着视频的视觉效果，引导学生层层递进，畅所欲言。

---

① 网址链接：https://www.youtube.com/watch?v=QkYaQv2BwM8，访问日期：2020-9-1。

 **作者简介**

吴素美，美国俄亥俄州立大学博士。卡耐基梅隆大学现代语言系教授、应用二语习得硕士班主任。曾任美国中文教师学会理事，现任美国中文教师学会执行长、西宾州中文教师学会创会会长兼理事会成员。曾任教于俄亥俄州立大学、哈佛大学，自2000年起在卡耐基梅隆大学现代语言系任教至今，曾设计开设多门初、中、高级汉语以及高级口语会话、古代汉语、网上中文、流行文化、中国民间演艺传统、中国偶戏传统、对外汉语教学教师培训等课程。研究兴趣包括对外汉语语言与文化教学、中国语言学、古代汉语语法、电脑辅助教学、多媒体视频制作等。著有《中文天地》（*Chinese Link*），《古文入门》（*Classical Chinese Primer*）。

# 从始至终，"字"有来历
## ——汉字教学的文化内涵

邓 娟

> **导 读**
>
> 汉字难，汉字教学更难——因为"难"，学生不愿学；因为"难"，老师回避教。长此以往的结果是，口语流利却认读困难；或者低层次的汉语学习者很多，高层次的汉语学习者越来越少。过多地利用拼音作为辅助手段，却让拼音成了主打歌。一旦涉及高级汉语的学习，学习者大量流失。不教汉字，不足以让学生意识到汉语之美，也无法达到让学生通过语言更好地了解中国文化的目的。在开课之始，老师最好能把汉字作为一种文化理念的表达方式传达给学生，作为一种哲学思想和思维方式的体现呈现给学生，整理出汉字学习的逻辑性，帮助学生克服汉字难的壁垒式观念。
>
> 本文呈现的是如何在初级教学中根据汉字的构形特点，帮助学生理解汉字的规律性，从而减轻学生的畏难情绪，体会到汉字学习的趣味。

### ◆ 教学目标

1. 通过对汉字字形结构的分析，让学生了解汉字的形成与演变。

2. 引导学生借助各种方式和手段分解汉字，发现汉字构形的规律，消除汉字难学的固化观念。

3. 将汉字学习与汉字隐含的文化内涵联系起来，增加汉字学习的趣味性，实现汉语学习的可持续性。

### ◆ 课程设置及学生背景

本课共两课时，教学重点为汉字构形特点。

本课的授课对象为已学过一个学期汉语的成人初级学习者，年龄在32—70岁之间。他们基本都是抽出业余时间学习汉语，有的学员担心学习汉字占用太多时间，有的认为自己重点是学习听说而不想认读汉字，认为学习汉字"浪费时间"，所以尽管已经学过一段时间汉语，他们还是以拼音学习为主，对于汉字没有一个清晰而明确的认识。

## 🔷 教学工具及材料

（一）视频材料：

动画《三十六个字》，https://v.qq.com/x/cover/ivop8crzqvar53v/g1420hvx5kw.html，访问日期：2020-9-1。

（二）教学材料：

课程PPT。

（三）课堂活动工具：

毛笔、水碟、水写布。

## 🔷 教学步骤

（一）热身活动：

1. 你认为汉语与英语最大的区别是什么？在书写方面，你觉得有什么困难？

2. 在过去一个学期的学习中，你对汉字有什么样的认识？你觉得汉字难学主要难在哪里？

> 学生已经学过一学期初级汉语，对汉语有一定的了解，难免会把汉语与英语作对比。提出第一个问题，是为了让学生相互交流自己的学习经验，将他们意识到的中英语言差别系统化，以便后面破除"汉字难学"这一固化思维；提出第二个问题，是因为在与上一任老师交接的时候，她提到了这个班的学生只有极少数赞同学习汉字，大多数学员拒绝学习。整体来说，学员的汉字水平几乎为零。
>
> 小贴士1

（二）简单的汉字构形讲座与学习讨论：

1. 根据热身活动中的讨论，先承认学生提出的一些难学的观点，如汉字的书写体系完全不同于英语的书写体系，汉字字形相近，不知道如何着手去认识复杂的汉字等。然后请他们观看视频《三十六个字》，以比较直观的形象让学习者对汉字有一个大概的认识。

2. 把事先准备好的文字图片（视频中出现的象形字，更接近于这些字最初被创造出来时的图画形象）发给学生，要求他们写出这些字的英语意思。

3. 要求学生将象形字与现在通用的简体汉字进行对比，自行寻找两者之间的联系与区别。

日  山  水  鸟

4. 让学生把视频提到的36个字进行分类，分辨出哪些接近于图画本身，哪些发生了较大的变化，并在此基础上提出以下观点：

（1）象形字：用文字的线条或笔画，把要表达物体的外形特征，具体地勾画出来。如"日、月、山、人、口"等。而在这些汉字中，体现了中国人对大自然朴素的认知、阴阳对立观念的建立。如"月"字，选取的图像并非满月，而是体现了月亮的变化、与太阳不同的地方。

> 学生能够很快地辨别出这些象形字，并且能够理解字形演变的历史过程。此处可以多用一些与自然现象、农业、人相关的例子，阐释中国早期造字"远取诸象、近取诸身"的特点。

小贴士②

（2）指事字：用象征性符号或在象形字上加提示符号来表示字义。如：

刃，在刀锋上添加一点，指示其刃。

曰，说话时口里呼出的气，用短横表示说话。

本，木的根部。

（3）会意字：两个或两个以上的部件合成了一个字，把这些部件的意义合成新字的意义。如：

林　　森　　武　　休　　明

（4）形声字：由表示意义范畴的意符（形旁）和表示声音类别的声符（声旁）组合而成。意符一般由象形字或指事字充当，声符可以由象形字、指事字、会意字充当。如：

木：柚　　桐　　梨　　档

马：妈　　吗　　玛

> 会意字、形声字的选取要突出中国传统上是农业大国的特点，从而阐释中国人的思维方式是受到这一特点影响的，具有经验主义和实用主义特色。同时，中国人思维方式的整体性与归纳性，体现在造字上就是形声字占据了现代汉字的90%以上。这几种汉字构形法由易到难、循序渐进，也是汉字学习的一般规律。

小贴士③

5. 游戏时间：

给出一些生字，让学生猜出这些生字的意思或者根据提示给出读音。

看　　觅　　泪　　水　　清

6. 由学生自主总结汉字构形的规律：

（1）汉字逻辑性很强，不是一堆随意堆放的符号。

（2）简单的字多是象形字或指事字，这样的字可以从形状和图画上进行联想记忆。

（3）会意字有点儿像英语里的合成词。合成词是由两个词合成一个新词，新的意思往往来源于原来两个词的意义组合；而会意字就相当于把两个部分组合在一起，再考虑这个新字的意思。

（4）形声字的意符可以帮助了解和区别字的意义，汉字教学中要注意归类总结。

> 在已经完成对汉字构形的基本讲解并给出一定的实例后，我们在此处加入游戏，是为了检验学生是否理解了上述几种构字方法，同时增强学生学习汉字的信心。另外，由学生自己总结出来汉字构形规律，可以更好地帮助他们理解汉字，减轻学习的焦虑。
>
> 小贴士④

（三）书法练习：

1. 书法握笔法展示。
2. 汉字基本笔画——点、横、竖、撇、捺的书写方法教学。
3. 写出"一、二、六、八、十"这五个汉字。

> 选择这几个字进行书法练习是因为：（1）这几个汉字包含了基本笔画；（2）学生已经学过了数字，这几个汉字特别好记好认，容易增加学生的成就感。
>
> 小贴士⑤

◆ **教学反思**

本课只是汉字教学的起点，教学的主要目的是借助汉字的构形分类，说明中国人在创造汉字时采取的方法，进而说明其思维理念，即经验主义、实用主义和循序渐进的构字方式。需要指出的是，这种循序渐进、由易到难的构字方式其实也就是学习汉字的方式，按照这种方式设计教学步骤，可以帮助学生减轻学习汉字的焦虑。

通过数次实验，包括向零基础学生讲解汉字的基本构形方法，我们发现学生之所以会排斥学习汉字，有以下几个原因：

1. 老师对汉语文字学不够了解，不知道怎么教，自身回避汉字教学，加深了学生对于汉字学习的误解。

2. 老师有一定的文字学知识，也意识到汉字教学的重要性，但是没有总结出合适的规律来引导学生学习。

3.部分学生在学习时目的性很强,他们只想学习听说,不想学习读写。

针对上述三种情况,我们建议:

首先,老师应该加强自身的汉字修养,或者在备课时根据自身水平有选择地寻找材料。像裘锡圭的《文字学》、王宁的《汉字构形学讲座》、张惠芬的《张老师教汉字》以及张朋朋的《新千字文》都可以是案头常备的书。

其次,要不断反思,摸索出适合自己学生的汉字教学方法,最好能以文本的形式写出来。写作也是一种思维训练,可以帮助自己更好地总结经验,提升教学水平和能力。

最后,对于目的性很强的学生,应该尊重他们的个人意愿,不过要在合适的时机引入一些基础知识,帮助他们了解汉字文化。听说到了一定的水平要跟语用联系在一起,反映着中国人思维方式的汉字背后蕴含的文化理念会对他们的词汇拓展有一定影响,对于他们能否选择合适的词语进行交流更有着至关重要的影响。

## 作者简介

邓娟,北京师范大学汉语国际教育博士,武汉大学汉语国际教育硕士。厦门大学汉语国际推广南方基地讲师、中外语言交流合作中心专职教师。自2010年起开始从事对外汉语教学工作,曾在美国匹兹堡大学孔子学院、英国卡迪夫大学任教,教学得到一致好评。国内任教期间,主要任务是培训汉语教师志愿者,研究方向为课堂组织与管理、英汉教学对比、对外汉字教学、海外中国语言与文化传播等,发表学术论文数篇,主持及参与多项省级科研项目。

# 荫余堂的诉说
## ——中国传统文化的体验之旅

孙鸿运

### ▶▶ 导 读

对于身处西半球的美国学生来说，中国的传统文化和核心价值观距离他们十分遥远。仅通过文本阅读和课堂讨论，对文化的理解难免隔靴搔痒，有时反而加深了学生的某些文化偏见，与老师的教学初衷背道而驰。因此，美国博物馆里的中国展品就成了向学生展示中国文化艺术的窗口和进行文化视野扩展的突破口。在美国塞勒姆小镇的碧波地博物馆（Peabody Essex Museum）里，完完整整地保存着一座有200多年历史的中国徽派传统建筑——荫余堂。徜徉于这座古香古色的宅院中，学生们很容易从每一件日常用品的摆放和陈设中，体味到中国老百姓真实质朴的生活状态。本文以美国大学的中高级汉语课的一个教学单元为例，探讨身处海外如何利用当地博物馆资源，以体验式学习和自主式学习的方式，鼓励和引导学生深入了解中国人绵延至今的宗教信仰、价值取向、社会风俗和道德标准。

高过屋脊的马头墙

四水归堂的天井

### ◆ 教学目标

通过观看《荫余堂》纪录片，阅读百度百科"荫余堂"介绍，以及参观碧波地博物馆，学生们在学完本单元课程后能够：

1. 了解一些常见的文化符号，如：双喜、竹子、蝙蝠、花瓶、莲花、凤凰等，并能够说明这些文化符号所具有的象征意义。

2. 解释中国文化中的一些传统观念，如：儒商、四水归堂、叶落归根、藏富等，并讨论上述传统观念在中国人价值观里的重要性，以及在当今中国社会的演变。

3. 描述徽派传统民居的基本建筑特征和丰富的生活内涵。

4. 进一步提高中文的描述、叙述和比较的语篇表达能力。

### ◆ 课程设置及学生背景

本课是美国大学"中国文化与传统"课程中的一个教学单元。授课时长为3课时（每课时50分钟，共150分钟）。授课的内容为讨论徽州民居的建筑特色、人文生活和跨文化讨论，兼顾语言教学。

教学对象为在大学里学过六个学期以上的中高级汉语学习者，包括华裔和非华裔学生。学生的口语水平主要为中级—中（Intermediate-mid），个别达到了中级—高（Intermediate-high）。

授课语言为全中文，沉浸式教学。

## 教学工具及材料

**（一）阅读材料：**

"荫余堂"介绍，网址链接：https://bkso.baidu.com/item/荫余堂，访问日期：2020-9-1。

**（二）视频材料：**

纪录片《荫余堂》，网址链接：http://www.iqiyi.com/w_19rt9pq76h.html，访问日期：2020-9-1。

## 教学步骤

### 第一课时

一、课前预习（学生通过Google Doc提交作业）：

1. 阅读百度百科"荫余堂"的介绍。

2. 观看纪录片《荫余堂》，并完成课前预习作业。

3. 在阅读材料和观看纪录片的过程中，请学生们把自己遇到的生词、成语或固定表达记录下来，并在Google Doc上编辑共享生词表。

> 编辑共享生词表的目的是让学生通过接触真实语料，自己去发现生词，主动地学习和使用新的词汇。每个学生最少要准备10个生词。在Google Doc的生词表里标注生词的拼音和英文意思，并列出这个生词在阅读材料或纪录片里出现的原句。如果其他学生也选择了同一个生词，就在例句栏添加一个自己创作的新句。这一训练旨在促进学生们的自主学习和合作式学习。老师要在上课之前检查共享生词表，提前发现学生所犯的共同错误，在课上针对出错频率较高的生词和例句进行重点讲练。

<small>小贴士①</small>

4. 在阅读文本和观看纪录片之后，请每个学生在Google Doc上提出两个问题。问题可以是关于阅读内容和纪录片的，也可以是关于语言的。提问之后，每位学生再尝试回答两个由其他同学提出的问题。

这一预习作业可以促成学生之间的合作交流。另外,学生对我们母语者习以为常的文化现象往往有着不同的观察视角,因此,通过鼓励学生提出问题和回答同伴的问题,会增强学习者的主动性和学习的内在动力,也有助于引导学生更高效地用中文进行沟通。

小贴士②

## 二、课堂教学步骤:

### (一)热身活动:共享生词表的纠错和练习

老师在纠错策略上要灵活变通。指出错误的时候,先不要急于改错,而是给学生一个自我改正的机会。如果该生能自我改正,将大大地提高其学习信心和学习效率。如果该生无法自我改正,让其他同学试试。这样也有助于建立一个互相支持、互相依赖的中文学习社区。

小贴士③

### (二)文化讨论:

1. 就Google Doc里学生的提问和回答进行讨论。学生提出的问题包括:

① 为什么这座房子的窗户都朝内?

② 为什么男人在外面赚的钱要寄回家?要买土地、盖房子?

③ 为什么中国传统文化认为祖先会保佑子孙?除了中国以外,还有哪些国家有类似的文化?

④ 为什么读书和考科举做官对中国人那么重要?

荫余堂的窗户

对于一些基本的传统文化与核心价值观,大部分中高级汉语学习者已有所了解。组织讨论的时候,要避免仅触及皮毛,应引导学生关注表象后的深层次文化原因。同时,也应引导学生关注传统文化与核心价值观在荫余堂这座古老的民居里是如何体现出来的。

有时候学生提出的问题可能很难回答。这可能是因为学生的语言水平尚不够理解复杂的中文表达,也有可能是因为老师只知其然,而不知其所以然。如果是因为前者,需要老师在课前更加充分地备课,尽可能地制定多样的教学对策帮助学生理解;如果是后者,老师应该本着实事求是的态度,课下深入研究,提高自身修养。同时,也可鼓励学生在课下利用英文资料进一步探究,与同学们分享心得。

小贴士④

**2. 课堂活动：我来当老师**

让学生扮演老师的角色，解释下列体现中国文化和传统价值观的表达：

儒商　　叶落归根　　四水归堂　　荫余堂　　财不外露/藏富

> 在前面两个教学环节里，学生们扫清了字词障碍，讨论了他们感兴趣的文化现象。现在要在此基础之上组织语言进行成段表达。让学生扮演老师的角色，也是提醒学生要讲得清楚、有趣，同时要与其他学生有交流互动。

小贴士 5

**3. 拓展讨论：**

当你在中国旅行或留学的时候，是否观察到了这些传统文化？请描述一下当时的场景和情况。

> 中国的现代化进程发展迅速。传统文化和价值观哪些保留下来了？哪些消失了？哪些发生了变化？拓展讨论是为了让学生关注到文化的历史变迁。

小贴士 6

## 第二课时

**1. 布置寻宝任务以及参观荫余堂。**

> 为了保护荫余堂，碧波地博物馆每天限制参观人数，参观时间为30分钟。如果需要带领较多学生参观，需提前预订好参观时段。老师可利用路上乘车的时间给学生布置博物馆寻宝小组活动练习。

小贴士 7

**2. 小组活动：**

（1）把学生分成4组，每组4个学生（在美国的大学里，中文课的人数一般是10—18人。我上这节课的时候班上有16个学生）。老师指定小组讨论寻宝任务上的某一个展品，交流对展品的发现和印象，然后整理出一个关于这个展品的小报告，内容信息越丰富越好。

（2）重新分组：新的小组每组还是4个人，每个人来自刚才不同的4个小组。小组成员要轮流向其他组员介绍自己刚才准备的展品小报告，并倾听组内关于其他3个展品的报告。

**3. 小组深入讨论：**

① 在荫余堂里，你见到了哪些中国文化符号？有什么象征意义？

② 在荫余堂里,你发现了哪些徽派民居的建筑特色?这些建筑特征体现了哪些中国传统文化和价值取向?

③ 通过观察房子内物品的摆放与陈设,你可以想象并描述一下住在这里的人是怎样生活的吗?

荫余堂的室内陈设　　　　　　荫余堂二楼卧室一角

学生分组活动的时候,老师要掌握好时间,确保学生们在规定时间内完成任务,并顺利地进入下一项任务。老师也要关注各组讨论的进展,并及时回答学生的问题。

小贴士 8

## 第三课时

一、课前作业:

完成下面三个题目中的一个,并在课上做报告。

1. 把儿童绘本《假如我建一座房子》(*If I build a house*)翻译成中文。选择这个作业的学生首先要独立翻译,然后小组讨论谁的翻译最好,并在课上给大家展示最优秀的翻译作品。

《假如我建一座房子》是一本在美国脍炙人口的儿童绘本。作品中的主人公大胆地想象了一座未来理想中房子的样子。学生对尝试翻译这样一部充满童趣的文学作品充满了热情。

小贴士 9

2. 介绍一种自己比较熟悉的建筑风格和历史成因。选择这个作业的学生要合作准备一个集体报告。

3. 创作一个在荫余堂里发生的故事。选择这个作业的学生要编写一个中文小话剧,并把故事表演出来。

二、课堂教学步骤:

7个学生选择了翻译《假如我建一座房子》,因为大部分学生认为英文译成中文有据可循,比其他两个题目更好驾驭。这一组学生在课前对比了每个人的翻译,无法决定谁的最好,所以在课堂上展示了两个不同版本的翻译作业,请全班同学投票。这使得每个学生都参与其中,各抒己见,全体师生进行了良好的互动,课堂气氛非常活跃。

5个同学选择了介绍他们熟悉的建筑风格。这一组学生仿照百度百科"荫余堂"的介绍,集体报告了美国东北地区典型的殖民式(Colonial)建筑,并分析出这种建筑强调对称和保守,尽量少用装饰,满足了美国早期移民的基本需求。从文化的角度阐释,这也是在开疆拓土时期美国移民简洁朴实生活的真实写照。

4个学生选择了故事创作。这一组同学讲述了一个晚清时期发生在荫余堂里的一对年轻人的爱情悲剧。故事的情节跟《罗密欧与朱丽叶》相仿。其实,美国学生们用中文表达一个西方思维模式的故事是再自然不过的事情了。现实地讲,我们不可能把美国学生变成地道的中国人。作为老师,切忌急于纠正,打击学生的学习热情。遇到这种情况,老师要通过巧妙的提问,让学生思考:你们创作的故事哪一部分在中国文化情境里不太合理?如果你是一个生活在晚清时期的中国人,你会怎样思考?你会怎样生活?你会有哪些行为举止?最终目的是引导学生进行换位思考,达到理解、包容和尊重彼此文化的目的。

◆ **教学反思**

1. 老师应充分利用所在地的博物馆等中国文化资源,提倡"体验式"学习模式。本教学单元最初是作者在2014年设计并教授,在后来的教学中,在内容和形式上逐步深化完善。除了碧波地博物馆以外,作者还尝试了哈佛艺术博物馆(Harvard Art Museum)和波士顿美术馆(Museum of Fine Arts, Boston),均受到了学生的欢迎和好评。

2. 把学生带入博物馆,让学生与艺术品近距离接触,旨在营造一个艺术氛围,增强学生的感性认识,给学生留下记忆。学生带着问题走进博物馆,再带着新发现和疑惑回到课堂，从感性认识逐渐上升到理性认识，由浅入深地欣赏和理解中国文化。

3. 真正地以学生为中心。在每个教学环节都要强调师生之间和生生之间的互动，鼓励学生自己去探索和发现，激发学习热情，培养其主动式学习和合作式学习的能力。

4. 引导学生把课堂所学和其他学科或现实生活进行对照、比较，建立联系，是发展跨文化意识的一个重要手段。帮助学生树立多元文化观，减少文化偏见，增强学生与中国的感情联系，是每位一线老师长久以来都面临的巨大挑战。在这一方面，还有待于各方学者和老师进一步探究。

## 作者简介

孙鸿运，中国社会科学院文化人类学硕士。美国波士顿大学世界语言文学系高级讲师，美国新英格兰地区中文教师协会理事。曾任教于哈佛大学和博敦学院多年。教授初、中、高年级华裔与非华裔汉语课程，开设商业中文、中国现当代文学、中国当代社会变迁、古代汉语等多门中高年级专题课。研究领域包括对读写能力训练、文化教学、汉字教学和海外留学项目发展。合著有中级汉语教材《故事内外》（波士顿剑桥出版社，2021年）。

# "功夫熊猫"和"花木兰"的美国之旅
## ——文化符号在视频材料中的诠释与深化

周 康

> **导 读**
>
> 随着多媒体技术的发展与普及,多媒体手段开始广泛应用于第二语言教学中。尤其是近十年来,文化教学中使用视频材料,已经被视为呈现社会文化内容、扩展学习者文化背景知识、激发学习者文化学习兴趣、提高学生跨文化交际能力的有效手段。但即便借助视频材料,文化教学依然存在诸多困难。例如,有些文化符号过于抽象,学生理解难度较大;有些传统文化不够贴近学生生活,难以引起学生共鸣;课堂讨论质量参差不齐,无法实现教学目标等。本文将通过一节美国大学中级华裔班的视频讨论课,围绕"功夫熊猫""花木兰"等多个文化符号,详细展示如何通过充足的课前准备、真实生动的视频材料以及系统有效的课堂活动,将文化符号转化为一系列有趣的文化主题,并且以自制教学视频为辅助,一步步引导学生进行深入分析和讨论,最终实现提高学习者语言表达能力,加深学习者对中国社会与文化理解,鼓励学生积极进行跨文化讨论等多重教学目标。

### ◆ 教学目标

1. 通过视频观看与问答,让学生复习本课生词、语法,能够使用更加准确、高级的表达来描述、总结视频中所包含的观点。

2. 通过视频观看与讨论,让学生了解中国学生如何看待"功夫熊猫""花木兰"等美国好莱坞电影中的中国文化元素,并深入讨论这些文化符号与中国文化的关系。

3. 通过视频观看与讨论,让学生观察、总结中美两国学生对中美文化符号理解的异同,探讨达成共识与造成差异的主要原因,并通过讨论提出推广中国文化尤其是传统文化的有效手段。

### ◆ 课程设置及学生背景

本课是美国大学中级华裔班第一学期的视频讨论课。视频讨论课每次授课时长为50分钟,一般安排在周五,在周一、周三的常规综合课之后进行。因课文讲解、生词和语法操练均已在综合课完成,视频讨论课的主要目的是利用视频材料对生词、语法进行复现,对课文主题进行拓展延伸,其深层目的是让学生通过视频材料的观看与讨论,近距离观察中国人的观点与角度,深入了解中国某一社会问题或文化现象的多个层面,从而激发学生进行深入思考和讨论的兴趣。

# "功夫熊猫"和"花木兰"的美国之旅
—— 文化符号在视频材料中的诠释与深化

教学对象是美国大学华裔中级汉语学习者。大部分学生的听说能力优于阅读和书写能力。受中文家庭背景的影响,学生对很多中国社会文化现象有所耳闻或有一定的了解,但是不少学生的想法、观点来自父母的个人经历和"言传身教",未必客观,仍存在理解片面或者"知其然,不知其所以然"的问题。

该课程采用全中文沉浸式教学。

## ◆ 教学工具及材料

### (一)阅读材料:

课文《你也有功夫梦吗?》,出自教材《中国观察》,该教材由刘力嘉(哈佛大学东亚语言文学系教授)和笔者共同编写(未出版)。

中级华裔学习者的对话、叙述能力较强,弱点是写作,特别是正式语体的写作。因此课文最好采用多种文体相结合的方式,引入叙述、议论、书信等不同文体,且话题需要丰富、有深度、有讨论价值,才能为视频讨论课话题的选择打下很好的基础。课文分为三部分:第一部分是一段对话,讲述了一名美国留学生去河南少林寺进行社会调查、学习功夫的故事;第二部分是一封电子邮件,是这名留学生写给美国朋友的,简单谈了谈学习功夫的心得;第三部分是一篇短小的议论文,标题是"看到什么你会想到中国?",谈及"花木兰""功夫熊猫"的文化意义和影响,中美两国最具代表性的文化符号及其造成的文化误解。

### (二)视频材料:

1. 视频一:采访一位在中国某高校工作的年轻教师。采访的问题有:你怎么看好莱坞电影中加入的中国元素,比如"功夫熊猫"?中国文化受到西方文化的影响,你担心这个问题吗?你觉得中国人应该怎么做才能让世界更好地了解、喜欢中国文化?

2. 视频二:走进中国某高校的课堂,与大三学生交流,并请他们在黑板的左右两边分别写下他们心中的中国文化符号和美国文化符号。

> 视频讨论课的所有视频都是笔者去中国拍摄制作的,因此采访话题和内容更有针对性、层次性,语言难度的可控性也更强。第一个视频中的采访问题都与课文密切相关,可以在课堂上使用并深入讨论。第二个视频中对中国大学生进行的调查,同样会在视频讨论课上让美国学生完成,这样可以非常清楚地对比出两国学生心目中的文化符号有何异同。

小贴士 1

## 教学步骤

**一、课前预习：**

1. 请在上课前看完两段视频并回答下面的问题。

（1）请观看第一个视频，回答问题：

① 视频里的人怎么看美国电影中的中国文化符号？

② 她担心不担心中国文化受到西方文化的影响？

③ 你觉得她说得有没有道理？为什么？

（2）请观看第二个视频，回答问题：

① 中国学生写的哪些文化符号让你印象很深，或者让你觉得很有意思？

② 中国学生眼中的美国文化符号能代表美国的文化吗？

> 该课程的课堂时间非常有限，因此课前准备尤为重要。如果学生不提前观看视频做好准备，课上老师需要多次播放视频、讲解视频内容，最后导致学生没有充足的时间进行讨论。为了避免这个问题，我会提前将视频上传到课程网站，同时上传与视频配套的问答题。这样做有三个好处：一、有了预习作业的"压力"，可以保证学生提前了解视频的主要内容；二、课堂网站会记录学时，帮助老师轻松掌握学生预习的进度和速度，有助于老师收集预习反馈、调整预习作业难度；三、学生每周在课程网站输入150—200字的答案，既节约了手写的时间，又锻炼了学生的打字能力。但老师同时也要注意，问答题目不宜过长、过多，最好是关于视频内容的基本问题，以免给学生增加太大的负担。
>
> 小贴士②

2. 简单记录视频中有趣的观点或者让自己印象深刻的部分，并带到课堂上跟同学们分享。

> 语言课堂上，我们常常发现，当老师让学生即兴阐述看法的时候，一些语言水平相对较弱的学生难以做到脱口而出，或是因思考时间不足而无法提出引起大家共鸣和讨论的观点。这个课前活动的目的就是为了让每个学生带着自己的思考和讨论点走进课堂，在课上有话可说，并且尽量做到言之有物，言之有理。
>
> 小贴士③

**二、课堂教学步骤：**

**（一）热身活动：**

1. 通过提问检查学生观看视频的情况，问题如下：

① 视频都看懂了吗？
② 你一共看了几遍？花了多长时间？
③ 你觉得这个视频有意思吗？
④ 看到跟课文有关的内容了吗？
⑤ 在第一个视频中，他们在讨论什么问题？
⑥ 在第二个视频中，中国学生做了一个什么样的活动？你觉得这个活动有意思吗？

> 老师根据学生的回答可以推断学生对视频内容的理解程度，这对引导接下来的讨论至关重要。
>
> 小贴士④

## （二）视频一的播放与讨论：

（1）播放视频一：在播放视频前，先在PPT上列出学生看完后需要回答的问题，这样能帮助学生在观看时注意筛选有用的信息。问题有：

① 视频中的人认为好莱坞电影里的中国元素是不是真正反映了中国文化？
② 视频中的人怎么评价花木兰和功夫熊猫这两个电影角色？
③ 视频中的人担心中国的传统文化会因为西方文化的影响慢慢消失吗？
④ 视频中的人认为用什么方式推广中国文化更好？她的理由是什么？

> PPT上的问题会紧扣视频内容，从宏观到具体。若视频用于华裔班教学，为了加强识字认读能力，可以让学生把这些问题读出来，这样也能确保每个学生理解了问题。
>
> 小贴士⑤

（2）视频内容问答：由于学生课前做了充分准备，一般来说回答这些内容性的问题没有特别的困难，但是学生语言输出的质量并不高，语言过于口语化，短句较多，句与句之间的逻辑关系不明确，因此学生回答问题的时候老师需要将本课重点的生词和语法结构呈现在PPT上，提醒学生尽量使用准确、高级的表达。

生词：价值、忽略、合作、误解、重视、反映、吸引。

语法结构：S造成（……的）误解/问题/浪费；S是最有代表性的NP；S+$VP_1$，同样的，S（也）+$VP_2$；虽然S+$VP_1$，（但是/可是）（S）还不至于$VP_2$。

（3）视频内容讨论：让学生对视频中人物的观点进行评价，指出自己持赞成还是反对的意见，并说明理由。

课堂场景重现一：

这一部分是讨论课最热烈、最有趣的部分，学生的立场和观点跟视频中的观点存在较大分歧。受访者认为传统服装是推广中国文化的一种比较容易的方法，而有学生认为服装只是一个表面的区别，而且中国传统服装穿起来并不方便，在美国这种轻松的文化里，穿这样的衣服有点儿奇怪，最好的方式还是通过电影。有趣的是，其他学生对此观点也不完全赞同，有学生认为电影常常会给没去过中国的外国人造成刻板印象，很多能在美国看到的中国电影反映的都是中国过去贫穷、落后的一面，美国人以为中国还是那个样子，其实中国在很多方面已经非常现代化了。

（4）组织课堂辩论：视频中受访者的某一观点还可能引起其他问题的激烈讨论，如视频中受访人提到"在电影《功夫熊猫》里，阿宝是通过自己的努力获得成功，但是中国人看了觉得阿宝怎么没有朋友呢？大家应该一起帮忙"。这引发了学生关于"美国文化崇尚个人主义而中国文化更强调集体主义"的大辩论。这是老师在课前难以预料的，但既然在课堂中出现，就一定要善加利用。

老师在讨论课上一定要注意倾听学生说的内容，及时梳理学生的观点，一旦出现了两种对立的观点，千万不要放过，立刻分组进行辩论。辩论不但能激发学生的表达欲，而且也可以把一个问题剖析得更加深刻。

小贴士⑥

## （三）视频二的播放与讨论：

1. 请学生在黑板写出自己心目中的中国文化符号。

2. 让学生讲一讲挑选出这些中国文化符号的理由，为什么这些符号最能代表中国文化。

这一活动主要是为了对课文内容进行拓展延伸，让学生通过其他同学的分享获得新的文化知识，缩小不同学生之间的文化信息差，这也是视频讨论课的主要目标之一。如《你也有功夫梦吗？》这篇课文只提到了功夫、山水画、熊猫、四合院等中国文化符号，但学生在分享时写到了书法、成语、汉字、饺子、筷子、"福"字、《红楼梦》、舞龙舞狮等更多符号并说明了理由，每个人都通过别人的分享获得了新的文化知识。

小贴士⑦

3. 播放视频二，然后请学生说说中国学生写了哪些让他们觉得有趣的中国文化符号和美国文化符号，并讨论中国学生心中的美国文化符号是否能代表美国文化，并说明理由。

# "功夫熊猫"和"花木兰"的美国之旅
## ——文化符号在视频材料中的诠释与深化

> 课堂场景重现二：
> 美国学生对中国学生写出的中美文化符号产生了极大的兴趣，还有人提出了质疑和不解。对于中国文化符号，学生向老师询问了一些他们看不懂的文化符号，如风水、中庸、图腾、刺绣等。而对于美国文化符号，学生对中国学生给出的答案感到惊讶，因为除了"开放""自由民主""科技""健身"几个有褒义色彩的符号外，剩下的几乎全是负面的，如"强权""离婚""暴力""枪支""国际警察""肥胖症""party animal"。有学生认为这是对美国社会和文化的偏见，极有兴趣探讨为什么中国学生对美国社会有这样的印象；然而，有学生却表示，这些词从另一方面反映了美国存在的严重的社会问题，并不是一种偏见。

（四）总结反馈：

1. 简单评价本节讨论课学生的表现，并从语言输出、讨论内容、参与度几个方面进行反馈。

2. 给学生时间提出他们的疑问并回答。

### 教学反思

1. 我们在学期末发放了一份有关视频讨论课的问卷，学生无一例外表示这种上课形式能够帮助他们了解中国社会与文化，了解不同年龄、职业的中国人的真实想法，而且让学习的过程变得轻松有趣。但同时也有个别学生表示，准备视频讨论课并不轻松，要花很长时间理解视频内容并完成预习作业，所以每次上视频课以前，心理压力都比较大。因此，如何帮助语言水平较低的学生更加高效、轻松地准备视频课，还需进一步思考。

2. 如何把视频课跟常规的综合课有机结合也是一大挑战。视频材料采用声影结合的多媒体方式，趣味性强，但同时很容易喧宾夺主。语言课中的文本材料是不可或缺的，可以跟视频材料齐头并进、相互补充，也可以有主有次、各有侧重。因此老师需要根据自己的教学计划、课时、课型，仔细斟酌视频讨论在整个课程设计中扮演什么样的角色。

3. 视频讨论课成功的先决条件是视频材料本身质量过关。这涉及语言的难度、话题的深度、内容的可讨论性、与课文的相关性等多个方面。无论从网络上下载编辑，还是老师自制，做出一个合格的视频材料都是相当不容易的，需要老师付出大量的时间和精力。如果老师亲自到中国拍摄视频，还需要工作单位在经费等方面提供支持和保障。

## 作者简介

周康，中国香港中文大学硕士。美国麻省理工学院中文讲师。曾先后在布朗大学、威廉姆斯学院、哈佛大学任教，并在哈佛北京书院、明德暑期中文学校任年级负责老师、承担师资培训工作，具有多年中文教学及管理经验。曾于2016、2019年获得麻省理工学院语言教学创新基金奖，专为汉语初中级学习者编写阅读材料，并拍摄了一系列汉语教学短片，促进语言学习与文化教学。2018年在麻省理工学院首开中国书法课程，努力探索书法教学的新方向。研究兴趣主要包括汉语教学法、语法教学、汉语教材编写、书法教学等。

# 中国城博物馆"寻宝"
## ——一个针对不同教学目的及语言程度的文化项目

向雪花　孟多思

> **导读**
>
> 　　美国诸多大城市的中国城不仅是城市一景，也是华人移民的历史文化缩影。芝加哥是美国西北部著名的多元文化城市，也有悠久的华人移民历史。当地的中国城在华人文化传承方面起着重要作用，也是学习汉语的学生喜欢游览的地方。在这篇文章里，我们介绍为二年级的语言课以及三年级的文化课共同设计的以参观芝加哥华裔博物馆为主题的期末综合项目，引导学生将一学期所学的语言知识化零为整，同时加深对文化的理解。本项目有两个重点：一、如何将语言点和文化教学目标相结合；二、如何在同一个博物馆项目里考虑到不同年级学生的汉语水平和学习目的。

## 教学目标

　　1. 二年级基础中文课：通过中国城华裔博物馆寻宝、视频制作、课堂汇报等一系列任务，学生在口语表达和正式汇报上更加成熟。

　　2. 三年级综合语言文化课：通过参观当地华裔博物馆，学生对华人移民的历史和文化能够有深入的理解，并通过查询文献资料，完成写作任务。

## 课程设置及学生背景

　　由于中文项目的经费有限，我们将二年级和三年级的学生合并，一起去芝加哥中国城的华裔博物馆参观，然后学生各自完成老师布置的任务。

　　学生构成分为以下两类：

　　1. 二年级的学生是初、中级汉语学习者，华裔与非华裔人数相当，学习中文一年多。

　　2. 三年级的学生是中、高级汉语学习者，学习中文两年以上，华裔学生多于非华裔学生，华裔学生大部分在美国长大，有方言家庭背景，说潮州话、台山话、客家话、闽南话、海南话、广东话等。

　　授课语言：以中文为主。

## 项目设计与步骤

### 一、联系博物馆

当地华裔博物馆是一个民办机构，位于中国城中心地带，2005年正式开放，十多年来已成当地华人文化基地，定期举办各种文化活动和文物展览，比如流动性展览有旗袍展、豆腐手工艺展、兵马俑展等；固定性展览以照片、实物为主，展现华人移民、奋斗的历史。展览规模比较小，但是质量很高，解说精辟，互动性强。许多实物是学生日常生活中不太了解的，比如楠木家具、刺绣挂画等。小到皮蛋的制作、娶亲的花轿，大到美国历史上排华法案的来由、第一代华人淘金修铁路所受到的歧视和平权斗争，博物馆里历史知识丰富，需要有专业的解说员引导，学生才能真正明白。

我们提前三个月联系博物馆负责人，预约集体参观的时间。博物馆的解说员是退休的资深中文研究教授，讲解生动风趣，并引导学生参与其中，比如解说员让学生观察第一代华人用的地图，中国在地图的中间，欧洲和美洲在两边，跟学生平常见到的平面世界地图不一样，这样的互动让学生对看似枯燥的历史即刻产生了兴趣。

> 这个项目是期末考核的一部分，但确实有部分学生因为别的课程或者工作不能参观，为了公平起见，我们也准备了与博物馆项目的语言任务要求等同的候补项目，时间不合适的学生可以选择做候补项目。
>
> 小贴士①

> 因为博物馆门票收费是按人头算，我们提前准备回执请学生填写，得到了比较准确的参与人数和花销估算。事先估计参加人数也便于我们和博物馆预约参观。我们预约的是周五早上刚开馆的时段，这个时段游客较少，如包场一般，很适合学生自由活动。
>
> 小贴士②

### 二、编写项目网站

为了确保项目质量，我们用谷歌编写工具做了项目网站①。网站内容如下：

1. 首页：包括项目概述、时间、地点、注意事项、交通指南，内嵌谷歌导航地图以及网站二维码。因为项目的主题是移民文化，所以网站的背景图片选用了一个华裔女性穿着西式抹胸礼服，与身穿中式传统服装的父母亲参加典礼的场景，非常形象、贴切。

2. 寻宝任务页：分为三部分，学生可以在参观博物馆的时候填写。除了二年级的寻宝任

---

① 网址链接：https://sites.google.com/uic.edu/chinatownmuseum/home，访问日期：2020-9-1。

务上生词有拼音、注释以外，两个年级用了同一个内容。

第一部分强调观察和小知识，比如让学生用中文写博物馆的名字，找一找博物馆门口的石狮子爪子里有什么东西，以及把博物馆里看到的展品按衣、食、住、行分类。

第二部分列举博物馆里展出的生活中不常见的物品，比如太师椅、背小孩的背篓等，由于涉及很多没有学过的词汇，学生不需用中文填写，只需按条目打钩。

> 在寻宝内容的选择上，我们参考了网络上参观过这家博物馆的人上传的图片，以及博物馆官网上的内容，知道哪些"宝物"可以罗列在寻宝任务中。寻宝任务还加入了一定的中文练习，根据学生的语言水平，依据从易到难、从具体到抽象的原则来设计。通过观察石狮子爪子里的东西，引导学生注意细节。
>
> 小贴士③

第三部分是让学生用中文请教博物馆的解说员一个问题。

> 与解说员互动这个环节挺有意思，学生问了解说员很多有趣的问题，有的学生还把解说员讲解的精彩镜头放在自己后期制作的视频里。提前和解说员沟通好，并提醒学生问的时候注意礼节，也是项目顺利展开的重要前提。
>
> 小贴士④

3. 项目任务页：学生参观博物馆以后，分组完成各自的语言任务。

（1）二年级的任务分三人一组完成，用小组成员参观博物馆的视频和照片做一个2分钟左右的带主题的小视频，然后在课堂上用本学期所学介绍小视频的主题、内容和个人看法，每组10分钟左右。

（2）三年级的任务是写作。两个题目二选一。

题目1：东西方国家的文化传统、社会结构、语言、衣食住行的差异都很大。有的人觉得移民来到美国，还继续华人的传统和生活习惯是不必要的，也是不现实的。你觉得呢？

题目2：对于华人移民家庭来说，移民到美国会失去什么？会得到什么？哪些华人传统的社会规范是需要放弃的，哪些西方传统的社会规范是需要重视并接受的？为什么？

学生需在自己生活中、博物馆的陈列中以及自己涉猎过的关于移民的书籍、文献中各找到一个例子支持自己的观点。学生提交初稿后，老师进行修改指导，最后的定稿在班级网站公开发表。

4. 资源页：网站提供了一些辅助资源，比如网络词典、视频制作工具等。

考虑到这个项目没有课堂内的授课时间，网站主要是用英文写的，只有部分寻宝任务和三年级的任务要求用中文写。这样可以避免不必要的语言焦虑，增加学生的参与兴趣。

小贴士⑤

## 三、项目实施步骤

1. 博物馆参观安排在学期末前一个月。学生已经在一起学习了很长时间，彼此比较了解，也学了很多语言点。学期最后一个星期的两个课时为课堂汇报时间，学生有足够的时间在课下和自己的小组成员做视频、写文稿、向老师反馈、演练等。

2. 在参观博物馆之前两个星期，老师在课上介绍项目的要求和流程，把项目的网站分享给学生，学生要提前预习寻宝任务里的生词。

二年级有两个备用项目，为不能参加的学生准备，分别是为动画片配音和采访一个中国人，用到了同样的视频制作和口头汇报的语言标准。

对三年级的学生来说，移民文化和跨文化探讨是写作任务的核心，所以参观博物馆是必需项目，不能随班级参观的学生需要自行参观，并和老师会谈。

3. 在参观当天，学生们按时到达，因为人比较多，所以我们分批看电影、听解说、看展览。学生遵照馆内要求，根据各自的项目需要进行拍照、录像。

美中不足是博物馆比较小，隔音不太好，一批学生在看电影的时候，有些场景声音比较大，会影响另一批学生在旁边的展厅听解说。这是我们事先没有想到的。如果我们统筹得更细致一些，应该尽量安排看电影和听解说在不同时间进行。

小贴士⑥

4. 两个小时参观结束后，学生可以与老师在中国城一起用餐，也可以自由行动。自由行动的学生有很多是华裔背景的，对中国城很熟悉，他们有自己喜欢的餐馆。和老师一起吃饭的学生可以和解说员聊天。一起用餐是博物馆项目的自然延伸，学生们在博物馆里的见闻，如华人移民的饮食习惯，又实实在在地出现在了日常生活里。

5. 此后的一个月里，按照约定的时间，学生提交作业并修改。博物馆项目不仅仅是文化扩展活动，也是两个年级的期末语言综合考核项目。将活动与期末考核挂钩，赋予项目权重，学生很重视，所以效果也很好。我们在各个环节的设计里加入了语言点的学习，比如寻宝任务里的词汇拓展、视频制作的具体要求、演示文稿的具体要求等，可以确保学生用上整个学期学到的语言知识。

## 项目反思

1. 这个项目的设计和实施都比较好，因此达到了较好的教学效果。

（1）二年级的教学以在实践中应用所学语言点为主，因此学生在最后的课堂介绍中，由于题目的规定，必须使用本学期所学到的词汇，避免了以前在项目报告中常常避重就轻、重复使用熟悉词汇的问题。同时，学生的创造力是惊人的，虽然都是参观博物馆，但学生的注意力不同，因此他们呈现的作品差异很大。华裔学生由于自身家庭背景，他们对移民命运的思考非常特别，比如一个小组的视频讲到了华人家庭工会对社区的积极影响，一个小组把过去和现在作比较。

（2）三年级的作文题目对学生来说是一个反思的过程。以往高年级学生的议论文多以日常生活为例，以自我为中心进行论述。由于博物馆项目的要求，学生在文章中必须加入博物馆中的实例，客观上促使他们把自己的情况和社会的发展连接起来，不少人都写到了对自己的家庭和多元文化的批判性思考。因此我们认为，参观前的论文准备和初稿后详细的内容指导是很重要的。

（3）两个年级的学生大多来自移民家庭。因此，移民的话题很契合学生自身的家庭背景和兴趣。博物馆项目可以引导学生进行更深层次的思考，将个人和家庭的移民经历与社会背景相融合。

2. 这个项目在实际操作方面也有一些不尽如人意的地方。

（1）参观博物馆费用比较高，也比较耗时，对小小的中文系来说是比较大的负担。另外就是有1/3二年级的学生会升入三年级继续学习中文，如果这个活动每年都做，对一些学生就变成了重复性的参观。所以即使这个项目设计得比较完善，效果也好，只能每隔几年操作一次。

（2）还有参加学生过多的问题。如果两个年级分开进行，则有师资不足的问题。

3. 语言任务的设计上也有需要改进的地方。

（1）二年级学生需要制作小视频，虽然我们认为视频制作是电子时代的一个必然产物，但是对视频制作接触不多的学生来说，仍然比较有挑战性，特别是对部分低收入家庭和半工半读的学生来说负担较重，因此我们觉得也可以选择纸质画册的形式。这种方法我们以前在其他项目（制作故事书）上用到过，效果也非常好。

（2）三年级由于写作的要求，我们认为应当适当加入一些英文阅读材料，以此拓展学生对移民问题的深入思考。可供阅读的材料包括林语堂先生的双语著作《吾国与吾民》（*My country and my people*）。

## 作者简介

向雪花，美国宾夕法尼亚州立大学应用语言学硕士、博士。伊利诺伊大学芝加哥分校语言学系副教授。研究兴趣为外语教学、课程设计、社会语言学、话语分析。

孟多思，美国伊利诺伊大学芝加哥分校德国研究与犹太研究博士，密执安州立大学德国研究与二语习得硕士。伊利诺伊大学芝加哥分校语言系高级讲师。主要从事大学二、三年级中文课的设计和教学。教学兴趣为中文语言和文化、移民语言变化的研究等。

# 蝙蝠代表吸血鬼吗？
## ——中国传统建筑中的吉祥图案和寓意

金 蓓

> **导 读**
>
> 随着中国旅游业的发展和中国文化的广泛传播，越来越多的外国人慕名而来游历中国各地的山川和历史名胜。自然美景很容易引起共鸣，而人文景点的欣赏则需要一定的文化积累。比如，中国建筑装饰中，吉祥图案丰富，意义深远，是中国部分经典文化的浓缩，代表着中国人对美好生活的向往和祝愿，而外国游客见到可能感到迷惑茫然，甚至产生误解。本文将以此为主题，从中国古典建筑景点、建筑装饰图案分类、吉祥图案的表现手法、吉祥图案的文化内涵等几方面，通过老师讲解和学生讨论等方式，由浅入深层层递进地让学生了解中国的吉祥文化。

## ◆ 教学目标

1. 通过展示一些有代表性的中国建筑的图片，让学生直观了解中国传统建筑风格。

2. 通过展示中国传统建筑上的吉祥图案，对吉祥图案进行分类，引导学生理解图案的形态和含义。

3. 学习中国吉祥装饰的四种主要表现手法，尝试对中国传统典型图案进行分析。

4. 通过思考题探索中国传统文化对"吉祥"的追求，理解中国建筑吉祥图案的深刻内涵。

## ◆ 课程设置及学生背景

本课是美国大学三年级中国文化课中的一课时，授课时长为75分钟。授课中心是内容教学和跨文化讨论，培养学生对文化意象的解读能力。

学生主要是选修过一到两年中文课程，有一定中文基础的美国大学生。

授课语言：中英文混杂。简单语言和关键词汇用中文，其他用英文。

## ◆ 教学工具及材料

（一）教学材料：

课程PPT。

## （二）参考文献：

1. 陈江风、訾琳溁（2021）传统吉祥图案在古典建筑装饰中的应用，《中原工学院学报》第6期。

2. 黄　青（2006）中国传统吉祥文化的载体——吉祥图案，《云南艺术学院学报》第4期。

3. 刘　丽（2007）中国吉祥图案的表现形式及其文化意蕴，《吉林艺术学院学报》第6期。

4. 陆文莺（2007）中国传统建筑装饰的吉祥图案文化，《美与时代》第12期。

◆ **教学步骤**

一、课前预习（作业通过论坛讨论的形式提交）：

1. 学生用关键词"中国建筑（Chinese architecture）"和"吉祥图案（auspicious patterns）"在谷歌、百度等网站上搜索图片。然后每人在论坛上发一个帖子，初步介绍中国建筑的风格和装饰特点，并配以至少两张图片（一张中国建筑、一张吉祥图案）作为例子。

2. 从网上查询蝙蝠在中国文化中的含义，是代表吸血鬼吗？

二、课堂教学步骤：

（一）中国传统建筑掠影：

1. 热身问题：你去过中国吗？看过/知道哪些中国历史景点和传统建筑？

2. 提供中国著名建筑景点的图片，并做简单介绍。本课介绍了故宫、黄鹤楼、苏州园林。

> 该活动主要有三个目的：1. 由旅游为切入点，提高学生的学习兴趣；2. 让学生了解一些中国著名建筑景点；3. 为吉祥图案的介绍提供知识背景。

小贴士①

（二）学习中国传统建筑吉祥图案的形态、类型和寓意：

1. 回答预习的问题：蝙蝠图案在中国文化中有什么含义？

2. 中国传统建筑上的吉祥图案展示，例如龙、凤、如意、八仙、松树、兰花、竹子、云纹、福字纹等。

蝠（福）

（1）学生猜一猜：请同学猜测和讨论PPT上图片所展现的图案是什么。

（2）老师公布正确答案，然后讲解各个图案所代表的含义。

如意

第一，中国传统建筑的装饰图案带有中国绘画的简易抽象风格，不同于西方美术的写实风格，海外学生不易辨识。而且中国吉祥装饰又多取材于中国神话和民俗，需要一定的文化基础，因此这个猜一猜的过程会十分有趣而且带有挑战性。学生们会不自觉地开始讨论和猜测，猜测一致的人相视而笑，不一致的同学开始争辩，气氛很活跃。这种"发现式"学习方式有助于提高学生的学习兴趣和积极性。第二，讲解中国传统建筑典型装饰图案过程中要注意师生互动。例如，讲解龙、凤、蝙蝠时，可以问问学生在西方这些动物形象代表的文化内涵，从而提高学生中西方文化对比意识。第三，介绍过程需要详略得当，关于中国典型的文化符号或者有典故来源的吉祥图案，可以适当详述，例如龙和如意，但对易于理解或者形象直观的图案可以简述，如松树、祥云等。

小贴士②

（3）请学生对中国传统建筑装饰中常见的图案按主题归类。

学生的分类方法可能不同于中国传统分类方式或者不同于老师的答案。老师应考虑中西方文化差异，对学生的不同答案给予鼓励。只要分类方式合理，学生能够自圆其说，都可以支持。

小贴士③

3.老师介绍中国吉祥图案的四种主要表现手法。

（1）谐音法：借助中国汉字发音特点，取发音相同或相似的字所代表的动植物等，指代吉祥内涵。

例如，"莲"同音"连"、近音"年"；"鱼"同音"余"，所以中国古代建筑的木雕装饰，鱼常和莲花一起出现，寓意"连年有余"，即家境殷实、生活富足。

连年有余

（2）象征法：利用某个事物在生活中常出现的场合、用途或特点，表示某种吉祥含义。

例如，唐人喜欢牡丹，牡丹花朵硕大、色彩鲜艳、香味浓郁，又常供王公贵族赏乐，因此牡丹成了富贵的代表。

（3）神话传说：中国古代神话传说中的动物、人物、器具等，根据故事的内容被赋予不同的内涵。

例如，麒麟是中国传统瑞兽，主太平，其性情温和，传说能活两千年。古人认为，麒麟出现，祥瑞必现。相传孔子出生之时，天降吉象，麒麟降临。所以人们相信麒麟可以送子，还可以保佑贤人降世。于是，以"麒麟送子"为主题的建筑装饰也很常见。

（4）直接使用汉字：中国传统文字本身就具有很好的装饰性，其各种变体或书法形式都有很强的艺术表现力，因此直接将吉祥文字装饰在建筑上，也是一种很好的表现手段。常用的吉祥文字有"福""禄""寿""喜""财"五个字。

4. 根据中国吉祥图案的四种主要表现手法，学生分组讨论和推测不同吉祥图案的含义。

（1）根据动物、植物、食物、器具、文字把全班分为五组，分发各组需要讨论的吉祥图案的图片（每组两到五张图片）。讨论完毕后，要求各组把讨论的结果（①图案上是什么？②代表什么含义？）写在图案旁边。

例如：动物组有蝙蝠（福）、龙（帝王）、狮子（威武）、仙鹤（长寿）、喜鹊（喜事）；植物组有松树（长寿）、桂花（富贵）、百合（和睦）；食物组有桃子（长寿）、枣子+花生+桂圆+莲子（早生贵子）、石榴（多子）；器具组有瓶子（平安）、如意（万事如意）、宝剑（镇邪驱魔）；文字组有"福"（福气）、"禄"（高官厚禄）、"寿"（长寿）、"喜"（喜庆）。

（2）每个小组请代表上台发言（允许学生中英文混合），老师公布正确答案并进行讲解。

这个活动的安排要注意细节。第一，根据图片的数量和难度，每个小组2—4人。第二，活动中鼓励学生使用手机软件Pleco查词，帮助猜测与表达。第三，学生不掌握古体字，老师可先在PPT上展示"福禄寿喜财"的几种不同书写方法，然后让学生进行图案匹配；也可以先让学生根据简体字进行猜测讨论，要根据学生的中文水平和文化背景灵活安排。第四，如果学生的错误答案具有普遍性和典型性，说明有可能是一种对中国文化"先验性"的误解，这时需要老师给予一些解释和中西方文化对比说明（例如，西方文化中蝙蝠代表邪物）。

小贴士 4

5. 中国建筑吉祥图案的组合分析应用。

提供1—2幅中国建筑装饰的整体图片，其中包含两个及以上的吉祥图案元素，请学生们分析图片上各个吉祥要素，并阐释整幅装饰的寓意。

例如："马上封侯"图的基本元素有骏马、猴子。"猴"与"侯"同音双关。猴子骑于马上，"马上"为立刻之意。侯为中国古代五等贵族爵位的第二等级，这里泛指达官权贵。该图寓意功名指日可待。

马上封侯

（三）探索中国传统建筑装饰背后的文化：

1. 请学生根据课上的讨论总结常见的中国传统建筑装饰的寓意（主要有和睦、长寿、平安、地位、多子、驱邪等）。

和睦：百合、合欢叶、盒子

长寿：松树、柏树、菊花、桃子、仙鹤、乌龟、灵芝

平安：花瓶、燕子

地位：牡丹、龙、凤凰、猴子

盛世：麒麟、大象

多子：石榴、葡萄、麒麟、葫芦、莲子

驱邪：剑、扇子、箫、狮子、老虎

好运：羊、喜珠

吉祥：鸡、蝙蝠、喜鹊、橘子

富有：元宝、鱼、金蟾

2. 通过思考题，引导学生理解中国传统文化中对"吉祥"的追求，对幸福的向往：天下太平，国泰民安，五谷丰登，种族繁衍，健康长寿，时来运转，万事遂心……吉祥图案所表达的追求，基本上能够涵盖中国社会传统价值观中几乎所有正面的价值观，也是中国上下几千年传统思想的反映，体现了中国人对"现世"的理想，有别于西方对"来世"的追求。

思考题：

① 中国古建筑装饰图案的寓意主要是善意还是恶意？

② 这些图案表达的是对现世的愿望，还是对来世的期许？

③ 西方古典建筑中有哪些主要装饰图案？有哪些艺术主题？与中国古建筑装饰画主题一样吗？

④ 儒家思想、道家思想和佛教思想是中国传统思想的基石，在建筑图案上是如何体现的？

参考答案：

① 中国古建筑图案的主要寓意是"吉祥"，是一种对美好生活的期许。

② 这些图案表达的是对现世的期待，而非对来世的愿望。

③ 西方古建筑以古希腊、古罗马和欧洲古典宫廷的生活和艺术为主要装饰图案，以历史故事和宗教故事为主要艺术主题。而中国古建筑多以神话故事和世俗生活中的动植物、器具甚至食物为主题，古汉字也是重要的艺术形式。

④ 儒家核心思想是"仁"，所以装饰中常有和平、和睦、平安等主题的图案，希望夫妻和睦、邻里和气、社会和谐、国家太平。道家追求长生，所以装饰中又有"寿山福海""福寿康宁"等吉祥字样以及"寿比南山""松鹤延年"等吉祥图样。佛教从魏晋南北朝开始盛行，莲花就是其中最常见的吉祥图案。（中国传统文化博大精深，但课堂时间有限，此处仅举个别例子加以说明）

###  教学反思

1. 考虑到学生的文化背景，课程不能在75分钟内为学生提供完整的中国建筑装饰的各类图片和内涵解读。但是该文化课的主要目的是抛砖引玉，吸引学生喜欢上中国传统建筑和装饰。由于他们在课程完成后能够理解和分析部分中国图饰，不少学生反映该课程增加了他们去中国旅游、参观中国古建筑的兴趣。

2. 本课的学生群体主要为中文高年级学习者，都有一定语言基础和文化常识，但涉及中西方古建筑装饰图案比较的话题时，体现出的知识储备大不相同。有文科背景的学生，特别是艺术系和哲学系的学生，明显讨论参与度更高，回答更准确。如何平衡学生差异，控制教学难度，我们需要继续思考、探讨和实践。

## 作者简介

金蓓，本科毕业于武汉大学英语专业，硕士毕业于武汉大学外国语言学及应用语言学专业。华中农业大学讲师，国家公派访问学者，美国杜鲁门大学古典和现代语言系助教，美国福布赖特项目访问学者。曾在武汉大学、华中农业大学、杜鲁门州立大学承担教学科研工作，教授本、硕阶段各类英语专业课程，以及汉语和中西文化等课程。研究兴趣包括二语习得、翻译理论与实践。著有《现代双语教学理论与实践研究》，发表学术论文多篇，主持或参与省级、校级多个科研项目。

# 汉字的书法路
## ——汉字历史与结构的书法文化解读

马 玲

> **导读**
>
> 母语是英语的汉语学习者常常会望"字"却步。汉字丰富的偏旁部首、复杂的平面构成方式、音与形之间的非直观联系，都在阅读和书写上给学习者带来了在学习其他语言时很难遇到的挑战。有学生形容学习汉字如同"毫无希望地试图用你不断漏水的长期记忆口袋，在汉字的汪洋大海里一点一滴地积累"。
>
> 如何将汉字学习任务化繁为简，化整为零，寓教于乐，一直是汉语老师不断研究和探索的议题。我们根据数年的汉字教学实践，围绕教学目标，糅合了游戏设计、卡片制作、书法体验等不同教学方式，并将其贯彻于一、二年级学生汉字的学习过程中。本文着重介绍一节书法的教学实例，以期探讨其促进汉字教学的积极作用。

## 教学目标

1. 通过学习基本笔法知识，感受和理解汉字的笔顺与结构。
2. 了解汉字产生、发展和演变的历史。
3. 培养学习汉字和书写汉字的兴趣。
4. 体验汉字之美，了解书法作为中华艺术的门类之一对文化传承的重要作用。

## 课程设置及学生背景

教学时长：2课时（每课时75分钟）。

教学对象：至少完成一学期中文课程的大学一、二年级的汉语学习者。

教学语言：中英双语。

## 教学工具及材料

（一）**教学资料**：

课程PPT。

## （二）课堂活动工具：

笔、墨、纸（水写布）、砚和小纸杯。

### ◆ 教学步骤

### （一）课堂导入：

1. 向学生介绍中国书法的概念。

"书"在古汉语里是"写"的意思，而"法"则是方法。顾名思义，中国书法就是中国人千百年来用笔写汉字的方法。书法属于中国的艺术门类之一。

2. 让学生了解中国书法流行的原因。

中国人认为字是人的脸面，同时代表了一个人的品位和德行。练习书法可以修身养性，裨益良多。

3. 请学生观看一个4分钟视频 *Appreciating Chinese calligraphy*[①]，对中国书法形成一个总体印象。

这个短视频首先引用了我国著名书法家米芾的名言，说明书法引人入胜之处；然后展示了两组书法活动：第一组是以地为纸、以水为墨的老人家们如何在公园里笔走龙蛇；第二组是一位中国当代书法家在书房写书法的过程。整个短视频生动地表现了中国书法的魅力。

### （二）书法字体分类：

1. 从传统上讲，中国书法字体大致分为篆书、隶书、楷书、草书和行书这五大类。"北京"是学生在第一课学过的，老师把五种字体的"北京"分别印在五张卡片上，课上逐一展示给学生，让学生猜一猜卡片上是什么字。之后揭晓答案，再把五种字体书写的"北京"在单张PPT上同时展示给学生。这样能够让学生看到五种字体既相似又不同，可以帮助学生了解汉字演变历史，激发他们对汉字研究的兴趣。

> 做这个教学活动时，注意不要提前透露卡片上是相同的两个字；五张卡片顺序不能错。
>
> 小贴士1

2. 学生主要通过老师的讲解和观摩书法作品，了解五种字体的大致特点。讲解完毕，

---

[①] 网址链接：https://www.youtube.com/watch?v=MEN0CzGv5-Y，访问日期：2020-9-1。

老师拿出印好的20张卡片（每张卡片上面印一个学过的词语，每四个词语用一种字体），每次出示一张卡片，请学生大声读出词语，同时辨认出使用了什么字体。

## （三）汉字的演变：

汉字从甲骨文、金文到篆书、隶书、楷书、草书、行书，经历了几千年的变化，里面凝聚了古人丰富的想象力和朴素的辩证思维。老师先简要介绍每个时期字体演变的时代背景，然后着重介绍两次最著名的文字改革：

一是秦始皇的书同文，对篆体汉字进行了系统的规范定形；

二是中华人民共和国成立以后，对复杂的汉字进行简化。

老师最后以几个典型的象形字和形声字的演变过程为例（如：鱼、马、日、征、河），帮助学生理解汉字逐步走向规范统一、简化高效的过程。

> 老师可以鼓励学生举一反三，课后找一些自己感兴趣的字，收集整理字形演变的信息，下次上课的时候，向大家汇报那些字在历史上经过了哪些变化。
>
> 小贴士②

## （四）文房四宝的用途：

向学生介绍笔墨纸砚的用法。由于上课时学生使用的多是水写布，所以我会带实物到教室里展示，让学生拿一拿笔，磨一磨墨，摸一摸宣纸。

## （五）书法练习：

1. 汉字有八种基本笔画：横、竖、撇、捺、点、提、折、钩。练习写字从练习这些基本笔画开始。时间充裕的话，基本笔画熟悉后，可练习组合笔画，就是八种基本笔画组合衍生的笔画。以点为例，有上下点、左右点、竖三点、横四点等。

2. 练习汉字的笔画和结构是练习书法的基础，反复训练可以强化学生对汉字偏旁部首的掌握。学生刚开始练习应侧重笔画，基本笔画掌握了再侧重结构，螺旋式上升。我们以《中文听说读写》第一册的生字为基础，按偏旁部首使用频率排序，利用课堂时间，学习或复习了38个偏旁部首。学生见到偏旁部首后，先说出其大概意思，见字后大声念出来，再在水写布上反复书写。

3. 带领学生按照笔顺，结合刚刚学习的书写技巧，反复练习"日、山、天、人、永"五个字。

4. 最后，学生可以自由练习，或在老师指导下写一幅"高山流水"。

1. 练习过程中，可以播放中国古典音乐，如《高山流水》《梅花三弄》《阳关三叠》《醉渔唱晚》等。清幽古朴的乐曲使得学习者平心静气，专注于一笔一画的勾勒。2. 大多数学生在自由练习时，会写自己的中文名字。老师可以提前准备小张的宣纸，供学生练习，同时方便学生带走，留作纪念。

小贴士③

## （六）归纳总结与作品展示：

请学生展示他们的作品，并说出自己认为写得最漂亮的字以及理由。

通过作品展示，学生们分享自己作品的同时，欣赏他人的作品。自我评价和相互之间点评，加深了学生对汉字结构和书法之美的理解。老师要适时给予肯定和表扬，以充分调动他们后续练习的积极性。

小贴士④

### ◆ 教学反思

1. 一堂完整的书法教学课，应遵循循序渐进的原则，避免操之过急。在技能训练过程中，张弛有度、有条不紊是最佳的教学方式。同时注意将老师示范与学生临帖相结合，巩固练习汉字的同时，引导学生举一反三，主动学习。

2. 在初学阶段，指导学生写好基本笔画和偏旁部首尤其重要。汉字的字形结构千变万化，学生很难自己找出其特点规律，这就需要老师课前好好准备，课上适当讲解。

3. 作品展示是最好的激励手段。书法课结束以后，老师可以将课上和课后完成的优秀书法作品拍照，上传到班级主页上供大家欣赏点评。

4. 营造温馨的课堂环境。老师可以在教室里悬挂一些卷轴书法作品，共享一些成册的书法作品，供学生欣赏。在学生练习时，可以播放一些合适的古典音乐。优美的旋律可以让他们更平静更专注，同时更容易将情感融入书法作品中。

总的来说，书法教学对汉字教学的促进作用主要体现在三个方面：一、书法能够增进学生拆解汉字和分析汉字的兴趣；二、书法能够提高学生学习汉字的能力；三、书法将记忆汉字与美育有机结合，寓教于乐，一举多得。

在软笔书法用具短缺的情况下，老师可以尝试硬笔书法教学，同样能把死记硬背的学习过程变得生动有趣。相信只要老师、学生齐心协力，在汉字的书法路上一定能收获良多，竿头日上。

**作者简介**

马玲，美国亚拉巴马大学伯明翰分校语言教育硕士。亚拉巴马大学伯明翰分校外语系中文讲师，兼任海外中文学习项目主任。作为亚拉巴马州中文教师协会的创始人之一，在2013—2016年担任副会长职务。担任美国大学委员会AP中文考试阅卷组成员、美国国防语言学院中文测试命题组成员、美国QM网络课程标准体系审核员、英国剑桥大学出版社中文类教材评审员。研究兴趣包括中国现当代文学与文化、语言测试、教材研发与远程教育等。

# "Lantern（灯笼）能吃吗？"
## ——有关元宵节的语言与文化教学

刘士娟

> **导 读**
>
> 中国的传统节日历经上千年，承载着丰富的文化内涵。在海外学习中文的学生，通过对中国传统节日的了解和体验，不仅可以学习与中国节日相关的词汇和表达方式，提高中文水平，同时也可以了解中国文化的传承与发展，缩小与中国文化的距离感。
>
> 本文以元宵节的文化教学设计为例，分享我们如何将语言和文化教学相融合，将课堂教学和课后文化活动相结合，并打造一个包括二语学习者、中国留学生和访问学者等在内的跨年龄、跨背景的中国语言文化社群。

## 教学目标

1. 通过学唱儿歌《元宵节》，学习与元宵节有关的词汇和文化知识。

2. 通过课堂上观看和讨论有关元宵节的文化短片，增加对元宵节的了解。

3. 通过参加元宵节的课后文化活动，包括尝试制作元宵，品尝元宵，猜灯谜，与其他年级学中文的学生及中国留学生和访问学者交流、一起观看中央电视台元宵晚会等，在充分体验中进一步提高对该节日的认识。

## 课程设置及学生背景

本课在元宵节前学习，授课时长为50—70分钟，课后文化活动时长为1.5—2个小时。

学生背景：汉语初级阶段的美国大学生。

## 教学工具及材料

（一）阅读材料：

Yun Xiao, et al. 2007. Legend of the Lantern Festival. In Yun Xiao, et al. (ed.) *Tales and traditions.* Boston: Cheng & Tsung Publisher.

（二）视频材料：

1. 儿歌《元宵节》，网址链接：https://www.youtube.com/watch?v=QEbANd2foPY，访问日期：2020-9-1。

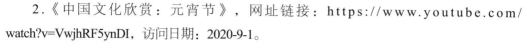

2.《中国文化欣赏：元宵节》，网址链接：https://www.youtube.com/watch?v=VwjhRF5ynDI，访问日期：2020-9-1。

3.《中国年之元宵节》，网址链接：https://www.youtube.com/watch?v=atBEAFIEhTE，访问日期：2020-9-1。

## （三）教学材料：

1. 课程PPT。

2. 带有阴历和阳历的中国年历。

## （四）课堂活动工具及材料：

1. 包元宵所用的工具：盆、托盘。

2. 包元宵所需的食材：糯米面、芝麻馅儿或豆沙馅儿。

3. 煮元宵和品尝元宵的工具：锅、勺子、一次性杯子和叉子。

4. 装饰活动场所用的灯笼等。

5. 灯谜。

# 教学步骤

一、课堂教学步骤：

## （一）播放视频《中国文化欣赏：元宵节》：

用此视频来热身和引入当天要学习的话题。

> 可在正式上课前5分钟开始播放，用来营造气氛，为学习这一话题热身。课前播放英文介绍的视频，更能抓住母语是英语的学生的注意力，为接下来的课程学习做好心理准备。
>
> 小贴士①

## （二）学习中国年历：

打开带有阴历和阳历的中国年历，帮助学生复习认识中国年历，在上面找到正月十五。根据情况，还可让学生找到其他重要的节日，如春节、端午节、中秋节、重阳节等。此外，还可让学生练习在上一年和下一年年历上找到这些重要节日。

虽然学生在学习中国新年时，已经对中国年历有了一定了解，但包括高年级的学生在内，需要对中国年历进行多次复习才能掌握。原因有二：第一，阴历的概念对美国学生来说很陌生，他们大多对同一天在阴历、阳历上显示的日期不同感到困惑；第二，中国年历上有很多汉字，学生需要认识汉字才能看懂，除了阴历日期的不同表达方式外，上面还写着二十四节气，这些都增加了学生认读的难度。

<small>小贴士②</small>

（三）学习儿歌《元宵节》：

"元宵节，吃元宵，提着灯笼到处跑。

一盏、两盏、三盏灯，鱼灯、龙灯、兔子灯。"

1. 学习歌词有关词汇：

（1）结合实物图片讲解部分名词的意思，如："元宵""灯笼""鱼，鱼灯""龙，龙灯""兔子，兔子灯"。

在讲解"元宵"一词时，告诉学生"元"有开始、起初的意思，"宵"指夜晚，"元宵"的意思是指每年第一个月圆之夜。根据学生语言情况，用中文或中英文解释。

在讲解"灯笼"一词时，可讲解"笼"字，"龙"表音，上面的"⺮"说明最早的灯笼是用竹子做成的。

<small>小贴士③</small>

（2）结合动作讲解动词"提""跑"。

（3）说明"盏"是灯的量词，同时复习学过的一些量词，如"张（一张纸）""支（两支笔）""条（三条裤子）"等。

2. 提醒翻译时应注意的问题：

"元宵节"通常翻译成"Lantern Festival"。虽然Lantern Festival可让不懂中文的人直接了解到这个节日和灯笼有关，但会让学习中文的学生对"元宵"一词产生误解，以为"元宵"就是"Lantern"。学生在学习"元宵节，吃元宵"时，容易产生"Lantern Festival, eat lanterns""Lanterns能吃吗？"的困惑。

3. 播放儿歌《元宵节》，要求学生尽可能记住全部歌词（至少第一句，即"元宵节，吃元宵，提着灯笼到处跑"），然后跟唱。

在学习该歌曲的歌词时，根据学生的具体情况，如人数、学生兴趣、课堂反应等，可采用集体读、单个读、小组读等多种方式。

<small>小贴士④</small>

（四）播放视频《中国年之元宵节》：

1. 用此视频加强元宵节有关词汇、句子及文化知识的中文听力输入。此外，还可就视频中的内容提问，如"元宵节是什么时候？""元宵的'元'和'宵'分别指什么？"等。

> 老师要根据课堂时间和学生的中文水平，来决定怎么利用这个中文视频。比如对汉语水平较低的学生可集中在简单问题的练习上，对水平较高的学生可多问一些比较复杂的问题，比如"为什么元宵是圆的？"等。

小贴士⑤

2. 视频中还提到了元宵和汤圆制作过程上的区别，老师可在此基础上补充中国南方和北方饮食习惯上的不同，如很多南方人一年四季吃汤圆，而北方人大多只在每年元宵节前后吃。另外，指出很多人对视频中提到的汤圆和元宵不做严格区分，元宵节前后吃的汤圆就叫元宵。如果时间允许，可再播放一首儿歌《卖汤圆》。

> 如果课堂时间不够，没有提问和讨论的时间，可将观看此视频作为作业让学生下课后完成。为确保学生观看，可给学生布置作业，比如让学生观看后根据视频内容写几个问题，带到第二节课上让其他学生回答。

小贴士⑥

3. 另外，视频中提到了元宵节赏花灯、猜灯谜的传统。由于课堂时间有限，可以不详细讲解灯谜的种类，举一两个简单的字谜作例子就行，比如"一月一日，不是今天"的谜底是"明"。

（五）学习介绍元宵节的文章：

中、低年级略读，高年级作为课后作业，要求掌握主要内容，并能书面回答有关问题。

（六）复习巩固：

最后留出10—20分钟带领全班对所学内容进行复习。

二、课后文化活动：

1. 提前准备活动用的材料。

2. 邀请中国来的国际学生、访问学者，及其他会讲中文的教授、行政人员和社区人员参加，打造一个跨年龄、跨背景的中国语言文化社群。

3. 除了各年级学中文的学生参加外，也可让他们邀请家长、朋友参加，以增加活动的影响力。

4. 用购买的或自制的灯笼及其他带中国元素的饰物装饰活动现场。

> 除了灯笼和其他饰物外，也可让中、高年级的学生提前做一些中国节日文化展板。通过指导学生做这些文化展板，可以帮助学生进一步加强对节日文化知识的理解和掌握。这些展板可保存下来，供以后的文化活动用。
> 
> 小贴士⑦

5. 让学生学包元宵。与中国学生和访问学者等一起做，一边做一边聊天。
6. 煮汤圆，品尝。
7. 准备一些简单的灯谜，让参加活动的中国留学生和访问学者给学生做讲解。
8. 播放中央电视台元宵晚会，让参与者感受中国人过元宵节的节日气氛。

> 如果有非中文班的学生或其他对元宵节不熟悉的人参加，老师可以重新播放一下课堂上播放过的视频。
> 
> 小贴士⑧

9. 请学生分享自己的学习和体验感受。

◆ **教学反思**

1. 由于中国传统节日有很多文化内涵，没有中文背景的学生理解起来比较难，虽然老师投入了不少时间和精力，但教学效果短期内不一定十分显著，不过考虑到传统节日在中国语言文化中的重要性，还是有必要进行此方面的教学并组织相关文化活动。

2. 课堂教学中所用的歌曲虽然很短，但抓到了元宵节的重要内容，又很有趣味性，让学生学习起来有事半功倍的作用。

3. 课后的文化活动一般是建议学生参加，不加以硬性要求。有些学生由于各种原因没有参加，错过了很好的体验机会，老师可考虑采用适当方法来督促、鼓励学生多参加此类活动。

## 作者简介

刘士娟，美国印第安纳大学教育学院博士，中国人民大学语言文字研究所硕士。自1995年开始从事对外汉语教学工作，先后在中国人民大学与美国加州州立大学洛杉矶分校、西北大学等高校任专职汉语教师。现任美国宾州印第安纳大学外语系副教授。自2010年起应邀担任《科技与中文教学》期刊编辑，参与科技与中文教学国际学术会议的组织及会议论文集编辑工作。2018年当选为美国中文教师学会理事。曾在科技辅助语言教学、远程教育、语言学习及应用语言学等领域发表过多篇论文、做过特邀报告。

# 中国人出门不带钱包？
## ——微信科技、中国百姓生活与当代社会文化

金 蓓

>> **导 读**

　　随着中国经济的发展，很多外国人对中国当代经济和社会很感兴趣，非常好奇现在中国人的生活方式，但他们对当代中国知之甚少，甚至有部分外国人以为中国还在过着相当落后的生活。实际上，随着电子支付和电子商务的发展，特别是支付宝和微信的出现，中国人在衣食住行各方面都发生了翻天覆地的变化，中国人的生活变得非常便捷和先进。有不少在中国生活过的外国人，回国后觉得自己的生活倒退了好几年。本课将以微信为切入点，通过老师讲解和学生讨论等课堂活动环节，让海外学生了解微信让当代中国百姓拥有了全新的生活方式，例如出门购物不带钱包，直接用手机扫描二维码或条形码支付；家人之间不再打电话，而是直接用微信语音或视频联系；朋友间通过朋友圈关注对方生活，相互点赞评论；春节和其他节假日，亲朋好友通过发红包增进感情，这也是中国传统的红包文化在当代的延续。另外，通过微信在中国的广泛使用，老师引导海外学生理解新技术背后更深层次的文化原因，使学生认识到中国传统文化在当代的表现方式。

## ◆ 教学目标

　　1. 展示微信部分主要功能，与学生常用的一些相似软件进行对比，如Facebook、WhatsApp、Instagram、Skpye、Line等，了解中西方社交软件的异同。

　　2. 了解微信的使用情况，让学生认识到微信对中国人生活方式的影响。

　　3. 理解微信部分功能对中国传统和当代文化的影响。

## ◆ 课程设置及学生背景

　　本课是美国某大学三年级中国文化课中的一课时，授课时长为75分钟。授课中心是内容教学和跨文化讨论，培养学生对比分析能力和文化联系能力。

　　学生构成分为以下两类：

　　1. 美国大学高年级学生，对中文水平没有要求。

　　2. 汉语为母语的中国留学生，在美国留学两年以上，英语口语和写作流利，对美国社会文化及中美文化差异有较深入的了解。

　　授课语言：中英文混杂。

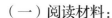

## 教学工具及材料

### （一）阅读材料：

1. Natasha Lomas. 2017. Facebook on course to be the WeChat of the West, says Gartner. 网址链接：https://techcrunch.com/2017/02/21/facebook-on-course-to-be-the-wechat-of-the-west-says-gartner/，访问日期：2020-8-1.

2. The Dev. 2017. 5 biggest messenger Apps——Facebook, WhatsApp, WeChat, Viber and Line. 网址链接：https://www.valuewalk.com/facebook-vs-whatsapp-vs-wechat/，访问日期：2020-8-1.

3. Gong Zhe. 2018. From copycat to innovator: The evolution of WeChat in 7 years. 网址链接：https://news.cgtn.com/news/30596a4e78677a6333566d54/index.html，访问日期：2020-8-1.

### （二）视频材料：

1. China's WeChat goes beyond social networking. 网址链接：https://www.youtube.com/watch?v=cOrL5CnOAV8，访问日期：2020-8-1.

2. No wallet? No problem. 网址链接：https://www.youtube.com/watch?v=dPcA0xw8a-0，访问日期：2020-8-1.

### （三）教学材料：

课程PPT。

## 教学步骤

一、课前预习（通过论坛讨论的形式提交作业）：

1. 学生用关键词"WeChat（微信）"在搜索引擎（谷歌、百度等）上搜索相关文章或视频。

2. 每人在论坛中发一个帖子，初步总结微信的重要功能，并对微信的优缺点进行评论，指出自己最喜欢或感兴趣的一个或几个功能。

> 上述两个预习作业，主要是为了保证学生在上课前了解课程主题内容，并进行了初步思考和总结。中国留学生有微信使用的经历，但他们常用功能和偏好有所不同，对微信的功能了解并不全面，也需要上网阅读相关文章；大部分美国学生没用过微信，所以提前查阅资料很重要。

小贴士①

## 二、课堂教学步骤：

### （一）了解中国的微信：

1. 观看前面提到的两个关于微信的视频材料。

2. 四人一组，讨论微信的主要功能和分类。

3. 根据视频和课前预习所查找的内容，请学生画出微信功能的思维导图。

### （二）讨论微信和其他类似软件的异同：

1. 阅读前面提到的前两篇阅读材料。

2. 三人一组，根据阅读材料和学生的个人经验，探讨微信和Facebook、WhatsApp、Instagram、Skype、Line等各类相似软件的异同。问题如下：

① 在聊天功能上，微信和其他软件有何异同？分别有哪些优势和缺点？

② 在社交功能上，微信和其他软件有何异同？分别有哪些优势和缺点？

③ 除了聊天和社交功能外，微信还有哪些其他类似软件没有的功能？

> 该活动分组时，尽量每组中至少有一位中国学生和一位美国学生，保证讨论的充分性。如果条件允许，每组尽量男女生混合搭配，因为他们对软件功能的关注点有很大不同。

小贴士 2

3. 自由发言，列举微信的特色。

① 聊天功能：动态表情、语音、视频、语言翻译、发红包、转账等

② 社交功能：朋友圈

③ 游戏功能：微信游戏

④ 扫一扫：收付款、加好友等

⑤ 公众号：公共服务和商业推广等

⑥ 微信钱包：理财、生活缴费、交通出行、购物消费等

⑦ 小程序：健康宝、滴滴打车、京东购物、美团外卖、爱奇艺视频等

### （三）分析微信给当代中国人带来的改变：

1. 从衣、食、住、行、娱乐、交友六方面，把全班分成六组，分组讨论微信给中国百姓生活带来的影响。

① 微信给中国人购买衣服方面带来了哪些改变？例如购买衣服的地点、时间、品牌、价格等。

② 微信给中国人饮食方面带来了哪些改变？例如购买食材、点外卖、点餐、结账等。

③ 微信给中国人住宿方面带来了哪些改变？例如交水电费、订酒店、租房等。

④ 微信给中国人出行带来了哪些改变？例如约车、订车票机票等。

⑤ 微信给中国人娱乐方面带来了哪些改变？例如刷朋友圈、买电影票旅游门票、玩小游戏、观看短视频等。

⑥ 微信给中国人交友方面带来了哪些改变？例如交新朋友、群聊等。

2. 每组讨论后，选一位代表总结发言。

（四）了解微信的使用情况，分析其成功的原因：

1. 阅读前面提到的第三篇阅读材料，了解微信的使用情况。

2. 两人一组，分析微信成功的原因。

① 与其他聊天软件相比，微信在功能上有哪些优势？

② 微信的钱包功能给中国的金融业务带来了哪些变化？

③ 近几年中国出国留学情况的变化是否对中国新技术的开发有影响？

④ 中国传统的人情文化和熟人关系对微信社交平台的成功是否有影响？

（五）微信与背后的文化探讨：

思考并讨论以下问题：

① 动态表情为什么在中国聊天软件中很流行？

参考答案：

a. 卡通表情包是全球性语言，跨越语言障碍，能够直观表情达意。

b. 输入简单快速。

c. 情绪表达生动有趣。

② 为什么中国人喜欢使用语音回复信息？

参考答案：

a. 与输入汉字相比，语音更加省时省力。

b. 亲友之间使用语音，更加亲切。

③ 为什么中国人喜欢发红包和玩抢红包的游戏？

参考答案：

a. 中国春节有长辈给晚辈红包的传统，有喜事时也有送红包的习俗，特别是结婚、生子、考大学等重要人生阶段，中国人都喜欢送红包表达祝愿和庆祝。微信红包符合中国习俗。

b. 微信红包的金额通常有特殊含义。例如6、8、9等中国传统吉利数字，表示顺利、发财、长久等。还可以用汉字的谐音表达各种感情，例如，情人节用520表达"我爱你"，用1314表达"一生一世"等。

c. 微信群把发红包和抢红包当成了一种游戏和促进朋友感情的方式。抢红包中最流行的是随

机红包，每人抢到的金额各不相同，大家相互比拼运气。通常手气最好抢到最大红包的人成为下一位发红包的人，有来有往，有进有出，于是发红包变成一轮轮游戏。

课程结束前如果还有时间，老师可以询问已经下载安装微信的学生是否愿意加中国留学生的微信，结交课下语言学习和文化交流的搭档，使课堂学习延伸到课下实践。

小贴士③

### ◆ 教学反思

1. 本课学生群体构成比较特殊，包含了中文母语者和二语学习者，所以在课堂教学上可以充分利用学生文化背景的差异，完成文化对比任务，达到跨文化交际的目的。由于中国留学生对微信很熟悉，所以在讨论过程中，老师需要时常关注美国学生，鼓励他们用Facebook等使用经验参与对比讨论。

2. 美国学生在课堂中表现出了对中国生活方式的好奇，但是讨论时也有少数人偏题严重，老师需要在各组中来回走动，视情况参与到小组讨论中，引导学生回归本课的讨论主题。

### ◆ 作者简介

金蓓，本科毕业于武汉大学英语专业，硕士毕业于武汉大学外国语言学及应用语言学专业。华中农业大学讲师，国家公派访问学者，美国杜鲁门大学古典和现代语言系助教，美国福布赖特项目访问学者。曾在武汉大学、华中农业大学、杜鲁门州立大学承担教学科研工作，教授本、硕阶段各类英语专业课程，以及汉语和中西文化等课程。研究兴趣包括二语习得、翻译理论与实践。著有《现代双语教学理论与实践研究》，发表学术论文多篇，主持或参与省级、校级多个科研项目。

# 你会"玩"中文吗?
## ——一堂关于谜语和对联的文化体验课

李可宁

> **导 读**
>
> 你会说中文,你会写中文,但是你会"玩"中文吗?"江水流去"猜一个字,你知道是什么吗?对对子的时候,你知道"天对地,雨对风,大陆对长空"吗?谜语和对联是诸多文字游戏中历史悠久又脍炙人口的两种,从古到今都受到中国人的喜爱。虽然是游戏,却需要一定的文字和文学功底,这里面蕴含着丰富的语言学知识,如对字形的了解、词性的把握、音韵声调的运用等,这些文字游戏特别能体现出中文与众不同的特点和魅力。在对外汉语课堂上,如果设计恰当,能给高级中文学习者带来既有趣又有益的文化体验。本文介绍我在教授古代汉语课的时候,在春节期间安排的一节文化体验课,课程的内容就是介绍中国的谜语和对联。

### ◆ 教学目标

1. 通过讲解与课堂活动,让学生对中国的谜语和对联有初步了解,对古代汉语的语言特点有更深刻的体会,从而有助于他们继续学习古代汉语。

2. 该课安排在春节期间,也让学生对中国人的年俗有更多的认识。

### ◆ 课程设置及学生背景

该课是密歇根大学亚洲语言文化系古代汉语课在某年春节期间的一节文化体验课,目的是和学生共度春节,并向学生介绍相关年俗,加深学生对中国文化的了解。我作为任课老师,特别设计了既和春节又和古代汉语相关的主题活动。

选修古代汉语课的学生至少学过三年汉语,语言程度较高。该学期一共8人,有本科生,也有硕士、博士;有汉语专业的,也有非汉语专业的;有非华裔学生,也有华裔学生(各一半)。

该课时长1.5小时,授课的语言以中文为主,夹杂少许英文词,主要用于解释一些难懂的词语。

### ◆ 教学工具及材料

**教学材料:**

1. 课程PPT。

2. 剪开的对联卡片。

### 教学步骤

该课是一节安排在古代汉语课里的春节文化体验课，没有布置课前预习作业。

**（一）介绍谜语：**

1. 老师向学生介绍中国的谜语，包括谜面、谜底以及"打"字是什么意思，并举例说明。

① 石头（打一字）；

② 江水流去（打一字）；

③ 大江东去（打一地名）。

> 作为例子的谜语一定要找得恰当，文字意思要简单，答案也应该是学生学过的字，这样学生能够很快参与进来。
>
> 小贴士①

2. 每一个谜语写出谜面后，老师要解释一下，确保学生都能理解，然后让学生自己猜，不急于给出答案，中间给适当提示，比如提示："'石头'的'头'是什么意思？"给出答案后（第一个大家都没有猜出来），也不要急于解释为什么，让学生自己想，实际结果是有的学生能很快想明白，还给旁边的同学解释。

前两个例子的谜面都是双关，只要抓住关键的双关词，谜底就会揭开。要猜出第三个谜语"大江东去"是需要一定的中国地理知识的。中国地形西高东低，大部分江河都东流入海。虽然这个会给学生猜出谜语造成障碍，但是也揭示出谜语常常蕴含丰富的文化意义这一特点。

**（二）课堂活动：猜谜语**

发给每个学生一份课堂练习，上面有刚才讲过的三个例子和答案，以及若干道需要他们猜的谜题。让他们两人一组，一起合作完成，看哪组猜出的谜语多。给出的谜语包括：舌头（打一字）；明日动身（打一字）；七十二小时（打一字）；要一半，扔一半（打一字）；handbag（打一字）；一路平安（打一地名）；两个胖子（打一地名）。

以上谜语中，学生能猜出来大部分，但是"七十二小时"没人猜出来。这个谜语的答案是"晶"，因为七十二小时可作"三日"解。学生猜不出这个是正常的，一他们不熟悉这种猜谜的套路，七十二小时是三天，三天即三日；二还得能联想到汉字特点，这是很难做到的。由此可以看出来，简单的一个谜语其实里面包含着很多的知识和思考。地名是比较难的，主要是因为学生对中国的地方不够熟悉，但是作为谜语的一种类型，也值得多给出两个例子加以介绍。

## （三）介绍对联：

1. 老师用PPT展示课前准备好的对联，同时讲解对联的特点、用途等。

对联讲究词的对仗，基本原则是同样的位置、同样的词性、同样的结构。如："花开富贵，竹报平安""迎新春居华宅新年新气象，辞旧岁展新篇好运好心情"。另外，还给学生指出对联的内容蕴含着丰富的中国文化理念，如牡丹花象征富贵。

2. 除了春节门上贴的春联，再给学生展示一些常见于古代建筑上的楹联。

> 挑选对联的例子时，也同样要注意文字是否简单易懂，对仗是否工整（因为也有写得不太规范的对联）。当然要找到学生自己完全能看懂的对联是很难的，所以适当的解释也是必不可少的。
> 
> 小贴士②

## （四）课堂活动："拼"对联

课堂活动可以说是整节课最大的亮点，也是花时间最多的部分。在这一环节，我们设计了一个由学生动手操作的游戏："拼"对联。

1. 老师提前选出两副对联。第一副是"爆竹声中辞旧岁，梅花香里迎新春"，第二副是"风声雨声读书声声声入耳，家事国事天下事事事关心"。第一副是春联，因为刚好是春节；第二副是历史上很有名的对联，意义深刻而又正好字句简单。

2. 老师把这两副对联分别用红色纸、蓝色纸打印出来若干份，然后剪成若干个小纸片，每张纸片上只有一个词语，比如把"爆竹声中辞旧岁"分成"爆竹、声、中、辞、旧、岁"六张小纸片，下联类似，分成"梅花、香、里、迎、新、春"六张小纸片。把这些小纸片打乱，装在一个信封里。

3. 两个学生一组，合作把这些词语拼成两副完整的对联。

> 经过讨论、尝试，大部分学生能拼出来，不过还是有少量错误，如到底是"爆竹声里"还是"爆竹声中"。活动中，老师也要多次提醒学生注意词性和结构的对称，适当给予一些帮助。总的来说，学生们对这两个活动的反馈都是很积极的，觉得既有趣又有挑战性。
> 
> 小贴士③

对联有多种分法，分得越粗就越容易。我分对联的原则是以词为单位，有意识地提醒学生注意对仗。比如第一副对联中的"辞旧岁"可以放在一起，也可以分成"辞"和"旧岁"，还可以分成"辞""旧"和"岁"。我选择了难度高一点儿的，希望学生能有意识地根据词性和短语结构去进行匹配。而第二副对联上联有五个"声"字，下联有五个"事"字，如果每个字都单独剪开，那么学生拼出来的难度就太大了，我的分法是"风声、雨声、读书声、声声、入耳""家事、国事、天下事、事事、关心"。

小贴士④

## ◆ 教学反思

1. 本节课的教具制作可以改进一下，把对联的纸片做成竖行的，这样更像对联。

2. 谜语和对联对一般外国学生来说是比较陌生的，所以这节课用一个小小的文化产品向他们展示了中华语言文字的独特和魅力，让他们体会到了一种从未有过的新奇感。

3. 文化教学要动静结合。老师不应只是死板地传授知识，最好能设计出可以让学生自己动手参与的活动，一方面可以活跃课堂气氛，提高学生的兴趣，另一方面可以给学生留下更深刻的印象，增强教学效果。对联这样的主题一般来说并不像书法、剪纸那样可以很容易地让学生动手操作，但是认真思考还是可以设计出有意思的活动来。

4. 语言和文化是密不可分的，教语言脱离不了教文化，对外汉语课堂上应尽量把文化教学融入语言教学中。这节文化体验课是为了配合古代汉语课专门设计的，谜语和对联中的语言体现了古汉语的词法、语法特征，有助于加深学生对汉语的认识，促进语言能力的提高。

## ◆ 作者简介

李可宁，美国华盛顿大学语言学硕士、博士。密歇根大学亚洲语言文化系中文部主任。曾任教于哈佛大学、加州大学伯克利分校，期间被派往清华大学主管由北美多所院校与清华大学合办的IUP中文中心。有多年的中文教学和管理中文项目的经验。教授过低、中、高级汉语课程以及古代汉语、语言学、汉字学、语音学等专题课程。研究兴趣包括中文音韵学、中文信息表达理论以及中文语言学理论在中文教学中的应用。